사라진, 버려진, 남겨진

사라진, 버려진, 남겨진

1판1쇄 | 2018년 11월 30일
1판2쇄 | 2020년 10월 30일

지은이 | 구정은

펴낸이 | 정민용
편집장 | 안중철
책임편집 | 윤상훈
편집 | 강소영, 이진실, 최미정

펴낸곳 | 후마니타스(주)
등록 | 2002년 2월 19일 제2002-000481호
주소 | 서울 마포구 신촌로14안길 17, 2층 (04057)
전화 | 편집_02.739.9929/9930 영업_02.722.9960 팩스_0505.333.9960

블로그 | humabook.blog.me
트위터, 페이스북, 인스타그램 | @humanitasbook
이메일 | humanitasbooks@gmail.com

인쇄 | 천일문화사_031.955.8083 제본 | 일진제책사_031.908.1407

값 17,000원

ISBN 978-89-6437-316-3 04300
      978-89-90106-16-2 (세트)

이 도서의 국립중앙도서관 출판시도서목록(CIP)은 e-CIP홈페이지(http://www.nl.go.kr/ecip)와
국가자료공동목록시스템(http://www.nl.go.kr/kolisnet)에서 이용하실 수 있습니다.
(CIP제어번호: CIP2018036070)

※ 이 도서는 한국출판문화산업진흥원 2018년 우수출판콘텐츠 제작 지원 사업 선정작입니다.

사라진, 버려진, 남겨진

구정은 지음

후마니타스

남겨진

버려진

사
라
진

보
이
지
않
는

남겨진

유적은 이미 버려져 남은 것이다.
그런데 그것이 두 번, 세 번 다시 부서진다.

과거

나선형 미나레트에서 본 강

여행 이야기를 하는 것은 즐거우면서도 막막하다. 낯선 세계, 때로는 낯선 나와의 만남을 생생하게 풀어 놓기란 힘든 법이다. 거대한 유적들을 만난 순간을 떠올려 말이나 글로 옮기기도 쉽지는 않다. 수천 년 역사의 무게에 압도받은 느낌을 되새기노라면 가장 먼저 머릿속에 떠오르는 곳은 바그다드, 그리고 바빌론이다.

오래전 일이다. 내가 이라크에서 만난 것은 사막, 고상한 사람들, 티그리스강과 유프라테스강, 그리고 언제 다시 볼지 모를 바빌론이었다. 인류 최초의 문명이 싹튼 그곳에서부터 이야기를 시작하는 편이 낫겠다.

외국인들은 흔히 바빌론이라 부르고 이라크 사람들끼리는 바벨('바벨탑'의 그 바벨이다)이라 부르는 쇠락한 사막의 유적.

남겨진

전쟁 전까지 한국산 전자 제품 상점들이 몰려 있던, 바그다드의 중심가인 카라다Karada 거리를 지나면 허름한 주택가가 나온다. 외곽으로 빠지면 주변은 온통 대추야자다. 바그다드가 있는 바그다드주州의 바로 남쪽에 바빌론이 있는 바벨주가 있다. 길은 탄탄대로였다.

이곳에서 메소포타미아문명이 태어났는데, 여기에서 발견된 인간의 거주 흔적은 12만 년 전까지 거슬러 올라간다(그 흔적이 석유 밭으로 유명한 북부 키르쿠크의 바르다 발카에 남아 있다는데 가보지는 못했다). 본격적인 '문명'은 기원전 3000년 무렵에 나타난다.

문자로 남아 있는 최초의 왕국은 수메르다. 새뮤얼 노아 크레이머Samuel Noah Kramer는 『문명의 요람』Cradle of Civilization에서, 메소포타미아인들은 '도시에 살면서 별을 공부하고, 아치와 바퀴 달린 탈것을 만들고, 서사시를 쓰고, 법령을 만들고, 리넨과 돛단배를 생산하고, 점성술의 기초를 세우고, 과학과 수학, 의학, 문학, 철학, 종교의 기본 틀을 만든 최초의 사람들'이라고 했다.

바빌론에서 가장 눈에 띄는 것은 바빌로니아의 여신을 기려 세워진 '이슈타르의 문'이었다. 파랗게 칠한 벽돌에 사자를 돋을새김한 이 문은 레플리카, 즉 '가짜'다. 진본은 독일 베를린의 페르가몬 박물관에 있다. 그렇지만 여기는 바빌론이 아닌가. 고대 수메르의 수도, 세계 7대 불가사의 중 하나

인 네부카드네자르 2세Nebuchadnezzar II의 공중 정원이 있는 곳.
대추야자 나무가 심어진 정원을 지나 흙벽돌로 지은 성곽에
올랐다. 1980년대에 사담 후세인이 옛 공중 정원을 복원해
놓았다.

　복원된 유적 밑에는 미처 발굴되지 못한 수천 년 전 벽돌
이 드러나 있었다. 진흙으로 만든 벽돌을 굽지 않고 그냥 햇
볕에 말린 듯했다. 얼마나 영화로웠기에 저런 큰 성을 만들었
을까.

　바빌론의 가짜 성곽 밑에는 수천 년 세월 동안 이리저리
불어오는 모래바람에 묻힌 유적들이 층져 있었다. 사담은 그

위에 네부카드네자르가 아닌 자신의 성곽을 세웠다. 벽돌의 부조에는 군데군데 사담의 이름이 적혀 있다고 했다. 2003년 미국이 이라크를 점령하고 사담이 쫓겨난 뒤에 이 벽돌들이 어떻게 됐는지는 모르겠다. 참 역설적이다. 사담의 이름이 새겨진 벽돌들이 남아 있다면 그 또한 '역사의 유물'이 됐을 테니까.

공중 정원 터에서 바라다보이는 곳에 거대한 건물이 있었다. 사담의 별장이라고 했다. 나중에 미군이 그 건물을 썼다. 10개 왕조가 명멸해 간 바빌론의 역사에서 '사담'과 '미 군정'은 스쳐 지나가는 이름에 불과하겠지만, 뒤에 CNN 보도를 보니 바빌론에 미군 탱크가 밀고 들어가 한동안 유적을 통제했다고 한다. 4000년 역사의 문명과 카우보이식 야만의 맞부딪침을 그보다 더 극명하게 보여 주는 장면이 있었을까.◆

성곽 바깥에도 모래층 사이로 유적의 흔적이 보이는데, 함무라비와 관련된 유적이 있을까 싶어 돌아다녔지만 허사였다. 함무라비법전은 이곳에서 만들어졌지만, 법령이 쓰인 돌판은 지금의 이란 땅에서 발견되었다. 페르시아제국이 이 지역을 제패하던 시절에 가져간 것으로 추정된다. 그리고 지금 그 돌판은 프랑스의 루브르박물관에 있다. 로제타석과 마찬

◆ CNN, "Bringing Babylon back from the dead"(2013/04/04).

가지로 참으로 기구한 운명을 지닌 돌이다.

사마라에 간 날에는 바람이 많이 불었다. 바그다드 북쪽으로 120킬로미터, 자동차로 두 시간쯤 걸리는 사마라에는 유명한 미나레트가 있다. 원래 미나레트는 모스크 옆에 세운 망루인데, 예전에는 사람이 올라가 큰 소리로 기도 시간을 알렸다. 850여 개 사암 조각들로 만들어진 사마라의 미나레트는 나선형 구조로 유명하다. 여느 모스크의 첨탑과는 다르게 생겼다. 현지 사람들은 '말위야'Malwiya라고 부른다.

사마라는 9세기에 한때 압바스 왕조의 수도였다. 당시 칼리프(왕)였던 알 무타심Al-Mu'tasim은 운명론자였다. 왕조 초기의 진취성이 사라져 국력이 쇠퇴할 조짐을 보이자 칼리프는 바그다드를 떠나 수도를 옮기려 했다. 칼리프는 사마라에 새도시를 만들었는데, 사마라는 '보는 사람이 즐겁다.'는 뜻이라 한다. 뒤이어 사마라를 개발한 사람은 칼리프 알 무타와킬 Al-Mutawakkil이었다. 그는 사막 도시에 모스크와 탑을 만들었다. 사마라의 이슬람 궁정은 명성이 자자해, 현대 슬라브 문자의 모체인 키릴문자를 만든 동로마제국의 성 키릴로스도 한때 이곳에 외교사절로 파견되었다고 한다.

848~851년경 만들어졌다는 사마라의 미나레트는 52미터 높이다. 평지에 홀로 우뚝 서있는 탑의 거대함은 그 숫자로는 잘 전해지지 않는다. 높되 위압적이지 않고, 뭔가 아슬아슬하고 신비한 일이 일어나지 않을까 싶은 기분이 들었다.

돌계단은 군데군데 패여 있었다. 난간도 없는 계단을 한참 돌아 꼭대기에 이르자 티그리스강과 사마라 시가지, 탑 밑에 있는 대大모스크의 금빛 지붕이 보였다. 먼지바람 사이로 티그리스강이 갈대숲을 낀 채 굽이굽이 흘렀고 물새가 날았다. 사마라의 탑은 나중에 미군과 저항 세력이 교전하면서 수니파 저항 세력의 박격포 공격으로 윗부분이 무너졌다.[*] 미군이 탑을 정찰 기지로 쓴 것이 발단이었다. 얼마 지나지 않아 시아파와 수니파가 충돌하면서, 사마라의 또 다른 모스크인 알 아스카리 모스크의 금빛 지붕도 폭격으로 박살이 났다. 이렇게 아름다운 유적이 부서져 가는 소식을 전해 듣는 나조차 마음이 아팠는데, 지켜보는 주민들의 심정은 어땠을까.

남겨진 것들마저 부숴 버리는 '야만'

유적. 남겨진 것들. 여행지에서 조각상과 건축물을 보며 머릿속에 천둥번개가 지나가는 것 같고 가슴이 묵지근해 발걸음을 떼기 힘들 때가 있다. 이런 압도적인 감정을 주는 가장 중요한 요인은 뭐니 뭐니 해도 유적의 크기이다. 하지만

◆ BBC, "Ancient minaret damaged in Iraq"(2005/04/01).

서울 여의도의 63빌딩이나 강남의 주상 복합 아파트 앞에서 그런 느낌을 받지는 않는다. 그 감정의 또 다른 축은 거기 쌓아올려진 시간의 무게이기 때문이다. 그것이 역사다. 너무나 크고 너무나 오래된 그 경이로움. "이것은 기원전 2000년의 유적"이라는 말은, 책에서 볼 때와 눈앞에서 마주할 때 완전히 다른 느낌을 준다.

이라크에서 나를 가장 압도한 것은 아카르쿠프의 지구라트였다. 텅 빈 사막 한가운데 우뚝 선 기묘한 건축물. 고대 메소포타미아 도시 두르-쿠리갈주가 있던 곳이라고 했다. 누가 무엇에 쓰려고 쌓아올린 돌 더미인지는 학자들도 정확히 모르지만, 그 돌 사이에 잠시 몸을 기대고 앉아 있으니 세상을 초월한 듯했다(고대 유적 도시 우르에는 더 큰 지구라트가 있다고 한다). 기원전 1500년 무렵에 세워졌다고 추정될 뿐, 누가 왜 만들었는지 의견이 엇갈린다.

이런 유적들이 전쟁 속에 무너져 간다. 역사의 무게감이 바스러지고 있다. 안타깝게도 아카르쿠프에서 찍은 사진의 화질이 좋지 않아, 기억을 떠올리고 싶을 때면 인터넷에서 검색해 본다. 위키피디아에 나온 사진 속 지구라트 앞에는 미군 병사가 지나가고 있다. 지금은 철수해 집으로 갔을 그 병사는 유적 앞에서 무슨 생각을 했을까.

유적은 이미 버려져 남은 것이다. 그런데 그것이 두 번, 세 번 다시 부서진다. 2013년 3월 시리아 내전이 시작된 이래,

남겨진

유적들은 아예 의도적인 공격 대상이 됐다. 극단주의 무장 단체 이슬람국가IS의 무지막지한 유적 파괴로 '비옥한 초승달'이라 불리던 지역에서 고대 문명의 유산이 사라지고 있다.

2015년 8월 말, 유서 깊은 신전이 그렇게 희생됐다. 30톤 분량 폭약이 터지면서, 2000년을 버텨 온 신전은 돌 더미가 되고 말았다. 시리아의 유적 도시 팔미라의 '벨(바알) 신전'이 서있던 자리는 그 흔적과 바깥벽만 조금 남았다. 유엔 직원들의 훈련 기관인 유엔훈련연구기구UNITAR는 "벨 신전의 주 건축물과 주변 기둥들이 파괴됐다."면서 파괴된 뒤의 모습을 담은 위성사진을 공개했다(IS는 이 무렵 팔미라의 바알샤민 신전도 폭파했다. 팔미라는 옛 시가지 전체가 유네스코 세계문화유산으로 지정된 도시이며, 벨 신전은 바알샤민보다도 규모가 더 컸다).◆

벨 신전은 달의 신인 아글리볼Aglibol과 태양신인 야르히볼Yarhibol에게 봉헌된 고대 사원이다. 고대 셈족 사원 자리에 서기 32년경 로마의 신 유피테르를 모시는 헬레니즘 양식 신전이 세워졌다. 코린트식 기둥이 205미터에 걸쳐 늘어섰고, 포장된 안마당에 주 건물이 들어섰다. 사원을 설계한 '알렉산드라스'Alexandras라는 건축가 이름과 설계도 등이 비문碑文으로

◆ UNITAR, "UNOSAT confirms destruction of Palmyra temples in Syria"(2015/09/01).

새겨져 있어 고대 건축 연구 사료로도 가치가 높았다. 뒤에 동로마제국 시기에는 기독교 교회로 쓰였다. 아랍 무슬림들은 12세기에 건물을 보수해 모스크로 썼다. 고대 중동 양식과 그레코로만 양식이 결합된 사원은 이 일대에 나타나고 사라진 문명들이 겹겹이 쌓인 인류의 유산이었다.

IS는 2015년 5월 팔미라를 장악했다. 다음 달에는 팔미라 박물관 외곽에 있던 '알랏의 사자상'을 부쉈다. 이슬람 이전에 숭배된 여신 알랏의 이름을 딴 이 사자상은 기원전 1세기에 만들어진 대형 유물로 높이 3미터, 무게 15톤에 이른다(사자상은 1997년 발견됐다).

유적 지킴이가 목숨을 잃었다는 뉴스도 충격적이었다. 사막을 건너는 고대 교역상들이 쉬어 가던 요르단의 오아시스 도시 페트라와 더불어 중동의 가장 크고 오래된 고대 유적인 팔미라의 유물 발굴사에서 칼리드 알아사드는 빼놓을 수 없는 인물이었다고 한다. 팔미라에서 나고 자란 그는 40년간 팔미라 유적 총책임자로 일하며 중요한 유물 발굴에 기여했다. '미스터 팔미라', '팔미라의 수호자'라고 불린 아사드는 2015년 8월 18일 주민들이 보는 앞에서 공개 처형을 당했다.◆ IS는 그에게 시리아 독재 정권에 충성했고, 정부 고위 당국자

◆ BBC, "Syrian archaeologist 'killed in Palmyra' by IS militants"(2015/08/19).

및 보안 당국과 연락하며 '우상'을 돌봤다는 죄를 씌웠다.**

1963년 팔미라 박물관장 겸 문화재국장으로 임명돼 40년간 자리를 지키다 2003년 은퇴한 아사드는 딸에게 팔미라의 전설적인 고대 여왕 제노비아Zenobia의 이름을 붙여 줄 만큼 고향의 역사와 유적에 대한 애착이 깊었다. 미국 오하이오주 쇼니 주립대학교의 중동 전문가 아므르 알아즘Amr al-Azm은 영국 『가디언』에 "하워드 카터 없이 이집트 고고학을 설명할 수 없듯이 아사드 없이는 팔미라를 논할 수 없다."고 말하기도 했다. IS가 팔미라를 점령하기 직전까지, 아사드는 아들과 함께 박물관에 있던 유물들을 다른 곳으로 옮기는 작업을 총지휘했다. IS는 팔미라에 입성하자마자 아사드를 체포했다가 며칠 만에 풀어 줬다. 하지만 이내 다시 잡아갔다. IS는 아사드를 한 달 넘게 구금한 채 돈이 될 만한 숨겨진 유물을 내놓으라고 심문했으나, 아사드가 끝까지 입을 열지 않자 살해한 것으로 추정된다.

IS는 2015년 3월 이라크 북부 니네베주 님루드에 있는, 기원전 7세기에 지어진 아시리아의 성채와 2000년 전 파르티아의 수도였던 하트라를 불도저로 밀었다. 현지 사람들이 알

** 아사드는 반평생을 바친 박물관 앞 광장에서 생전 모습 그대로 안경을 쓴 채 참수당했다. 시신은 팔미라 한복판 유적 기둥에 매달렸다. IS 지지자들은 그 광경을 사진으로 찍어 소셜 미디어에 올렸다.

하드르라 부르는 하트라도 유네스코 세계유산이다. 시리아의 최대 도시 알레포에서도 유네스코 세계유산인 옛 시가지의 약 60퍼센트가 파괴됐다. 알랏의 사자상이 복원된 것을 비롯해,♦ 몇몇 유적과 유물이 유네스코 등의 도움으로 되살아나고 있지만, 돌 더미가 되고 가루가 되고 재가 되는 역사의 유산들, 그것들과 어우러져 살아가던 사람들의 삶은 온전히 복구될 수 없다.

흔적 없이 사라진 바미얀 석불

이슬람 극단주의자들이 저지른 유적 파괴 중에서도, 2001년 3월 아프가니스탄 탈레반이 벌인 짓은 충격적이었다. 그때 세계적인 유적인 바미얀 석불이 파괴되었다. 어릴 적에 본 『실크로드』 전집에 실린 컬러사진에는 아프간 사람들의 생활상과 바미얀 석불도 담겨 있었다. 모래사막에 서있는 거대한 석불. 그때부터 내게 '바미얀'은 지명을 넘어 '꿈'과 같았다.

소련 점령기와 뒤이은 괴뢰정권 시절에 무너진 아프간을

♦ UNESCO, "Restoration completed on Lion of Al-lāt statue from ancient city of Palmyra, damaged by ISIL"(2017/10/10).

남겨진

살리겠다며 들고일어난 탈레반은 출범 당시만 해도 많은 아프간 사람들의 희망이었다(공과는 차치하더라도 아프간 사람들의 70퍼센트가 지지한, 정통성 있는 정권이라고 보는 시각이 많다). 그런데 갈수록 극단적인 색채를 드러내더니 결국 바미얀 석불을 부수고, 여성들을 상대로 무참한 탄압을 가하다가 미국의 공격을 받아 무너졌다.

탈레반이 불상 두 구俱를 부순 과정은 2년 뒤에야 드러났다. 석불 폭파 행위가 진행된 방식을 생생하게 목격한 증인이 2003년 2월 외신들에 털어놓은 것이다. 당시 집권 탈레반 세력에 저항한 민병대 조직인 '와흐다트당'Hizb e Wahdat에 소속돼 전투원으로 싸우다가 포로로 붙잡힌 미르자 후세인이 탈레반이 자행한 석불 폭파 작업에 동원되었다며, 25일에 걸쳐 진행된 파괴 작업 과정을 AFP통신에 밝혔다.◆

나는 석불이 새겨진 사암 절벽에 곳곳이 뚫린 동굴에 감금되어 있었다. 어느 날 검은 터번을 두른 탈레반들이 픽업트럭 여러 대에 나눠 타고 석불 주변으로 왔다. 탈레반들은 석불 두 개 중 큰 것으로부터 300미터쯤 떨어진 곳에 T-55 탱크를

◆ 스위스의 다큐멘터리 감독 크리스찬 프라이는 영화 〈거대한 불상〉에 바미얀 석불 파괴 과정을 담았다. 영화의 첫 부분에 등장하는 사람이 미르자 후세인이다. http://www.giant-buddhas.com

세운 뒤 석불로 돌진했지만 석불 아랫부분 옷자락만 스쳤을 뿐 별다른 흠집을 내지 못했다. 그러자 이들은 방법을 바꿔 온갖 폭탄과 탄약으로 가득 찬 트럭들을 동원했다. 나를 포함한 포로 10여 명은 칼라시니코프 소총으로 위협하는 탈레반들의 명령에 따라 트럭에 실려 있던 폭탄을 불상 발치에 쌓았다. 폭발물은 몇 톤씩 됐다. 탈레반은 불상뿐만 아니라 불상이 새겨진 암벽 전체를 파괴하려 했다.

…… 긴 전선 끝에 매달린 뇌관에서 폭발이 시작됐다. 먼지가 바다를 이루고 불길 지름은 수백 미터나 됐다. 그러나 먼지구름이 한풀 가라앉은 뒤에 보니 석불들은 여전히 골짜기에 버티고 서서 탈레반을 비웃는 것처럼 보였다. 석불은 그저 다리 아래쪽만 파괴됐을 뿐 나머지 부분은 멀쩡했다. 탈레반 지휘관들은 한참 동안 의논했다. 파키스탄과 사우디아라비아 기술자들이 트럭 석 대에 나눠 타고 도착해 지휘관들과 의논하더니 몇 시간 뒤 지시 사항을 적어 놓고 떠났다. 탈레반들은 이번엔 작은 불상부터 시작했다. 불상의 발밑에 쌓여 있던 폭탄을 불상의 몸에 둘렀다. 폭파시키자 칭기즈칸의 공격에도 살아남았던 불상은 결국 버티지 못하고 무너져 내렸다. 탈레반은 총을 쏘아 대며 기뻐 날뛰었고 소 50마리를 잡아 제물로 삼은 뒤 모닥불을 피워 놓고 밤새 북소리에 맞춰 춤을 추며 즐겼다.

…… 그러고 나서 큰 석불 파괴에 들어갔다. 석불 위쪽 동

남겨진

굴에서 밧줄을 늘어뜨린 뒤 우리를 매달아 석불 머리에 구멍을 뚫게 했다. 우리는 구멍 속에 다이너마이트를 채웠다. 그 다음에는 어깨, 그다음엔 가슴, 이런 식으로 하루에 두세 차례씩 폭파 작업을 했다. 거대한 석불은 아무것도 남지 않았고 사암 절벽의 그림자만 남았다.

사라지면 되살릴 수 없다

의도한 파괴만이 유적을 무너뜨리는 것은 아니다. 네팔 수도 카트만두의 '랜드 마크'인 9층짜리 다라하라Dharahara(빔센Bhimsen이라고도 한다) 탑은 2015년 5월에 난 지진으로 완전히 무너졌다. 1832년 네팔의 첫 총리로 불리는 빔센 타파Bhimsen Thapa가 세운 이 탑은 1934년 대지진으로 한 차례 무너져 재건된 바 있다. 62미터 높이의 9층짜리 탑 8층에 있는 전망대를 관광객이 많이 찾았다고 한다. 박타푸르 더르바르Bhaktapur Durbar 광장, 3세기에 지어진 파탄 더르바르Patan Durbar 광장, 히말라야에서 가장 오래된 불교 유적 중 하나인 부다나트 스투파Boudhanath stupa 등 네 곳이 훼손됐다. 5세기에 지어진 스와얌부나트Swayambhunath 사원도 이때 파손됐다.

그리고 무엇보다 강력한 힘은 '시간'이다. 몇 해 전 캄보디아의 앙코르 유적지에 갔다. 나무들에 점령된 타프롬의 모습은 유독 관광객들의 시선을 사로잡는다. 앙코르와트처럼 보존 상태가 좋지도 않고 화려한 조각들이 손님을 반기는 것도 아니며, 유달리 크다고 할 수도 없는 이 사원은 앙코르 관광코스에서 빠지지 않는다. 역설적이지만, 이곳이 너무나 많이 무너졌기 때문이다.

12세기 이후 800여 년 동안 밀림에 버려진 타프롬은 사람이 아닌 나무들의 사원으로 변했다. 사원의 주인은 나무였다.

남겨진

흔히 반얀트리라 불리는 벵골보리수의 거대한 뿌리가 사원을
감싸고 이끼 낀 돌 사이를 파고들었다. 나무뿌리 때문에 사원
이 갈라지고 부서졌지만, 동시에 그 뿌리들 때문에 그나마 완
전히 무너지지 않고 형태나마 유지하고 있다. 첨탑 다섯 채가
우뚝 솟은 와트의 전경과, 나무뿌리에 잡아먹히다시피 한 타
프롬의 처참한 모습은 앙코르 유적을 담은 관광 엽서에서 빠
지지 않는다. 미국의 저널리스트 앨런 와이즈먼은 저서『인간

없는 세상』에서 인간이 사라지면 자연은 생각보다 훨씬 빠른 속도로 놀라운 회복력을 보일 것이라 예측한 바 있다. 이를 그대로 보여 주는 것이 타프롬의 거대한 나무들이다.

직접 가본 사원은 여행안내 책자에 실린 모습보다도 충격적이었다. 사원의 출입문 네 개 중 서쪽 문만 남았고 나머지는 나무에 허물어져 있었다. 나무와 사원 건물이 한데 뒤섞여 한 몸의 괴물처럼 변해 있었다. 자를 수도, 놓아둘 수도 없는 나무들은 이제 사원의 본질이 되어 버렸다. 관광객들은 모두 사원을 깔고 앉은 나무뿌리 밑에서 셔터를 눌렀다. 잔뿌리들 사이에 간신히 구멍만 남아 있는 문, 무너져 내린 부조들 사이사이에 위험 표지판과 출입금지 팻말이 놓여 있었다.

앙코르 유적은 라테라이트라고 하는 홍토와 사암으로 이뤄져 있다. 사암은 습기를 머금은 동안에는 괜찮지만 물기가 빠져 건조해질수록 약해진다. 재질이 무른 홍토와 사암으로 만들어진 탓에 유적은 중·근동의 고대 유적들보다도 심하게 훼손되었다. 특히 앙코르는 14세기 캄보디아 왕국의 수도가 프놈펜 지역으로 옮겨 간 뒤 사실상 방치된 지역이라 상당수 사원이 무너져 있다. 2010년 그곳의 유적 복원을 맡고 있는 총책임자에게 복원 과정과 현황, 타프롬 유적의 복원 전후 모습에 대한 설명을 들을 기회가 있었다. 타프롬 복원 프로그램을 담당한 이들은 인도-캄보디아 협력 프로그램에 따라 파견된 인도 고고학조사 팀ASI이었다. 총책임을 맡은 인도 공학기

남겨진

술자 수드D. S. Sood 박사를 비롯한 인도인 네 명이 캄보디아인 복원 기술자 175명과 함께 힘겹게 유적을 되살리고 있었다.[*]

하지만 타프롬의 원래 모습을 되살리기란 불가능하다. 나무뿌리에 깔린 사원의 중심부는 손대기조차 힘들다. 복원 팀은 2004년부터 10개년 계획을 시작했으나, 복원 작업은 계속 길어지고 있다.[**]

자연의 힘을 이기지 못해 무너진 유적을 보며 누군가를 탓할 수는 없지만, 의도적인 반달리즘은 다르다. 2016년 8월 전쟁범죄를 재판하기 위한 국제법정인, 네덜란드 헤이그의 국제형사재판소ICC에서 의미 있는 재판이 열렸다. 역사적 유물과 유적지를 파괴한 극단주의자가 법정에 섰다. 인류의 공통 재산인 문화유산을 파괴하는 것 또한 전쟁 중 집단 학살과 같은 반인도적 범죄라는 선례를 남기게 된 것이다.

ICC 법정에 선 사람은 아프리카 서북부 말리의 극단주의

---

[*] 복원 팀은 사원을 다섯 개 지구, 아홉 개 구역으로 나눠 단계별로 작업을 진행했다. 첫째 단계는 구조 조사다. 복원 팀의 조사에 따르면 유적의 60퍼센트가 무너진 상태였다. 둘째 단계는 구조 분석 및 임시 봉합이다. 무너져 떨어진 돌조각을 모두 사원 옆 작업장에 가져와 컴퓨터에 입력한 뒤 복원 시뮬레이션을 진행한다. 프로그램상에서 복원도를 만들고, 이에 따라 조각을 잇는다. 기둥 중심부에 철심을 넣고 시멘트로 조각들을 하나하나 붙인다.

[**] *The Hindu*, "The many challenges in restoring Cambodia's Ta Prohm temple" (2015/05/09).

무장 단체 '안사르디네'Ansar Dine(믿음의 수호자)의 조직원인 아흐마드 알파키 알마흐디였다. 그는 15~16세기 말리 왕국의 중심지인 통북투의 유적을 파괴한 혐의로 2015년 체포돼 기소됐다. 2002년부터 본격적인 활동을 시작한 ICC가 문화유산 파괴 혐의로 법정에 세운 사람은 그가 처음이었다.◆

나이저강 유역의 통북투는 1988년 유네스코 세계유산으로 지정되었으며 '사막의 베네치아', '아프리카의 엘도라도'로 불린다. 이슬람을 아프리카에 전파하는 교두보였던 이곳은 모스크 세 곳과 이슬람 성자의 능묘 16기가 특히 유명하다. 그런데 2012년 이슬람주의를 내세운 안사르디네가 이곳에서 무덤을 집중적으로 파괴했다. 알마흐디는 이 중 시디 야히아Sidi Yahya 모스크와 능묘 아홉 기를 파괴하라고 지시한 혐의로 기소됐다. 안사르디네는 무덤이 지면보다 높아서는 안 된다는 이슬람 율법을 극단적으로 해석해 이런 일을 저질렀고, ICC는 이를 전쟁범죄로 봤다. 알마흐디는 법정에서 "공소사실을 모두 인정한다."면서 자기 행동을 반성하고 있다고 했다. 하지만 사라진 유적, 그리고 그 안에 담긴 역사는 누가 되살릴 수 있을까.

◆ Al Jazeera, "Guilty plea at ICC Timbuktu artefacts destruction case"(2016/08/22).

남겨진

비밀을 품고 있는

죽음

마을이 된 무덤

이집트 카이로에서 사막 쪽으로 달리다 보니 기묘한 풍경
이 스친다. 그럴듯한 건물의 외양이 보이는데, 온통 건물의
파사드(앞면)뿐이다. 건물의 앞쪽 벽만 있고 네모난 집은 없
다. 달랑 한쪽 벽만 있는 집. 그러나 벽 뒤편에 빨래가 널려
있고 사람 사는 흔적이 엿보인다. 집 아닌 집들이 이룬 마을
에 그나마 어떤 집은 지붕이 없어도 사방에 벽이 있거나, 혹
은 세 벽이 있다. 군데군데 짓다 만 것처럼 철근이 벽돌 위로
삐져나온 허름한 집도 보인다. 모래바다 한가운데 놓인 쓸쓸
한 풍경 속의 이 마을은 도대체 어떤 곳일까?

그곳은 '사자死者의 도시'다.✦ 이집트 사람들은 카라파 혹
은 엘아라파라 부르고 외부에는 네크로폴리스로 알려져 있
다. 남북 6.4킬로미터에 걸쳐져 있는 이곳은 '도시'가 아니라

묘지다. 그런데 거기에 집 없는 이들이 기대어 살면서 사자의 안식처는 살아 있는 이들의 마을이 되었다. 주민의 상당수는 카이로가 외곽까지 확대되면서 밀려난 이들이다. 1950년대 가말 압델 나세르 시절부터 이뤄진 재개발 사업의 희생양들이 묘지 마을로 향했다. 농촌이 무너지자 농업을 버린 이들까지 가세하면서 묘지는 슬럼이 됐다. 1992년 카이로에 난 지진으로 집들이 부서졌을 때 이재민 일부도 합세했다.

사자의 도시가 생겨난 것은 이슬람의 이집트 정복 시절인 7세기로 거슬러 올라간다. 이집트를 점령한 아랍 정복자 아므르 이븐 알아스Amr ibn al-'As는 현재의 카이로 동부인 알푸스타트Al Fustat에 도시를 만들고 자기 가족의 영묘를 지었다. 뒤이은 칼리프들도 제각기 묘지를 넓혔다. 하지만 100년도 지나지 않아 주민들이 묘지에 모여들었다. 초창기 거주자는 장례 의식을 업으로 삼던 이들, 그리고 이슬람 신비주의를 좇는 수피 수도사들이었다. 시아파에 속하는 수피들은 이 지역에 있는 아흘 알바이트Ahl al Bayt(무함마드의 가계) 사원을 성지순례의 대상으로 삼았고 그 수는 점점 늘어났다. 파티마왕조는 수피들의 순례를 지원했다.

파티마왕조를 이은 맘루크왕조의 술탄들은 사하라사막에

◆ NBC, "Thousands of Egyptians live among graves in 'City of the Dead'"(2012/05/26).

　　　　　　　　　　　　　　　　　　　　남겨진

새 묘지들을 만들었다. 점점 커지고 통합된 사자의 도시에서는 때로 군사 퍼레이드도 벌어졌고 종교 행사도 열렸다. 이집트는 16세기가 되자 오스만제국의 지배를 받았다. 이때부터 이집트는 독립된 국가가 아니라 이스탄불(콘스탄티노플)을 수도로 하는 제국의 일부, '파샤'라는 총독이 다스리는 하나의 지방이 됐다. 제국의 신민들은 이동이 잦았고 사자의 도시에도 여러 민족이 섞여 살았다(변두리 무덤 마을이 하이브리드 주거지역으로 변한 셈이다).

지금도 이곳에는 이슬람을 창시한 예언자 무함마드의 손자인 알 후사인Al Husayn, 순교자 사이다 자이납Sayyida Zaynab, 기적을 행한 성인 셰이크 알리Sheikh Ali, 아이유브왕조의 사실상 마지막 술탄인 알 살리 아이유브Al Salih Ayyub 등의 무덤이 남아 도시 빈민 수천 명이 기댈 언덕이 돼주고 있다. 지금은 여러 '무덤 집'에 수돗물과 전기가 들어가 제법 마을 면모를 갖췄다. 2011년 봄 혁명으로 쫓겨난 독재자 호스니 무바라크Hosni Mubarak 시절에는 학교도 두 곳 지어졌다. 왕조 시대는 오래전 끝났고 지금은 가난한 이들이 이곳에 무덤을 짓는다. 주민들은 무덤 하나를 파주며 약 150파운드(2만 2000원가량)씩 받아 생계를 잇는다.◆ 그렇게 산 자와 죽은 자가 만난다.

◆ *The Washington Post*, "In Cairo's 'City of the Dead,' life goes on"(2016/01/20).

주검과 함께 묻힌 비밀

어린 시절에 살던 집 앞산에 무덤 몇 기가 있었다. 아마도
한동네 살던 누군가의 무덤이었지 싶다. 동네 어른들은 "무덤
에 올라가면 엄마가 죽는다."고 겁을 줬다. 남의 묘를 밟지 말
라고 하는 소리였겠지만 그렇게 무시무시한 경고가 또 있을
까. 내게 무덤이 공포를 의미하게 된 것은 그 얘기 때문인 듯
하다. 『빨간 머리 앤』 시리즈에 나오는 앤의 친구들 중에는
묘지 옆에 사는 목사님 집 아이들이 있었다. 묘지를 끼고 산
다니! 흔한 공동묘지 괴담이 아니라, 나는 엄마가 죽을지 모
른다는 두려움에 그 책을 읽으며 공포를 느꼈다.

앞산의 무덤처럼, 시간이 흘러 누가 묻혔는지 모르게 방치
된 묘가 많다. 미국의 온라인 매체 〈아틀라스 옵스큐라〉에 그
런 묘지를 찾아다니는 사람의 이야기가 실렸다. 시카고의 링
컨파크Lincoln Park에는 1858년 만들어진, 아이라 카우치라는
사람의 무덤이 있다. 생전에 호텔 소유주였고 이 무덤에 묻히
기 1년 전 쿠바에서 죽었다고 한다. 무덤은 조그마한 건물 형
태를 하고 있어서 공원을 산책하는 사람들조차 무덤인지 모
른 채 지나친다고 한다.

죽음의 흔적은 종종 전설이 된다. 아이라 카우치의 무덤도
그랬다. 이 무덤을 짓는 데 약 7000달러가 들었다는 기록이
있다. 당시 사람들의 하루 수입이 1달러 정도였으니 엄청난

남겨진

돈을 들여 묘를 마련한 셈이다. 그가 숨지고 반세기도 더 지나, 이 무덤에 여러 사람이 묻혀 있다는 소문이 퍼졌다. 아이라 카우치의 손자는 "최소 여덟 명이 묻혔다."고 했다. 세간의 소문이 눈덩이처럼 커졌고, 시 관리가 나서서 "10년 전에 들어가 봤는데 아무도 없었다."며 억측을 잠재웠다. 피라미드가 대표적이지만, 무덤만큼 살아 있는 사람들의 관심과 호기심, 두려움을 불러일으키는 건축은 드물다. 아이라 카우치의 무덤을 둘러싼 해프닝도 산 자들의 관심이 어떻게 '도시의 전설'이 되는지를 보여 준다.◆

2015년 미국 『뉴욕 타임스』에는 뉴욕의 지하 무덤 이야기가 실렸다. 도시계획에 따라 수도 공사를 하던 노동자들이 워싱턴 광장 지하에서 알려지지 않은 무덤들을 발견했다는 것이다. 길이 8미터짜리 방 안에 관과 유해가 있었다. 고고학자들이 출동했다. 첫 번째 방과 평행하게 만들어진 두 번째 방이 발견됐다. 이 지하 묘지에서 나온 유해는 최소 25구였고, 아이들 것으로 보이는 작은 관들도 있었다. 어떤 관에는 '21세, 윌리엄'이라고 쓰여 있었다. 일가족의 무덤으로 보이지만 어느 집안이고, 어떤 연유로 지하 묘실에 묻혔는지는 확인되지 않았다. 당국은 묻힌 이들의 안식을 지켜 주기 위해, 묘를

◆ *Atlas Obscura*, "Touring the tombs"(2015/02/19).

다시 덮고 수도관 공사의 경로를 바꾸기로 결정했다.[*]

애써 숨기지 않았지만 외면당하는 무덤도 있다. 라지아 술탄은 1236년부터 1240년까지 짧은 기간 델리를 지배한 인도의 여성 통치자다. 지금도 여성이 신분제와 성차별에 묶여 고통 받는 인도에서, 13세기에 코끼리를 타고 다니며 군대를 지휘한 여성 통치자가 있었다는 사실은 놀랍다. 하지만 라지아 술탄에 대한 역사 기록은 인색하고, 무덤도 델리 한 귀퉁이에 있다. 라지아 술탄은 델리 옛 시가지인 모할라 불불리 카나 Mohalla Bulbuli Khana에 남아 있으나 관광객이 찾기는커녕 주민들마저 잘 모른다.

2013년 일간 『힌두』는 역사의 뒤편으로 사라진 여성 통치자의 숨겨진 무덤을 들여다보는 기사를 실었다.[**] 무덤에는 눈에 띄는 장식도, 관광객을 끌어들일 볼거리도 없다. 간혹 델리의 초등학생들이 견학을 오거나 라지아 술탄을 연구하는 몇 안 되는 학자들이 찾을 뿐이다. 무덤의 보존 상태도 좋지 않다. 영국으로부터 독립한 동시에 사실상 힌두 국가가 된 인

---

[*] 무덤은 봉인됐으나 호기심은 끝나지 않았다. 존 가이스마라는 고고학자가 2005년 워싱턴 광장 일대를 탐사해, 1826년까지 이 일대에 장로교회들이 늘어서 있었다는 사실을 알아냈다. *The New York Times*, "Beneath Washington Square, forgotten tombs begin to yield their secrets"(2015/11/06).

[**] *The Hindu*, "A forgotten tomb"(2013/08/09).

도에서 800년 전 무슬림 여성 술탄의 무덤은 통 관심을 끌지 못하고 있다. 여성의 정치적 역할을 경시하는 인식 탓도 있다. 라지아의 무덤 주변은 무허가 건물들로 에워싸였다. 국왕의 사랑을 받은 왕비가 묻힌, 아그라의 휘황찬란한 타지마할 영묘가 인도의 자랑거리가 되고 있는 풍경과는 대조적이다.

어떤 무덤은 과거의 불의를 소환해 증언하는 역할을 한다. 조지아주의 버려진 흑인 무덤이 그렇다.[*] 조지아주 해밀턴시티 공동묘지를 다룬 『USA투데이』 기사는 묘지를 나누는 두 풍경으로 시작된다. 한쪽은 잔디가 깔끔하게 가꿔져 있고, 반대편의 버려진 묘지에는 잡초가 무성하다. 한쪽에는 도시에서 '존경받던 사람들'의 무덤이, 다른 쪽에는 옛 흑인 노예들의 무덤이 있다. 애틀랜타에서 150킬로미터쯤 떨어진 이 묘지는 1828년 세워졌다. 백인 구역과 흑인 구역 사이에는 분리를 상징하는 철조망이 쳐있다. 묘지 관리 비용은 비싸다. 흑인 노예들의 무덤은 관리비를 내는 후손들이 없어 버려졌을 것이다.

노예제와 흑인 차별을 보여 주는 무덤은 미국 곳곳에 있다. 사우스캐롤라이나주 컬럼비아에는 1872년 흑인 의원들과 사업가들의 무덤이 조성됐으나 뒤에 버려졌다. 버지니아

---

[*] *USA Today*, "Black history dies in neglected Southern cemeteries"(2013/01/30).

주 포츠머스에도 흑인 묘지가 있으나 1960년대 이후 방치됐다. '디프사우스'라고 불리는 미국의 남부 주들에는 그런 묘지가 여럿 있다고 한다. 미국의 묘지에서는 여전히 아파르트헤이트(인종 분리)가 진행 중이다.

무덤이 된 마을, 엘모소테

어디 노예제 흔적뿐일까. 1980년부터 1992년까지 엘살바도르에는 정부군과 좌익 무장 단체 파라분도 마르티 민족해방전선 간 내전이 벌어졌다. 오스카르 로메로 대주교의 죽음으로 유명해진 이 내전 탓에 7만 5000명 이상이 숨졌다. 사망이 확인되지 않은 채 '실종'으로 남은 이도 8000명에 이른다. 당시 정부군은 반군을 소탕한다며 민간인을 대량 학살했다. 그중 하나가 엘모소테에서 일어났다. 그곳은 온두라스와의 국경에 인접한 엘살바도르 북부의 작은 마을이다.

내전 초기인 1981년 12월 11일, 미국의 지원을 받은 정부군이 학살을 시작했다. 이유는 단순했다. 정부군의 공격에 밀린 반군이 이 지역까지 쫓겨 온 것이었다. 마을 주민들은 어느 편에도 가담하고 싶지 않았기에 어디로도 이주하지 않았다. 하지만 마을에 남은 주민들은 학살의 희생양이 됐다. 학살 전날인 10일 '아틀락틀Atlactl 대대'라고 불리는 부대가 마

남겨진

을을 에워쌌다. 이들은 '마을의 게릴라들을 절멸하라.'는 임무를 맡았다. 군인들은 모든 주민을 마을의 중앙 광장에 몰아넣었다. 남녀노소 가릴 것 없이 모두 집에서 나와 광장에 엎드려 있어야 했다.

생존자들에 따르면 군인들은 주민들을 발로 걷어찼고, 보석이나 값진 물건을 내놓으라며 윽박질렀다. 밤이 되자 군인들은 사람들을 집으로 돌려보내더니 밖에 나오지 말라고 했다. 이튿날인 11일 아침에는 다시 주민들에게 집 밖으로 나오라고 명령했다. 군인들은 마을 사람들을 남성과 소년, 여성과 소녀, 그리고 아이로 나누더니 남성들을 교회로 밀어 넣었다. 교회에 갇힌 그들의 눈에 가리개를 씌우고 고문하고 처형했다. 여성들과 소녀들은 언덕으로 몰고 가 성폭행을 하고 살해했다. 그다음엔 아이들 차례였다. 빈집에 아이들을 몰아넣더니 사방에서 총을 쏴 살해했다. 군인들은 아예 마을에서 살아 숨 쉬는 것을 모조리 없애기로 작정한 듯이 가축들까지 한데 몰아 죽이고 불태웠다(아틀락틀 부대는 스스로 '지옥의 천사들'이라 불렸다고 한다). 사망자 수는 900~1200명으로 추정된다.

이 처참한 학살은 오랫동안 베일에 싸여 있었다. 20년도 더 지난 2002년, 살아남은 주민들은 집단 매장지에 묻혀 있던 희생자 유해 약 230구를 복구했다.* 숨진 이들을 기리는 추모식이 처음 열렸다. 학살을 부인하던 정부가 진실을 인정한 것은 그로부터 다시 10년이 지난 2012년이었다. 마우리

시오 푸네스 대통령이 그해 1월 엘모소테를 찾아가 희생자 추모식에서 정부군의 만행을 인정하고 피해자 가족들에게 사과했다.**

동유럽의 소국 몰도바공화국 옆에는 트란스니스트리아라는 곳이 있다. 옛 소련 시절에는 연방 내 몰도바 영토였는데, 몰도바가 독립한 뒤인 1991년 러시아가 다시 이 땅을 넘보면서 몰도바에서 사실상 분리시켰다. 러시아는 이곳을 '독립 공화국'으로 만들었으나 국제적으로 인정받지는 못했다. 그래서 이 지역은 몰도바도 아니고 러시아도 아니면서 독립국이라 불리지도 않는 기묘한 처지가 됐다. 지금은 우크라이나 땅인 오데사와도 가까운 곳이다.

1941년 트란스니스트리아와 오데사에서는 '오데사 학살'로 불리는 대량 학살이 일어났다. 루마니아 파시스트들이 그해 10월 22일부터 24일까지 불과 사흘 동안 유대인들과 로마족(흔히 비하하는 말로 '집시'라 불리는 민족이다) 2만 5000~3만 4000명을 살해했다. 1941년부터 1942년 사이에 희생된

◆ *The New York Times*, "Another hallowed terror ground"(2002/01/13).

◆◆ 진상을 밝히기까지는 여전히 긴 과정이 남아 있다. 2016년 7월 엘살바도르 대법원은 내전 기간에 저지른 전쟁범죄의 책임을 묻지 않는 '사면법'을 위헌으로 판결했다. 10월에는 인권 단체들이 낸 엘모소테 학살 소송을 받아들이고 검찰에 수사를 재개하라는 법원 판결이 나왔다. *Telesur*, "Salvadoran judge reopens investigation of El Mozote massacre"(2016/10/02).

남겨진

유대인은 10만 명, 로마족은 1만 5000명에 이른다는 추정치도 있다.

이온 안토네스쿠가 이끄는 파시스트 군대는 드네스트르강 강가로 희생자들을 몰고 가 진흙탕에 세워 놓고 사살했다. 루마니아 곳곳에서 끌려오는 동안 굶고 탈진해 죽거나 군인들에게 맞아 죽은 이들도 많았다. 영하의 날씨에 서릿발 같은 추위 속에서 알몸으로 고통 받다가 숨진 사람들도 있었다.[*] 루마니아 장군 이온 토포르는 유대인과 로마족을 끌고 가는 군인들에게 "10킬로미터마다 무덤을 파서 시신 100구씩 처리하라."고 지시했다 한다. 군인들은 실제로 구덩이에 시신들을 던져 넣었고 100구 넘는 시신이 무덤마다 포개지곤 했다.

'홀로코스트'holocaust라고 하면 흔히 독일의 유대인 학살을 떠올리지만, 1940년대에 동유럽 곳곳에서 각국의 파시스트들이 나치와 유사한 대량 학살을 저질렀다. 독일과 달리 이 나라들에서는 반성과 성찰이 뒤따르지 않았다. 트란스니스트리아에서 숨진 이들은 그대로 잊혔다. 그 죽음을 밝혀내 기억하려 한 사람들은 오랜 세월이 흐른 뒤에야 묘비를 세울 수 있었다.

---

[*] The Nizkor Project, "History and voices of the tragedy in Romania and Transnistria", http://www.nizkor.org

몰도바 수도 키시너우에는 이 나라 사람들조차 거의 찾지 않는 무덤이 있다. 19세기까지 몰도바에서 가장 큰 유대인 공동체가 있던 곳이다. 그러나 시나고그(유대교회당)들은 20세기에 들어와 포그롬pogrom(유대인을 겨냥한 폭력 사태)이 잇따르면서 부서졌다. 앞서 말했듯이 제2차 세계대전 중에 오데사 학살 등으로 유대인 주민의 절반가량이 학살당하며 유대인 마을은 폐허가 됐다. 오래된 묘지도 폭격으로 초토화됐다. 학살에서 살아남은 유대인들은 키시너우의 무덤에 묘비를 세워 숨진 이들을 기리고, 그것을 사진으로 남기는 작업을 하고 있다. 잡초가 무성한 묘지는 파시즘에 희생된 이들의 넋이 여전히 위로받지 못하고 있음을 보여 주는 듯하다.◆

◆ The bohemian blog, "A Moldavian massacre: exploring the ruins of the Chisinau ghetto"(2015/03/03), http://www.thebohemianblog.com

남겨진

전쟁이 남긴

폐 허

시간이 멈춘 곳

오라두르 쉬르 글란은 프랑스 중서부에 있는 작은 마을이
었다. 지금은 아무도 살지 않는 죽음의 마을로 남아 있다. 평
범한 시골 소읍에서 참상이 벌어진 것은 제2차 세계대전이
한창인 1944년 6월이었다. 유럽 전선의 판세를 바꾼 연합군
의 노르망디상륙작전이 6월 6일 이뤄졌고, 나흘 뒤인 10일
나치 점령군이 레지스탕스(저항) 운동 세력에게 보복하겠다
며 이 마을에서 학살을 저질렀다.

당시 19세였던 로베르 에브라는 미수米壽의 나이가 되도록
그날의 참상을 잊지 못한다. "군인들이 여성들과 아이들을 교
회에 몰아넣고 문을 잠갔고, 남성들은 따로 끌고 가 헛간에
밀어 넣었다. 독일군은 독가스를 살포하고 불을 질렀으며 기
관총으로 주민들을 사살했다." 학살에서 살아남은 사람은 에

브라를 비롯해 여섯 명뿐이었다. 나머지 주민 642명은 나치에 살해됐다. 에브라의 어머니와 누이도 희생됐다.

1950년대 당시 학살자들을 처벌하기 위한 전범 재판이 열렸고, 200여 명의 학살 가담자 중 60여 명이 기소됐다. 하지만 당시는 이미 독일이 동서로 갈려 극심한 냉전에 접어든 때였기에 서독에 체류하던 21명만 법정에 세울 수 있었다. 그나마 법정에 선 사람들 중 독일군 일곱 명을 뺀 나머지는 나치 점령하에 있던 알자스 지방 출신이었다. 이 때문에 학살 책임을 둘러싼 논란은 프랑스 내 '알자스 차별 문제'로 불똥이 튀어 재판은 흐지부지됐다. 학살자 중 일부는 "나치가 시켜 어쩔 수 없이 저지른 일"이라며 발뺌했다.

1989년 베를린장벽이 무너지기 직전 동독 장교들이 보관하던 학살 관련 자료가 공개되자, 독일 내에서 이 사건이 다시 조명됐다. 여섯 명이 기소됐으나 학살자들이 이미 고령이라 제대로 단죄가 이뤄지지 못했다. 오랜 조사 과정에서 드러났지만, 오라두르 쉬르 글란 사건은 군사적 목적은 전혀 없는 순전한 학살극이었다. 당시 나치 무장친위대Waffen-SS 병력이 주범이라는 사실이 확인됐지만, 왜 그토록 잔인한 범죄를 저질렀는지는 아직도 의문으로 남아 있다.

제2차 세계대전이 끝나고 나치가 패망하자 훗날 대통령이 된 샤를 드골 장군은 포고령을 내려, 폐허가 된 이 마을을 그대로 보존했다. 나치의 잔혹상을 보여 주는 증거로 삼고 잊지 않게 하기 위해서다. 1999년에는 추모관이 문을 열었다.

2013년 9월 4일 독일의 요아힘 가우크 대통령이 프랑수아 올랑드 프랑스 대통령과 함께 오라두르 쉬르 글란을 찾았다. 1984년 헬무트 콜 당시 독일 총리가 제2차 세계대전 전적지인 베르됭을 방문한 적은 있지만, 독일 국가 지도자가 오라두르 쉬르 글란을 찾은 것은 학살 이후 처음이었다. 두 대통령은 생존자인 에브라와 함께 추모관을 찾아 묵념한 뒤 시간이 멈춘 마을 곳곳을 둘러봤다.◆ 가우크 대통령은 희생자들을 애도하며 화환을 바치고 과거의 범죄를 사과했다. 두 정상의 부축을 받으며 학살을 증언한 에브라는 "그 사건 뒤 증오심과 복수심이 가득한 채 오랜 시간을 보내야 했다."며 "(독일의 사과가) 더 빨랐어야 했다. 우리는 독일과 화해해야만 한다."고 말했다.

전해 3월에 취임한 가우크 대통령은 앙겔라 메르켈Angela Merkel 총리와 마찬가지로 동독 태생이다. 가우크의 아버지는 옛 소련 굴라그Gulag(강제수용소)에서 살아남은 생존자였고 가우크는 동독 공산 정권에 맞서 민주화 운동을 했다. 가우크는 2012년 체코를 방문했을 때도 프라하 북쪽 리디체에 있는 나치 학살 현장을 찾았고, 이듬해 이탈리아 방문 때도 나치의 범죄 현장인 산타나 디 스타체마를 방문해 사과했다.

가우크는 오라두르 쉬르 글란을 방문한 뒤 "나는 73세로, 전쟁 중에 태어났다. 우리가 저지른 죄에 대해 이야기하고, 희생자들과 그 가족들에게 '우리가 저지른 짓을 잘 알고 있다.'는 걸 얘기해 주고 싶다."고 말했다. 가우크의 이 방문은 독일과 프랑스 간 우호조약인 엘리제 조약 50주년을 기념하기 위한 것이었다. 의례적인 행사로 끝날 수 있는 방문이었지만, 올랑드와 함께 학살 현장을 찾아 사과함으로써 '과거의 상처를 딛고 진심으로 화해한다는 것'이 무엇인지를 보였다

◆ *Le Monde*, "A Oradour, les presidents Hollande et Gauck se souviennent"(2013/09/04).

는 평가를 받았다.

영국 BBC방송은 이 방문을 통해 "지금의 독일은 그들(피해자들)의 기억 속에 악몽처럼 남아 있는 독일과는 다르다는 것을 알려주고자 했다."는 가우크의 말을 전하며 그의 사과가 '화해의 상징'이 될 것이라고 보도했다. 전쟁의 상처를 기억하게 하기 위해 학살 현장을 남겨 두기로 한 드골의 결심이 옳았던 셈이다.

프랑스 북동부에는 '종 루즈'라는 또 다른 전쟁의 폐허가 있다. 전쟁 전만 해도 평범한 농촌 지역이었다. 다른 지역과 다른 점이 있다면, 이곳에 대규모 군부대가 주둔했다는 사실이다. 영국 역사학자인 크리스티나 홀스타인Christina Holstein에 따르면 베르됭 기지에는 전쟁이 나기 전에도 약 6만 6000명의 군인들이 머물고 있었다. 주변의 비옥한 농촌은 군인들을 먹여 살리는 데에도 쓰였다. 그러나 이 농촌은 제1차 세계대전 때 폐허가 됐다. 1916년까지 이 일대에서 300일 넘게 격렬한 전투가 벌어졌고 프랑스인과 독일인이 30만 명 넘게 숨졌다. '베르됭 전투'는 제1차 세계대전 속의 또 다른 대전으로 불리기도 한다.

독일의 저널리스트이자 저술가인 니콜라우스 뉘첼이 지은 『다리를 잃은 걸 기념합니다』는 한 아버지가 자식에게 들려주는 제1차 세계대전 이야기다. 당시 역사를 쉬운 말로 설명하지만 담겨 있는 지식이나 메시지는 가볍지 않다. 전쟁에서 한쪽 다리를 잃은 외할아버지의 이야기로 시작해 전쟁의 끔찍함을 생생하게 그려 보인다.

이 도시의 이름은 제1차 세계대전 중 가장 참혹했던 전투를 상징하는 이름이야. 전투가 가장 격렬했던 지역에서는 1제곱미터당 수류탄이 여섯 개 떨어졌다고 하더라고. 농사를 짓지 않는 땅에는 아직도 뚜렷이 전쟁의 흔적이 남아 있거든. 전투가 있은 지 100년이 지났는데도 숲에는 아직 포탄이 터질 때 생겨난 구덩이들이 남아 있어. 프랑스 정부는 완전히 파괴된 마을 땅에 표시를 해놓았어. 표지석들은 이곳은 사람들이 샘에서 물을 길던 곳이며, 저쪽으로 아이들이 학교에 다녔다는 걸, 그리고 같은 건물에 시청이 있었다는 걸 보여 줘. 지금은 아무것도 없어. 모든 것이 무지무지하게 평화로운 인상을 주지. 바람이 나무 사이로, 잔디 위로 살랑살랑 불고 아주 고요해.♦

책에 실린 베르됭의 사진은 저자의 말처럼 '무지무지하게 평화로운' 모습이다. 수풀이 무성해서 얼핏 보면 동물들이 뛰노는 초원 같다. 이곳이 '인류사상 둘째가라면 서러울 격전의

♦ 니콜라우스 뉘첼 지음, 유영미 옮김, 『다리를 잃은 걸 기념합니다』(서해문집, 2014), 117쪽.

남겨진

현장'이었다는 사실을, 그 사진 속 이미지만으로는 상상하기조차 힘들다. 하지만 전쟁은 이 일대에 사람이 살 수 없게 완전히 파괴했고, 무려 1200제곱킬로미터에 이르는 땅이 버려졌다. 제1차 세계대전이 끝난 1918년 프랑스 정부는 시간과 비용을 들여 이 땅에 농민들을 되돌려 보낼지를 고민했다. 하지만 전쟁으로 무너진 집들을 새로 지어 사람들이 다시 살게 하는 대신에 이 땅을 '자연에 돌려보내기로' 했다. 이 지역은 지금도 출입이 통제되는 보호구역이다. 현행법상 안에 들어가서 집을 짓기는커녕 농작물을 키우거나 숲에 손대는 일도 금지돼 있다.

당초 정부가 이런 결정을 한 것은 화학물질에 심하게 오염되고 폭탄과 지뢰 같은 폭발물이 많이 남아 있어 위험하기 때문이었다. 마치 한국의 비무장지대처럼, 사람들이 버린 땅을 자연이 맡아 복원하고 있다. 폭탄 더미 속에서도 자연의 회복력은 빠르게 작용했다. 나무와 풀과 덤불이 포탄 구덩이 사이를 메웠다. 하지만 전쟁의 아픈 역사는 사라지지 않는다.◆

◆ *National Geographic*, "Red zone"(2014/05/01).

누구도 들어갈 수 없는 땅

2014년 5월 로이터통신이 찍은 사진 몇 장이 여러 외국 언론들에 실리고 인터넷을 통해 퍼졌다. 키프로스 북부 파마구스타의 '완충지대'에 있는 유엔의 휴전 감시탑, 수도 니코시아 한가운데에 있는 옛 도심의 문 닫힌 상점, 1974년 이후로 버려진 구식 자동차, 사람의 손길이 몇 십 년 동안 닿지 않은 채 내팽개쳐진 어느 식당 테이블의 오래된 음료 캔, 지금은 어느 나라에서도 찾아보기 힘든 브라운관 텔레비전, 미니스커트를 입은 금발 여성이 표지에 실린 누렇게 빛바랜 잡지. 폐허가 된 그곳의 놀이터에는 아이들 몇 명이 그네를 타고 있었다.

키프로스는 지중해 동부에 있는 섬나라다. 북쪽에 터키가 있고, 더 멀리 북서쪽에는 그리스가 있다. 오랜 세월 터키의 전신 오스만제국의 영토였던 이 섬은 투르크 땅이 이리저리 찢긴 뒤 영국의 점령 통치를 받다가 1960년 8월 독립했다. 그 뒤의 역사도 순탄치는 않았다. 섬나라에는 오랜 세월 터키계와 그리스계가 함께 살아왔으나 독립하면서 두 민족 간 충돌이 벌어졌다. 1963년 시작된 내전은 11년 동안 이어졌다. 터키계 2만 5000명이 피란길에 올랐다. 1964년 유엔은 나라의 남북을 가르는 '그린 라인'을 만들었다. 수도 니코시아도 둘로 갈라졌다. 그러나 이때까지만 해도 그린 라인은 충돌을

막기 위한 구분선이었을 뿐, 나라를 완전히 가르는 '분단의
선'은 아니었다.

　1974년 7월 그리스계 민족주의자들이 그리스 군사정권의
지원 속에 쿠데타를 일으키더니 키프로스를 그리스에 합병해
야 한다고 주장했다. 이는 터키의 침공과 분단으로 이어졌다.
터키는 '아틸라Attila 작전'이라는 이름으로 군대를 보내 7월
20일부터 8월 16일까지 한 달이 채 안 되는 사이 키프로스에
서 대대적인 전투를 벌였고, 터키계가 많이 사는 북부를 점령
했다. 이 침공으로 그리스계 주민 15만 명과 터키계 주민 5만
명은 난민이 됐다. 터키가 침공할 당시 키프로스의 터키계 주

민은 약 5분의 1이었다. 그러나 터키에 점령당한 북부 땅은 나라 전체의 3분의 1에 이르렀다. 이전의 그린 라인을 넘어 훨씬 남쪽까지 터키군이 들어와 장악했기 때문이다.

대규모 유혈 사태가 일어날까 걱정한 유엔은 (이 섬을 한때 점령 통치한 영국군을 주축으로) 키프로스평화유지군UNFICYP을 파병했다. 터키를 배후에 둔 키프로스 터키계와 그리스의 지원을 받는 키프로스 그리스계가 제네바에서 회담해 휴전에 합의했다. 평화유지군 관리하에 양측이 싸우던 전선은 완충 지대가 됐으나, 수십 년이 흐르면서 남키프로스의 북쪽 국경으로 굳어졌다. 터키계는 북부에서 1983년 독자적인 정부 수립을 선언했으나 이 나라를 인정한 나라는 사실상 터키뿐이다(남북으로 갈린 이 나라 사정은 남의 일 같지 않다). 그리스계 키프로스인들은 북부의 터키계가 세운 나라를 인정하지 않을뿐더러 그들 뒤에 있는 터키가 사실상 점령 통치를 계속하고 있다고 간주한다. 1996년에는 터전을 빼앗긴 그리스계 난민들이 터키에 항의 시위를 했다가 유혈 진압으로 숨지기도 했다.

2003년 북부 터키계는 통제를 조금이나마 누그러뜨려서, 니코시아의 옛 성벽 외곽에 있는 레드라 궁전 같은 시설에 그리스계 주민들이 방문할 수 있도록 했다. 그러나 한시적인 조치일 뿐이었다. 2008년에는 유엔개발계획UNDP 주도로, 한때 니코시아의 도심 번화가였지만 버려진 거리가 된 레드라/록마지Ledra/Lokmacı의 상점들을 일시적으로 다시 열어 내전과 분

단의 문제를 환기하는 행사가 열렸다. 2011년 10월부터 이
듬해 6월 사이에는 완충지대에 들어가 무단 점유를 하는 '점
령하라 완충지대' 운동이 벌어졌다(2011년 미국과 유럽에서 고삐
풀린 자본주의에 항의하는 시민들이 거리에서 벌인 '점령하라' 운동의
키프로스 버전이었다). 그리스계와 터키계 평화운동가들이 힘을
합쳐 레드라/록마지를 가로지르며 시위했다. 그러나 경찰이
몽둥이를 휘두르며 강경 진압해 점령에 맞선 '점령하라' 시위
는 끝났다.♦

점령과 분단으로 이어진 쿠데타가 일어난 지 40여 년이 지
난 2014년 로이터통신이 찍은 사진들은 사람의 발길이 닿지
않은 채 고스란히 남은 완충지대의 모습이다. 남북을 가르는
비무장 완충지대는 길이 180킬로미터, 폭 7.4킬로미터의 긴
띠처럼 이어져 있다. 폭이 가장 좁은 곳은 3.3미터에 불과하
다. 이 구역에는 터키계도, 키프로스계도 들어가지 못한다.
유엔 관리 병력을 제외하면 누구도 이 땅에 들어갈 수 없다.
강산이 네 번 바뀔 기간이었으나 이 무인 지대에서는 시간의
흐름도 멈췄다. 한때 사람들이 북적이던 곳은 통째로 쿠데타
와 점령과 내전과 분단의 박물관이 돼버렸다.♦♦

♦ *The Occupied Times*, "Occupy buffer zone"(2012/04/10).
♦♦ *The Atlantic*, "Frozen in time: the Cyprus buffer zone"(2014/04/10).

　사실 우리에겐 이미 우리만의 키프로스가 있다. 한반도를 동서로 가르는 비무장지대다. 외국 언론들에서 비무장지대는 키프로스보다 훨씬 자주 등장하는 소재이자 관심거리다. 한 국인인 우리는 그곳을 잊고 지내지만, 한국을 찾는 외국인 여행자들에게는 중요한 관광 코스인 것처럼. 미국 저널리스트 앨런 와이즈먼은 『인간 없는 세계』의 도입부에서 사람의 발길이 닿지 않은 비무장지대를 소개했다. '이 자연을 무너뜨리며 살던 인간이 어느 날 갑자기 사라진다면'이라는 전제에서 출발한 책이니, 비무장지대만큼 극적이고 살아 있는 사례도 없을 것이다. 와이즈먼의 관심은 자연이 어떻게 스스로 복원하는지에 쏠려 있다. 비무장지대의 경관은 자연이 얼마나 위

남겨진

대한지를 증명한다고 그는 말한다. 비록 보이지 않는 오래된 상처처럼 지뢰를 품고 있을지언정. 자연 다큐멘터리로 유명한 미국의 『내셔널 지오그래픽』에 실린 비무장지대 풍경은 몹시 아름답다. 갈대숲, 인적 없는 습지, 산양과 새, 철책과 군인. 이곳의 자연은 사람들이 되돌아오길 기다릴까, 아니면 이대로 잊힌 채 남아 있기를 바랄까.

죽음의 길에 남겨진 탱크들

오래전 요르단 암만에서 이라크의 수도 바그다드까지 950 킬로미터 길을 달려 본 적이 있다. 흔히 'GMC밴'이라고 부르는 제너럴모터스General Motors 승합차를 빌려 열두 시간 동안 달렸다. 뻥뻥 뚫린 6차선 도로는 훌륭했지만 중간에 운전사가 내려서 쉬고 기도를 해야 했기에 시간이 더 걸렸고, 요르단과 이라크 사이의 국경을 통과하는 데만 두 시간 넘게 소요됐다(당시만 해도 이라크는 사담 후세인 정권 시절이었다).

사막을 긴 시간 달리다 보면 기분이 묘해진다. 시공간이 뒤섞이고 사라지는 느낌을 받을 때가 있다. 도시의 원근법에, 산과 호수와 숲과 나무의 공간 감각에 익숙한 사람들에게 그 모두가 사라진 사막에서 방향과 거리감을 자극하는 것은 오직 도로뿐이다. 유조차가 달리고 때때로 베두인Bedouin 유목민

들이 낙타와 양 떼를 끌고 고속도로를 횡단하는 것을 보면서
야 비로소 이 시공간이 머나먼 외계의 것이 아니라 내가 살고
있고 지나가고 있는 시공간임을 깨닫게 된다. 수천 년 동안
유목민들만이 오갔을, 낙타에 짐을 실은 카라반들이 별을 보
며 찾아다녔을 사막에 현대의 기술로 쭉쭉 깔아 놓은 고속도
로는 이질적인 시공간을 깨뜨리는 동시에 잇는 장치다.

타리크 알마우트. 쿠웨이트와 이라크 사이에는 '죽음의 도
로'라고 불리는 길이 있다. 공식 명칭은 '80번 고속도로'로,
쿠웨이트의 수도 쿠웨이트에서부터 이라크 국경 마을 사프완
Safwan을 지나 이라크 남부의 항구도시 바스라로 이어진다. 6
차선 도로변에는 버려진 탱크들이 늘어서 있다.

1990년 이라크 사담 후세인의 군대가 쿠웨이트를 침공하
면서 이 길을 따라 남쪽으로 내려갔다. 후세인은 미국이 침공
을 묵인하리라고 봤지만 오판이었다. 당시 조지 H. W. 부시
미국 대통령은 냉전이 끝난 뒤 '신세계 질서'New World Order가
도래했다고 선언했고, 세계 유일의 초강대국이 된 미국의 위
상을 각인시키고자 후세인의 이라크를 폭격했다. 1991년의
'걸프전'은 후세인의 참패로 귀결됐다. 후세인 군대의 탱크와
자동차 1400~2000대가 미국의 폭격으로 고철 더미가 되었
다. 80번 고속도로에만 그 정도이고, 바스라의 이라크군 기지
와 이어져 있던 조금 작은 도로인 8번 고속도로에도 몇 백 대
가 남아 있다. 아직도 방치된 탱크들은 전쟁의 뒷모습을 웅변

남겨진

하고 있다.

버려진 것은 탱크들만이 아니라 그 안에 타고 있던 군인들, 사람들의 목숨이기도 했다. 일부는 탱크를 버리고 유프라테스강을 따라 도망쳤다고도 한다(미 국방부 정보국DIA은 쿠웨이트에 투입된 이라크군 7만~8만 명이 도주했다고 추정한다). 12년 뒤인 2003년 미군과 영국군은 죽음의 도로를 통해 이라크를 침공했다. 아버지 부시의 걸프전이 공습 위주로 전개된 반면, 아들 부시의 전쟁은 미군을 대거 투입한 전면전이었다. 슬프고 우습게도, 조지 W. 부시가 "주요 전투는 종료됐다."며 한껏 폼을 잡고 선언한 것은 이라크를 침공하고 겨우 두 달 뒤였다. 그러나 전쟁은 길었다. 버락 오바마 대통령이 2010년

8월 31일 이라크전 전투 임무는 종료됐다고 공식 선언했다. 하지만 미국은 끝내 그 전쟁에서 발을 빼지 못했고, IS 사태라는 또 다른 전쟁을 치르고 있다. 죽음의 도로에는 끝이 보이지 않는다.

인도의 켐카란과 파키스탄의 차원다에도 무기의 무덤들이 있다. 인도와 파키스탄 사이의 전쟁이 낳은 쌍생아이다. 켐카란은 인도 펀자브주 탄타란Tarn Taran 지역에 있는 마을이다. 1960년대에 인도와 파키스탄 사이에 전쟁이 일어났다. 1965년 9월 7일 파키스탄군 여섯 부대가 탄타란 일대로 공격해 들어왔고, 인도군 세 부대가 맞서 싸웠다. 전투는 격렬했다. 파키스탄군 1사단은 탱크 97대가 파괴당하는 피해를 입었다. 4연대의 탱크 32대도 파괴되거나 인도군에 넘어갔다. 전투는 인도군의 압승으로 끝났지만 이 지역에 살던 주민들에게 파키스탄군의 패튼Patton 탱크는 지금도 공포의 상징으로 남아 있다. 심지어 전투가 격렬했던 시기에 이 지역의 한 마을은 탱크의 이름을 딴 '패튼 나가르'Patton Nagar라는 지명으로 불리기도 했다. 패튼은 당시 펀자브로 들어온 파키스탄군 연대 중 하나의 이름이기도 했다. 반세기가 지났지만 켐카란에는 지금도 패튼 탱크를 비롯한 파키스탄군의 무기가 고스란히 버려져 녹슬어 가고 있다. 하지만 자연은 이런 폐허에서도 특유의 복원력을 발휘한다. 당시 이 지역의 영웅으로 추앙받던 압둘 하미드Abdul Hamid를 기리는 추모 시설은 유칼립투스와 티

남겨진

크 나무로 덮였고, 관목과 잡초가 무성하다. 하미드는 파키스탄군에 맞선 저항을 주도한 인물이었다.[◆]

차원다는 파키스탄 내 편자브주의 마을이다. 켐카란과 똑같은 사연을 간직하고 있고, 같은 전쟁의 흔적을 품었다. 인도군이 이곳에 침공하면서 파키스탄군과 전투가 벌어졌다. 유엔의 중재로 휴전이 성사되면서 9월 23일 전투가 끝날 때까지 격렬한 탱크 교전이 일어났다. 켐카란과 마찬가지로 이 마을에도 지금까지 탱크들이 남아 있어 '탱크의 무덤'으로 불린다.

너그러운 전쟁은 없다

스페인 중부 마을 벨치테도 역사의 상처가 깊다. 벨치테는 중부의 중심 도시 사라고사에서 남동쪽으로 40킬로미터 떨어져 있다. 낮은 언덕들에 둘러싸인 평야에 자리 잡은 한적한 마을로 척박한 황야에 가깝다. 스페인 내전이 한창이던 1937년 8월 24일부터 9월 7일 사이 공화파와 프랑코의 파시스트 세력이 이곳에서 충돌했다. 프랑코 군대는 북부 주들을 장악

◆ *Times of India*, "The graveyard of Patton tanks"(2015/08/30).

하려고 대대적인 공격을 펼쳤으나 공화파의 거센 저항에 맞닥뜨렸다. 그러나 여기저기 흩어진 소도시들과 작은 마을들은 파시스트 군대 앞에서 속수무책이었다. 벨치테가 그렇게 파괴된 마을 중 하나였다. 격렬한 전투로 마을이 거의 무너지자 주민들은 주변에 누에보 벨치테, 즉 '새 벨치테'라는 주거지를 새로 지어 옮겨 갔다.

조지 오웰은 『카탈루냐 찬가』에 스페인 내전 참전 경험을 기록했다. 책에는 오웰 특유의 유머가 넘쳐 난다. 솔직하고 담백하고 명료하면서, 어찌 보면 일부러 순진무구하게, 또 어떤 부분에는 분노를 가득 담은 글이다. 그가 그린 스페인 내전은 생각만큼 극적이지 않으며 그래서 더 생생하다(가령 오웰이 공들여 묘사한, 혁명 시기 스페인의 동지애는 지금도 읽는 이의 가슴을 뛰게 한다). 스페인이라는 나라에 대한 외국인 관찰자의 묘사도 재미있다. 무엇이든 정확하고 계획성 있게 끝내야 한다는 영국 문화에 젖어 있는 오웰의 눈에 비친 스페인 사람들은 느긋하고 (모든 일은 '내일'로 미루자는) '마냐나' 정신에 투철하고 비효율적이고 너그럽고 순수한 사람들이다. "스페인 사람들이 관대하다는 사실은 의심의 여지가 없다. 사실 그들은 20세기에 속하지 않는 고귀한 종족이다. 이 점 때문에 스페인에서는 파시즘이라 해도 상대적으로 느슨하고 견딜 만한 형태가 될 것이라는 희망을 가지게 된다. 스페인 사람들 중에 현대 전체주의 국가가 요구하는 지독스러운 효율성과 일관성을

남겨진

가진 사람은 거의 없다."◆

하지만 너그러운 전쟁이라는 게 과연 존재할 수 있을까? 프랑코의 파시즘도 충분히 잔혹했음을 벨치테는 보여 준다. 전투가 끝난 뒤에도 한동안 몇 안 되는 주민들이 고향에 남았으나 프랑코군은 이 일대의 주민들에게 '교훈'을 주려 했다. 저항하는 자들은 초토화하겠다는 뜻을 드러낸 것이다. 주민들은 쫓겨났고, 벨치테는 전투 직후의 모습 그대로 폐허로 남았다.

칠이 벗겨지고 반쯤 무너진 채로 남아 있는 건물들은 마치 사막의 고대 유적처럼 기묘해 보인다. 집들은 파손됐고, 한때는 고풍스러웠을 성당은 첨탑과 벽만 남았다. 박제가 된 벨치테 마을은 이제 관광지가 되어 구경꾼들을 맞이한다. 전쟁의 흔적이나 과거의 상처를 찾는 '다크 투어리즘'dark tourism을 즐기는 이들에게 벨치테처럼 극적인 모습을 보여 주는 곳도 많지 않다. 사라고사에서는 매일 버스가 벨치테로 향하고, 하루 네 번씩 기차가 출발한다. 원한다면 누구든 사방이 트인 폐허의 벽돌 더미 사이에 남아 있는 건물들, 총탄 자국이 선명한 벽들, 산산이 부서진 삶의 흔적을 들여다볼 수 있다.

모든 전쟁은 폐허를 남기지만, 벨치테에서 보이듯이 내전

◆ 조지 오웰 지음, 정영목 옮김, 『카탈로니아 찬가』(민음사, 2001), 285쪽.

은 특히 지독한 삶의 폐허를 남긴다. 여러 집단, 민족, 종교에 소속된 주민들이 섞여 살고 있는 곳에서 증오가 갑작스레 솟아오르고 격렬한 시가전이 벌어지는 일이 많은 까닭이다.

동유럽도 1990년대에 참혹한 내전에 휩싸였다. 크로아티아 동부에 부코바르라는 도시가 있다. 크로아티아인들은 옛 유고 연방으로부터 독립하면서 연방을 구성하던 여러 민족과 격전을 벌였는데 그중 한 곳이 부코바르였다. 자신들만의 나라를 세우려는 크로아티아계와 이를 막으려는 유고인민군JNA은 부코바르에서 1991년 8월부터 11월까지 87일간 전투를 치렀다. 정확히 말하면 '87일간의 봉쇄'였다. 크로아티아계가 주축이 된 이 도시를 유고인민군이 봉쇄했고, 세르비아계 민병대가 유고군을 도왔다. 바로크 시대 건축물이 가득한 이 도시에는 원래 크로아티아계와 세르비아계를 비롯해 여러 민족 공동체가 섞여 살아왔으나 전쟁은 모든 것을 깨뜨렸다.

옛 유고를 비극으로 몰고 간 역사적·정치적·사회적 요인은 많다. 여러 민족이 섞여 있었고 종교도 달랐다. 내셔널리즘이 유럽을 휩쓴 시기에도 이들은 자기들 이름으로 된 나라를 갖지 못했다. 서구 열강의 영향력 아래 독립국들을 세우기가 쉽지 않았고, 같은 이유로 민족주의의 국수적 성격이 강했다. 요시프 티토가 세운 유고 연방은 여러 갈래 민족들을 한 테두리 안에 묶었다. 티토가 숨지고 이들을 묶어 주던 외부 요인, 즉 냉전이 사라지자 분열이 폭발적으로 터져 나왔다. 그 화약고에 불을 붙인 이가 슬로보단 밀로셰비치였다.

밀로셰비치는 연방 내 세르비아공화국 출신이다. 1989년부터 1997년까지 세 차례 세르비아 대통령을 지냈고, 동유럽 공산국가들이 스러져 가던 1997년부터 2000년까지는 유고 연방의 대통령이었다. 밀로셰비치의 자극으로 부추겨진 세르비아 민족주의는 한 지역에서 수백 년을 함께 살아온 알바니아계와 보스니아계에 대한 반감과 증오 감정을 자양분으로 삼고 있었다.

밀로셰비치가 득세하면서 연방 내에는 세르비아 민족주의가 고조됐다. 그러자 유고 연방 내의 또 다른 주요 공화국들인 슬로베니아와 크로아티아가 1991년 6월 독립을 선언하고 떨어져 나갔다. 유고 연방은 두 독립국과 잇달아 전쟁을 치러야 했고 그 와중에 일어난 것이 부코바르 전투였다.

1991년 8월 유고인민군은 부코바르 지역에서 전면전을 개시했다. 당시 이 도시를 지키던 것은 약 1800명의 크로아티아국민군ZNG과 민병대였다. 이들이 유고인민군 3만 6000여 명과 세르비아계 민병대를 상대해야 했다. 한쪽은 경무장, 반대쪽은 완전 중무장한 군인들이었다. 무장 상태나 병력 규모로나 상대가 안 되는 싸움이었던 셈이다. 전투 기간에 부코바르의 좁은 시가지에는 하루 1만 2000번씩 로켓포와 박격포 폭탄이 날아들었다고 한다. 봉쇄가 무너진 그해 11월 18일 세르비아계는 크로아티아 병사들과 민간인 수백 명을 학살했고 3만 1000명의 주민들이 쫓겨났다. '인종 청소'였다. 그 뒤 부코바르는 양측이 버리고 간 탱크들 때문에 한때 '탱크의 무덤'이라 불렸다. 지금은 개발 바람에 거의 사라졌지만, 여전히 시가지 골목에는 총탄 자국이 선명하다.

아프가니스탄 카불 외곽에도 1980년대 소련 점령군이 버린 탱크들의 무덤이 있다. 사진을 검색해 보면 황무지에 늘어선 탱크 행렬이 펼쳐진다. 그런 곳이 한둘이 아니다. 고철이 돼 길을 따라 늘어선 탱크들, 무기의 시신이라도 되는 양 녹슨 채 한 무더기로 버려진 탱크들. 1979년 소련의 침공으로 시작된 아프간 전쟁은 10년간 이어졌다. 소련에 아프간은 발을 뺄 수 없는 진창이었다.♦ 소련이 무너진 요인들 가운데 밑

빠진 독과 같았던 아프간 침공에 따른 영향이 컸다고 말하는 이들도 적지 않다.

소련군이 물러간 뒤 아프간의 운명은? 우리가 잘 아는 대로다. 소련이 세운 괴뢰정권을 무너뜨리고 권력을 잡은 것은 이슬람 수니파 극단 조직 탈레반이었다. 탈레반과 여러 군벌들이 경합하는 과정에서 일부 '마약 군벌'들은 카불 대학살을

◆ 소련이 아프간을 침공하자, 미국 지미 카터 정부 시절 백악관 국가안보보좌관을 지낸 즈비그뉴 브레진스키가 "소련의 베트남전이 시작됐다."고 했다는 일화가 있다. Al Jazeera, "Afghanistan: the Soviet Union's Vietnam"(2003/04/23).

저질렀고 전국이 아수라장이 됐다. 탈레반이 사실상 전국을 장악해 집권했던 것은 1996년 무렵이었다. 그러나 5년 뒤 9·11 테러가 일어났고 2001년 10월 미국은 곧바로 아프간을 침공했다. 미국의 아프간 전쟁이 15년 가까이 이어졌다. 미국은 2016년 말에야 아프간 주둔군을 모두 **뺐냈다**. 탈레반 '정권'은 무너졌으나 내전은 진행 중이다.

이란 출신 여성 예술가 네다 타이예비는 아프간에 버려진 소련군 탱크들을 작품의 모티프로 삼았다. 버려진 탱크와 군용 차량에 그림을 그려 아름답게 꾸미는 것, 그리하여 결코 아름답지 못한 전쟁의 참상을 보여 주는 것이 타이예비의 작업이다. 2015년 영국 『가디언』은 카불 근교 카이르카나Khair Khana의 황아에서 선보인 작품들을 보도했다. 이제는 30년도 더 된 소련 시절 탱크들은 화사한 빛깔의 꽃들로 장식됐다. 황금빛으로 칠해진 어떤 전차는 햇살에 눈부신 빛을 발한다. 그 위에서 아이들이 뛰논다.♦

타이예비는 아프간에 1년 넘게 머물며 이 작업을 했다. 애당초 아프간에서 예술 잡지를 펴내려고 방문했으나 녹슨 탱크들을 본 뒤 마음이 바뀌었다고 한다. 그는 『가디언』에 "카

♦ 타이예비의 사이트에 들어가면 전쟁의 유산이 어떻게 변신했는지 볼 수 있다. 전차들은 빨갛고 노란 꽃들이 채색된 그림으로 덮였지만, 주변 산등성이에 있는 집들은 온통 흙빛이다. http://nedataiyebi.com

불에서는 앉아서 여유를 누릴 곳이 없고, 보면서 눈을 즐겁게 할 것이 없었다."고 말했다.[◆] 결국 '눈을 즐겁게 할' 볼거리가 된 것은 녹슨 탱크들이었다. 전쟁은 많은 것을 파괴하지만, 많은 것이 파괴된 뒤에도 사람들은 살아간다. 예술 작품이자 놀이터가 된 아프간의 탱크들만큼 전쟁과 사람들의 운명을 적나라하게 보여 주는 것이 또 있을까.

◆ *The Guardian*, "Tank buster: artist creating a brighter future from machines of war"(2015/12/22).

아무도 살지 않는

유령도시

무너진 자동차의 도시

무너진 도시가 있다. 도심은 텅 비었고, 곳곳에 부서진 채 버려진 집들과 공장들이 흉물스럽게 방치돼 있다. 시 정부는 파산했으며 주민들은 떠났다. 한때 '자동차의 메카'라 불리던 미국 미시간주의 공업 도시 디트로이트다.

2014년 10월 블룸버그 통신은 이 도시의 집과 건물 6000채를 매입하겠다며 경매에 참여한 한 투자가의 소식을 전했다. 투자가가 부동산 6000건의 매입 가격으로 제시한 금액은 320만 달러(약 34억 원)에 불과했다. 집값 비싼 뉴욕에서라면 그럴듯한 타운 하우스 한 채를 살 만한 액수로, 디트로이트에서는 가압류된 부동산 6000건을 한몫에 매입할 수 있다. 이 입찰자가 사들이려는 부동산은 소유주가 세금을 못 내 압류된 채로 버려진 주택들이 대부분이다. 이미 도시는 무너질 대로 무너져 경제가 돌아가지 않은 지 오래이고, 버려진 도시는 갱들의 소굴처럼 돼버렸다. 디트로이트는 2013년 7월 법원에 파산 보호 신청을 내고 회생 절차에 들어갔다. 당국이 압류해 경매에 붙인 부동산은 13만 건이 넘는다.

신원이 알려지지 않은 이 입찰자가 부동산을 대거 사들이는 데 성공했는지는 모르겠지만, 디트로이트의 쇠락을 한눈에 보여 주는 사건이었다. 자동차의 도시, 모터 시티Motor City 혹은 모타운Motown이라 불리던 디트로이트의 명성은 온데간데없고 퇴물이 된 도시는 헐값 부동산 신세가 됐다. 한쪽에서는 새로운 움직임도 보인다. 독일의 저널리스트 빌프리트 봄머트는 도시 농업 운동을 다룬 저서 『빵과 벽돌』에서 디트로이트의 또 다른 모습을 전한다. 공장도 사람도 떠나간 디트로이트의 빈터를 '개간'해 채소를 키우는 도시의 농민들이다. 이들은 일부러 유령도시가 된 디트로이트를 찾아가 밭을 일군다.

다른 방식으로 모타운을 되살리는 사람도 있다. 라이언 멘도자는 독일 베를린과 이탈리아 나폴리를 오가며 일하는 예술가다. 그는 고향인 디트로이트에 있던 2층짜리 집을 유럽으로 옮겼다. 거처를 옮겼다는 뜻이 아니라 말 그대로 '집을 옮겼다'.✦ 다시 조립된 옛집에 그는 '흰 집'이라는 이름을 지었다. 공교롭게도 미국 권력의 상징인 백악관The White House과 이름이 같다. 이 집은 그 자체로 번영과 쇠락을 오간 도시의 상징이자 퍼포먼스가 됐다. 네덜란드 로테르담 아트페어에 출품된 멘도자의 이 '작품'은 많은 관심을 받았다. 전시회가 끝난 뒤 흰 집을 벨기에의 안트베르펜으로 옮겨 미술품 거래소로 쓸 생각을 밝히자, 폐허를 상품으로 삼아 구경거리로 만든다는 비판이 쏟아지기도 했다. 분명한 것은 디트로이트는 폐허나 다름없는 곳이 됐다는 사실, 그 속에 담긴 사람들의 희로애락은 무너져 방치된 집을 찍은 한 장의 사진, 혹은 한 건의 뉴스 기사가 돼버렸다는 사실이다.

디트로이트가 21세기의 버려진 모타운이라면, 아마존강 유역 밀림 한가운데에는 지난 세기의 버려진 모타운이 있다. 1920년대에 영국과 네덜란드의 고무 농장주들은 동남아시아에서 카르텔을 형성하고 고무 값을 올렸다. 당시 세계에서 생산되던 자동차의 절반을 만들어 낸 미국 기업 포드의 경영자 헨리 포드는 이 담합에 화가 나 아마존에서 고무나무를 재배하기로 마음먹는다. 포드는 밀림 속에 포드란지아라 알려진

◆ 2016년 2월 25일 『디트로이트 프리 프레스』에 그에 대한 기사가 실렸다. 44세의 이 예술가는 디트로이트의 집을 뜯어서 배에 싣고 수천 킬로미터 떨어진 네덜란드로 가져갔다. 그는 "이것은 연결connection과 관련된 일"이라고 했다. 멘도자는 이미 고향을 떠난 지 24년이 넘었다. "오랜만에 고국으로 돌아가 사회 안에 뿌리내린 문제들을 봤을 때 내게는 두 가지 선택의 길이 있었다. 무시하거나 끌어안는 것이었다. 나는 끌어안는 길을 택했다."*Detroit Free Press*, "Artist moves empty Detroit home to Europe: literally"(2016/02/25).

도시를 지었다.♦

야심만만한 계획이었으나 오만함에 눈먼 인간이 자연의 힘을 무시했을 때 인간의 야심은 종종 무력해진다. 포드란지아가 그랬다. 포드란지아는 순식간에 아마존에서 네 번째로 큰 도시로 변모했으나 잠시뿐이었다. 포드는 이 지역에 심을 고무나무의 종자를 수마트라에 있는 타이어 회사 굿이어의 플랜테이션 농장에서 가져왔는데, "이들은 단 28그루라는 위험스러울 만큼 작은 유전자 풀에서 수집된 것이었다. 수액을 매우 많이 생산하도록 육종되었지만 남아메리카 잎마름병에 취약하다고 알려져 있었다."

1935년 잎마름병이 퍼져 포드란지아는 쓸모없어졌다. 그러자 헨리 포드는 베우테하Belterra 지역에 더 큰 포드란지아를 세웠다.♦♦ 그러나 이번에도 결과는 크게 다르지 않았고, 밀림

♦ 캐나다 출신 인류학자이자 탐험가인 존 헤밍은 이 정글 도시를 다음과 같이 설명했다. "도시에는 주택 200채, 1000명의 독신 남성을 수용할 수 있는 기숙사, 대형 병원, 영화관, 교회, 학교가 있었다. 건물들은 망고 나무와 야자나무, 유칼립투스 가로수가 늘어서 있고 모두 전기 가로등으로 밝혀지는 대로를 따라 들어서 있었다. 또한 미국인과 브라질인 전용으로 각각 테니스 코트와 수영장, 스퀘어댄스를 위한 광장과 홀 18개짜리 골프 코스를 갖춘 사교 클럽도 두 군데 있었다. 포드란지아는 급수관과 하수관, 50킬로미터에 이르는 도로와 철도, 창고와 기계 공장, 항구를 갖추고 있었다." 존 헤밍 지음, 최파일 옮김, 『아마존』(미지북스, 2013), 514쪽.

♦♦ "이번에는 주택 800채와 여러 영화관, 오락 회관 세 채, 축구장 다섯 개가 지

의 모타운은 하나같이 유령도시가 됐다. 이제는 구경하러 오는 이들조차 별로 없는 포드란지아의 쓸쓸한 흔적이 담긴 사진들을 인터넷에서 찾아볼 수 있다.

그날, 그 해변에서 본 것

문득 몇 년 전 아프리카 상아해안에서 뙤약볕을 받던 날이 떠오른다. 기묘한 풍경이었다. 서아프리카의 대서양 연안 코트디부아르는 나라 이름 자체가 '상아해안'이라는 뜻이다(영어로는 아이보리코스트라 부른다).

그랑라우는 그곳에 있는 바닷가 마을이다. 바닷가이면서 호숫가이기도 하다. 바다가 있고, 그 바로 앞에 석호가 있다. 석호는 어느 지점에서 바닷물과 만난다. 일 없이 앉아 있는

어졌다. 500만 개의 종자가 베우테하에 심어졌다. 오늘날 관광객들은 이 미국식 도시의 잔해를 방문해 십자로 난 길과 베란다와 정원, 전형적인 철제 소화전, 멋진 물탱크로 둘러싸인 교외 주택들을 구경할 수 있다. 1941년이 되자 베우테하의 플랜테이션은 번성하고 있는 것 같았다. 베우테하에는 7000명의 주민과 360만 그루의 나무가 있었다. 그러나 또 한 번 파괴적인 전염병이 돌았다. 타파조스강의 플랜테이션에 거의 1000만 달러를 쏟아부었지만, 헨리 포드는 1945년 마침내 고무 한 번 채취하지 못하고 사업을 포기했다. 그는 포드란지아와 베우테하를 브라질 정부에 50만 달러에 매각했다." 존 헤밍, 『아마존』, 514쪽.

남겨진

청년이 보였고, 날씨는 너무 더웠다. 나무배를 타고 바다와 호수가 만나는 곳에 섬처럼 덩그러니 놓인 마을을 찾았다. 이곳의 호수도, 바닷가도, 마을도 비현실적이었다. 도대체 내가 지금 어디에 와서 무엇을 하고 있는 것일까 싶었다(그날 찍은 사진들에는 내가 느낀 기묘함이 통 나타나지 않고 그저 흔한 바닷가처럼 보일 뿐이다). 쇠락한 마을에 남은 주민은 얼마 되지 않았다. 오지 않는 관광객을 기다리며 음료수를 파는 상인 몇 명과 가만히 그늘에 앉아 쉬는 이들뿐이었다. '생활인'들의 '낯익은' 모습이 사라진 풍경이었다. 움직이기 힘들 만큼 더웠고, 나는 땀과 먼지에 흠뻑 절었다.

그곳에서 본 것은 프랑스 식민 통치의 흔적이었다. 일종의 '유적'이다. 프랑스인들이 지어 놓은 성당과 건물 몇 채가, 섬 같지만 섬은 아닌 그곳에 있었다. 어떤 사람들은 프랑스를 떠올리며 칸의 해변과 아를의 테라스와 노트르담을 이야기할지 모르지만, 상아해안의 뜨거운 모래밭에 작열하는 태양과 아름답지만 쓸쓸한 성당을 본 내게, 프랑스의 어떤 것이든 '식민지의 그 무엇'을 떠올리게 했다. 우리가 때로는 경멸하고 때로는 무지와 동정의 시선을 보내는 곳들, 이른바 '제3세계'를 돌아다니면서 나의 시각은 일그러지고 비틀린다. 살인을 저지른 자의 아름다운 기예를 눈 뜨고 봐줄 수 없는 것과 같다. 남의 것을 무지막지하게 빼앗아 자기 것을 일궈 놓은 유럽이나 미국을 결코 곱게 봐줄 수 없는, 나만의 반감과 나만의 몽니. 내게 '프랑스'는 그랑라우의 그 성당이다. 아름답다고 하기엔 너무나 뜨겁고 너무나 지치고 너무나 이상해 몽환적이기까지 했던 날. 구멍이 난 채 모래사장에 반쯤 파묻힌 프라이팬이 홀로 솟아 있는 성당보다는 현실적이었다. 적어도 그것은 생활의 조각이었으니까.

성당에서 한 걸음만 나가면 바다였다. 나에게 대서양은, 유럽과 미국 사이에 놓인 거대한 바다가 아니라 상아해안에서 바라보는 쓸쓸한 바다다. 서아프리카의 몇몇 나라를 돌아다니면서 대서양을 봤다. 어느 곳에서나 그 바다는 수탈과 착취와 노예무역의 역사를 떠올리게 했다. 그날, 그랑라우에서 돌아오는 길에 아래를 내려다보니 내 발은 끔찍했다. 뜨거운 모래 바닥을 슬리퍼만 신고 돌아다니니 걷기가 힘들었고, 모래땅에 난 뾰족한 가시풀들까지 발을 괴롭혔다. 발이 너무 더러워지면 한두 번 닦아서는 깨끗해지지 않는다는 걸 떠올린 것은 그 버려진 바닷가 성당 앞을 거닐다가 돌아와 이틀쯤 지났을 때였다. 한때는 제법 큰 거주 지역이었다지만 유럽인들이 떠나고 난 뒤의 마을은 버려진 듯 쓸쓸했고, 그 마을의 이미지는 마음에 계속 남았다. 버려지고 잊힌 곳들과 남겨진 사람들에 대한 내 궁금증 혹은 미련을 만든 건 그 풍경이었는지도 모른다.

남겨진

사람들이 떠나고 난 도시엔

'세상에서 가장 황폐한 도시'. 버려진 도시와 마을을 검색해 보면 가장 먼저 나오는 곳 중의 하나가 일본 나가사키 남서쪽에 있는 군칸지마(군함도)다. 영화 〈배틀 로얄〉의 배경으로 알려져 있다. 원래 하시마端島라고 불리던 섬을 1890년 미쓰비시가 사들여 해저 탄광 채굴 기지로 삼고 주변을 매립한 뒤 암벽을 둘러쳤다. 그 안에 건물이 생기고 사람들이 모여 살면서 외관이 군함처럼 보이게 되자 '군함도'라는 별명이 생겼다. 그러나 석탄은 고갈됐고, 1974년 1월에는 채굴이 중단됐다. 한때 5000명 넘게 머물던 섬은 폐광과 함께 무인도로 변했고 방치됐다.

언젠가 도쿄의 도립 사진미술관에서 군칸지마를 배경으로 한 짧은 영상물을 본 적 있다. 대사는 없이, 교복을 입은 여학생들이 섬에서 플래시 몹을 하듯 이리저리 옮겨 다니는 모습을 화면에 담은 것이 전부였다. 흑백 스크린에 비친 섬은 신산했다. 이런 곳을 만들어 사람들을 데려다 일을 시키고는 버렸다. 그 또한 기괴한 풍경이었다. 그런데 지금은 그 기괴함이 오히려 상품이 된다. 여전히 출입이 통제돼 있지만 군칸지마 크루즈 관광 상품이 있어서 구경할 수 있다. 하지만 한국인들이 '구경 삼아' 가기에는 너무나 아픈 곳이다.

일제강점기에 조선인들이 강제 징용돼 일한 슬픈 역사가

깃든 섬. 2015년 이곳은 일본의 신청에 따라 유네스코 세계 유산에 등록됐다. 일본 정부는 이곳을 다른 근대 산업 시설들과 묶어서 "서양 기술이 일본 문화와 융합해 빠르게 산업국가가 형성된 과정을 보여 주는 유산"이라고 주장했다. 1986년 일본 시민 단체들이 공개한 자료에 따르면 1925~45년 이 섬에서 숨진 1295명 가운데 조선인이 122명이었다. 재일 조선인 인권 단체는 무리한 전시 증산 계획에 동원됐다가 숨진 조선인들로 보고 있다. 살해되거나 폭행 및 학대를 당하고 숨진 조선인도 20명이 넘는 것으로 추정된다. 이런 역사는 일본이 유네스코에 낸 자료에는 적히지 않았다.

쓰이다 버려진 '유령도시'는 또 있다. 1986년 핵발전소 참

남겨진

사가 발생한 우크라이나 체르노빌이 대표적이다. 지금도 그곳에는 아이들이 신던 신발, 놀이공원의 놀이 기구, 인형 등이 그대로 남아 있다. 아파트도 그대로이고, 여전히 이곳에서 살아가고 있는 개들이 머문다.

러시아 북동부의 부투기차그도 '죽음의 도시'다(러시아 사람들은 지금도 이곳을 '죽음의 계곡'으로 부른다고 한다). 캄차카반도 북서쪽, 콜리마강에서 가까운 이 지역은 원래 유목민들이 가축에게 풀을 뜯기며 살아가던 곳이었으나 옛 소련 시절에 악명 높은 굴라그가 들어섰다.

이곳이 특히 죽음의 수용소로 악명 높은 것은 굴라그 노동자들이 우라늄과 금, 주석 광산 채굴에 동원됐기 때문이다. 전혀 보호받지 못한 채 광산에 들어간 수감자들 사이에 질병이 퍼졌다. 피부에 반점이 생겼고, 몸이 부서져 나갔다. 소련은 무너졌고 이곳은 잊혔다. 여전히 부근에서 살아가는 사람들은 있다. 블라디미르 푸틴Vladimir Putin 정부의 탄압을 받으며 널리 알려진 비판 언론 『노바야 가제타』는 2009년 이 굴라그 주변의 '방사능 양계장' 이야기를 전했다.[*] 1930~50년대 스탈린 시절, 러시아 전역에 굴라그가 생겨났다. 경범죄를 저지른 자부터 정치범까지 수백만 명이 수용소에 갇혔다. 원

---

[*] *Novaya Gazeta*, "A radioactive chicken farm"(2009/01/28).

래는 '수용소 행정 당국'Glavnoye upravleniye lagerey이라는 러시아어의 약어인 '굴라그'는 가혹한 유배와 강제 노동을 뜻하는 무시무시한 단어가 됐다. 1940년경에는 전국에 53개의 대규모 굴라그 단지들과 423개의 별도 노동 캠프들이 있었다고 한다. 굴라그에 수감된 사람이 얼마나 되는지는 확실하지 않다. 200만 명은 넘었다는 주장부터 1500만 명에 이르렀다는 주장까지 추정치가 엇갈린다(알렉산드르 솔제니친은 1975년 소설 『수용소군도』에서 굴라그에 살았던 사람이 5000만 명은 된다고 추정했다). 수많은 이들이 시베리아와 러시아 북부 북극해 주변에서 혹독한 추위 속에 강제 노동을 했으며, 캠프의 사망률이 매우 높았다는 사실은 분명하다. 지금도 산업 단지로 쓰이고 있는

남겨진

러시아의 노릴스크, 보르쿠타Vorkuta, 마가단Magadan 등은 과거 굴라그의 수감자들이 지은 곳이다. 그러나 1953년 스탈린이 숨지고 공포정치가 누그러지자 '죽음의 공장들'이라 불리던 굴라그들은 버려지기 시작했다. 부투기차그도 1955년 폐쇄됐다. 이 안에는 광산뿐만 아니라 비밀스러운 의학 실험 시설이 있어서 생체 실험을 했다는 소문도 파다했으나 명확하게 밝혀진 것은 없다. 당시의 고통스러운 노동을 보여 주는 광산 터와 작업장, 수용 시설에서 음울한 장면을 사진으로 남기고 싶어 하는 몇 안 되는 관광객만이 그곳을 찾고 있다.

일본 후쿠시마현에는 최근에 버려진 마을들이 있다. 2011년 3월 11일 동일본 대지진과 뒤이은 쓰나미로 폭발 사고가 난 후쿠시마 제1원전에 인접한 오쿠마 같은 마을들이다. 방사능 오염이 가시지 않은 지역들에는 여전히 주민들이 돌아가지 못하고 있다. 이재민들은 주변의 임시 주택에 살면서 돌아갈 날을 기다리지만, 돌아가 다시 농사를 짓고 가축을 키운들 시장에 내다 팔기 힘들 것이 뻔해 좌절하고 있다. 게다가 일본은 고령화를 겪고 있고, 인구가 줄어들고 있어서 방사능 오염이나 대규모 재앙이 없어도 빈집들이 생기며 방치된 골목이 늘어난다. 2015년 『뉴욕 타임스』는 요코스카의 빈집들에 대한 기사를 실었다. 한 골목에서 20채 넘는 집들이 텅 비었고, 70대 노인들만이 마을을 지킨다. 이 지역의 한 부동산 중개업자는 이렇게 말한다. "도쿄가 디트로이트에 둘러싸이

는 것과 같은 상황이 올 수도 있다."◆

칠레의 차이텐은 화산 때문에 버려진 곳이다. 2008년 5월에 차이텐 화산이 폭발해, 주민들이 떠나고 화산재에 덮인 마을만 남았다. 9000년 만의 대분출이었다고 한다. 역시 칠레에 있는 세웰도 유령도시다. 광산의 나라로 유명한 칠레에서도, 세웰은 해발 2000미터 안데스 고지대에 위치한 마을이다. 1904년 미국의 브라덴 구리회사Braden Copper Company가 이곳의 구리 광산을 개발했고 한때는 마을에 1만 4000명이 거주했다. 그런데 1977년 폐광되면서 주민들이 다른 곳으로 이주해 갔다. 사람들은 떠나고 알록달록 칠해진 집들은 남았다. 칠레 정부는 방치된 이 마을을 1998년 국립공원으로 지정해 관광지로 만들었고, 지금은 유네스코 세계문화유산으로 거듭났다.

터키 남서부에 있는 카야쾨이도 유명한 유령도시다. 터키는 수백 년 동안 (오늘날의 그리스를 포함한) 거대한 오스만제국이었다. 이 제국이 찢어지면서 그리스가 독립했으나 지금도 두 나라는 앙숙이다. 두 나라가 전쟁을 벌인 끝에 1923년 평화협정을 체결하면서 그리스에 있는 터키인들과 터키에 있는

◆ *The New York Times*, "A sprawl of ghost homes in aging Tokyo suburbs"(2015/08/23).

남겨진

그리스인들을 '교환'하기로 했다. 카야쾨이는 동방교회라고도 불리는 그리스정교회를 믿는 그리스계 주민이 살던 곳이었다(20세기 초반에는 약 2000명의 주민이 있었다고 한다). 마을 사람들은 협정에 따라 그리스로 옮겼으나, 정작 이곳에 터키인들이 이주해 오지 않아 폐허가 됐다. 그리스풍 가옥들이 들어섰던 오래된 마을은 1957년 지진까지 겪었다. 빈집들이 무너지고 지붕은 날아갔다. 권력을 쥔 사람들에게는 터키냐 그리스냐가 중요한 문제였겠지만 오스만제국이라는 이름으로 묶여 있던 수백 년 동안 주민들은 서로 섞였고 국경 없이 살았다. 그렇게 살아온 터전에서 억지로 뜯어내 옮기는 것, 사람과 집, 사람과 도시를 기계적으로 서로 바꾼다는 것은 얼마나 폭력적인가.◆

문명이 탄생한 '비옥한 초승달' 지역에 있는 시리아는 나라 전체가 유적이라 할 만하다. 이 나라에는 '알 무둔 알 마이타' 또는 '알 무둔 알 만시아'라고 불리는 마을들이 있다. 각각 '죽은 도시'와 '잊힌 도시'라는 뜻이다. 알레포와 이들리브 Idlib 두 도시 사이에 무려 700곳이나 되는 정착지가 명멸해

◆ 루이스 드 베르니에의 『코렐리의 만돌린』(임경아 옮김, 루비박스, 2010)은 제2차 세계대전 무렵 그리스의 어느 섬을 배경으로 전쟁과 사랑과 인간 군상들의 생활상을 재미나게 버무린 소설이다. 터키와 그리스의 주민 맞교환 때 터키를 떠나 그리스에 정착한 사람의 이야기도 언뜻 나온다.

갔다. 고대 중동 문명과 동로마제국 시기의 건축물들은 1~7 세기에 지어졌는데, 8~10세기에 주민들이 대거 이동하면서 버려졌다. 세르질라Serjilla, 바라Bara 같은 마을의 이름들은 남 았고 기독교가 들어오기 전 고대 종교의 사원과 집, 교회, 목 욕탕도 여전히 옛 모습을 간직한 채 서있다. 세르질라의 커다 란 공중목욕탕이나 돌로 만든 2층 빌라는 이곳이 한때 꽤 크 고 번영한 도시임을 보여 준다.

스페인 아라곤 지역의 솔라나 계곡에서는, 1960~70년대 에 젊은 세대가 목축에 등을 돌리면서 버려진 마을이 여럿 생 겨났다. 정부는 이 지역을 자연보호구역으로 만들었고, 남아 있던 나이든 세대마저 이주하자 빈집만 남아 유적처럼 여행 자들을 기다린다.

중국에는 거대한, 그러나 방치된 계획도시가 있다. 타이우 시샤오젠, 영어로는 '템스 타운'이라고 불리는 곳이다. 상하 이에서 30킬로미터쯤 떨어진 숭장松江에 있는 이 마을은 이름 에서 알 수 있듯 영국 런던의 템스강 변을 본떠 지은 신도시 다. 골목길에는 자갈을 깔았고, 거리 모퉁이에는 가게가 있 다. 건물마다 빅토리아시대풍 테라스가 달렸다. 템스 타운이 추진된 것은 중국의 10차 5개년 계획 기간인 2001~05년이 었고 2006년 완공됐다. 면적은 약 1제곱킬로미터로, 1만 명 이상의 인구가 살 예정이었다. 그러나 시내에서 멀찌감치 떨 어진 이 지역에 가서 살겠다는 이들은 거의 없었다. 개발붐이

남겨진

일어난 중국에서는 이런 곳들을 쉽사리 찾아볼 수 있다.

그리스와 이탈리아 등 남유럽에서는 2008년 경제 위기 이후 버려진 집들과 마을들이 곳곳에서 생겨났다. 2014년 이탈리아의 『로칼』은 시칠리아 팔레르모의 고풍스러운 마을인 간지Gangi의 부동산 20곳이 단돈 1유로에 매물로 나왔다고 보도했다.◆ 12세기에 지어진 이 마을은 한때 7000여 명이 살던 곳이지만 사람들이 일자리를 찾아 떠나며 쇠락했다. 자치단체는 외국인들에게 버려진 집들을 팔아 마을을 살리려 하고 있으나 이미 많이 낡은 집들이라 별다른 성과는 없었다.

다시 코트디부아르로 가본다. 최대 도시 아비장에서 조금 떨어진 곳에, 예전에 프랑스인들이 1893년부터 3년 동안 수도로 삼았다는 그랑바상이 있다(그랑라우처럼, 크다는 뜻의 프랑스어 수식어인 '그랑'과는 어울리지 않는 곳이다). 고즈넉한 바닷가에 옛 식민지풍 건물들만 남은, 흔적뿐인 도시다. 1896년 프랑스가 수도를 뱅제르빌Bingerville이라는 곳으로 옮기면서 한때 이 지역에 정착했던 프랑스인들도 옮겨 가버렸다. 마을에 남은 집들을 장식한 벽화 몇 점은 아마추어의 솜씨인 듯 어설프면서도 정겨웠다. 도자기를 만들어 파는 곳도 있고, 그 시절의 풍물이 담긴 건물이 박물관이라는 이름으로 남아 있기

◆ *The Local*, "Homes for sale for a euro in ancient Sicily village"(2014/08/05).

도 했으나 어딘지 서글퍼졌다. '프랑스 통치 시절의 첫 수도'
라는 설명도 그리 큰 영광으로 다가오지는 않았다. 이렇게 도
시도 마을도 생로병사를 겪는다. 그리고 끝내 버려지기도 한
다. 하지만 그곳에 살았던 이들의 삶을 기억하고 상상하는 이
들도 세상 어디엔가는 있지 않을까.

남겨진

생을 마친 탈것들의

종착역

비행기들의 마지막 행선지

하늘을 나는 것만큼 사람들을 꿈에 부풀게 하는 것도 많지
않다. 인간의 꿈을 이뤄 주던 비행기들이 늙거나 부서져 땅에
내려와 버려진 모습은 유독 눈길이 간다. 아마도 사람들이 쓰
다 버리는 쓰레기 가운데 건물들을 빼면 비행기가 가장 덩치
가 크지 않을까 싶다. 그래서 더 을씨년스럽게 보이는지도 모
른다.

세계에서 가장 큰 '비행기들의 무덤'은 미국 캘리포니아주
모하비사막이다. 이곳의 비행기 무덤은 워낙 유명해 '모하비
본야드 투어'◆라는 것도 있다('본야드'는 자동차나 기계류 폐기장

◆ http://www.mojaveairport.com

을 가리킨다). 25년쯤 넘게 하늘을 난 비행기들이 퇴역하면 여기로 오는데, 날씨가 덥고 건조해 별로 부식되지 않은 채 황량한 모래땅에 늘어서 있다. 캘리포니아주 빅터빌Victorville의 옛 공군기지인 남캘리포니아 수송공항이 대표적이다.

애리조나주의 사막에도 '플레인 본야드'(비행기 무덤)가 있다. 파이널 공항이라는 곳으로 민간 항공기들의 무덤이다. 그리고 애리조나주 투손 부근의 데이비스몬선 공군기지에는 퇴역 전투기가 버려진다. 항공유지재생센터가 정식 명칭이다.

역시 항공 대국인 러시아에 비행기들의 무덤이 없을 리 없다. 모스크바의 호딘카 에어로드롬은 1941년까지 공항으로 쓰였다. 지금은 제2차 세계대전 시기에 버려진 군용기들이 기괴한 풍경으로 남아 있다. 러시아 당국이 주변을 주거 지역으로 설정해 개발하고 있는데, 그 과정이 너무 느려 버려진 비행기들이 한 대씩 처분되는 실정이다.

서아프리카 나이지리아의 최대 도시인 라고스의 무르탈라 무하메드 국제공항은 지금도 사용된다. 그런데 주변에 버려진 비행기들이 나뒹군다. 나이지리아 전역의 공항 주변 풍경은 비슷하다. 항공기 퇴역 체계를 갖추지 못해, 민간 항공사들이 폐기된 비행기를 빈 땅에 버린 것이다. 정부가 몇 년 전부터 이런 비행기들을 무르탈라 무하메드 공항 주변으로 모아 해체하는 작업을 하고 있다.

때로는 날다가 떨어진 비행기들이 처리되지 못한 채 버려

남겨진

진다. 세계 곳곳을 다니던 독일 출신 사진작가 디트마어 에켈
은 추락해 지구상에 남은 비행기 15대의 사진을 찍었다.[*] 이
시리즈의 제목은 역설적이게도 '해피 엔드'Happy End다. 비행
기가 떨어지기는 했으나 사망자가 없는 사고를 골랐다고 한
다. 사막, 덤불숲, 광야, 바닷가에 떨어진 비행기들. 캐나다,
서사하라, 멕시코, 아이슬란드 등에서 그가 찍은 사진은 처연
하고 서늘하다. 잘 정돈된 공항에 배치돼 있거나 하늘을 날며
제 할 몫을 하는 '살아 있는' 비행기가 아니라, '죽어서' 예기

◆ http://www.dietmareckell.com

치 못한 곳에 버려진 비행기의 모습은 낯설다.◆

버려진 공항

비행기뿐만 아니라 공항도 버려진다. 미야자키 하야오宮崎
駿의 애니메이션에 나올 만한 공항이 있다. 스페인의 카스테
욘 코스타 아사하르 공항이다. 2011년 3월 지중해에 면한 스
페인 동부 도시 발렌시아 부근에 문을 열었다. 공항의 상징물
은 흰 코끼리다. 하지만 지은 지 얼마 안 되어 퇴락한 테마파
크처럼 버려졌다. 지역 정치인이던 카를로스 파브라Carlos Fabra
를 기념해 1억 5000만 유로를 들여 착공했는데 이 사람이 탈
세와 부패로 조사받으면서 완공되지 못한 탓이다. 방치된 공
항을 되살리려는 노력이 없지는 않았다. 당국은 여러 항공사
들에 취항을 요청했고, 한때는 영국 라이언에어Ryanair가 이곳
에 취항하는 처음이자 유일한 항공사가 될 계획이었다. 공항
측은 막대한 보조금까지 줘가며 항공사를 유치하려 공들인

◆ 에켈은 2013년 인터뷰에서 이렇게 말했다. "물질적인 가치가 사라지고 난 뒤
에도 그 이야기와 미학은 남아 있다." 그는 어울리지 않는 배경에 방치된 비행
기들의 모습이 마치 공상과학 영화 속 장면 같았다고 설명했다. *SLATE*,
"Finding adventure in miracle plane crashes"(2013/07/17).

것으로 알려졌다. 그러나 4년에 걸친 협상은 무위로 돌아갔으며 라이언에어는 취항을 포기했다.[*]

스페인에는 단돈 1만 유로에 팔린 공항도 있다. 시우다드 레알 공항이다. 마드리드에서 남쪽으로 235킬로미터 떨어진 중부 카스티야 라만차주에 위치한 이 공항은 스페인 최초의 민자 공항으로, 4억 5000만 유로가 넘는 건설비를 들여 완공됐고 2008년 문을 열었다. 하지만 그해 세계를 덮친 미국발 글로벌 금융 위기에 스페인을 비롯한 남유럽 국가들이 직격탄을 맞았다. 운영사가 파산하자 공항은 2012년 문을 닫았고 '유령 공항'으로 전락했다.

정부는 공항을 경매 매물로 내놨고 2015년 7월 중국이 주도하는 투자 그룹인 차넨 인터내셔널Tzaneen International이 유일한 응찰자로 참여해 공항 부지와 건물, 활주로, 관제탑 등을 낙찰받았다.[**] 이 공항은 당초 스페인 작가 세르반테스의 소설 주인공 이름을 따서 '돈키호테'가 될 뻔했으나 뒤에 바뀌었다. 하지만 완공 후 공항을 이용하는 여객기가 한 주에 몇 대도 안 됐을 정도라, 결국 망상에 빠진 돈키호테라는 이름이 적절했다며 비아냥거림을 받았다.

[*] *The Telegraph*, "Spanish ghost airport paid 'Ryanair £420,000 to fly there'"(2015/11/25).

[**] *El País*, "Chinese group buys Ciudad Real 'ghost' airport for €10000"(2015/07/17).

사연 있는 공항은 또 있다. 키프로스 니코시아 국제공항은 1974년 터키 침공 뒤 내전이 일어나면서 세상에서 잊혔다. 팔레스타인 가자 지구의 야세르 아라파트 국제공항도 비운의 공항이다. 1998년 11월 이곳에 첫 비행기가 도착했을 때 가자 사람들은 희망이 넘쳤다. 외국자본 수십만 달러를 유치해 이집트의 남쪽 국경과 가까운 곳에 공항을 지었다. 이집트·일본·사우디아라비아·스페인·독일 등이 돈을 댔고 모로코 건축가가 공항 청사 설계를 맡았다. 완공되기 1년 전에는 미국 백악관이 중재하는 이스라엘과의 평화 협상이 여기서 열리기도 했다. 공항이 세워진 것 자체가 평화 협상의 결실이었다. 1993년 이스라엘과 팔레스타인은 미국 중재하에 노르웨이 오슬로에서 평화협정을 맺었다. 양측이 공존한다는 '두 나라 해법'에 따라 팔레스타인의 두 땅인 요르단강 서안(웨스트뱅크)과 가자 지구에서 이스라엘군이 물러나고 팔레스타인 자치 정부를 세우기로 합의했다. 이 협정에 따라 공항이 지어진 것이었다.

마침내 공항이 문을 열자 가자 주민 수천 명이 모여 첫 착륙을 지켜봤다. 한 달 뒤에는 빌 클린턴 당시 미국 대통령과 부인 힐러리 클린턴이 공항을 방문해 야세르 아라파트 팔레스타인 자치 정부 수반과 악수했다. 가자의 공항에 미국 대통령 부부가 내리는 것은 팔레스타인 독립국가의 희망을 약속하는 역사적인 장면처럼 보였다.

남겨진

하지만 이 공항은 3년 만에 문을 닫았다. 팔레스타인 땅에 공항이 만들어졌으나 이스라엘은 항공 통제권을 내놓지 않았다. 애초부터 이스라엘은 가자 지구에 공항을 만드는 것이 자기네 안전을 위협한다며 반대하는 입장이었다. 이스라엘은 공항 건설 과정은 물론이고 문을 열고도 항공기 일정에 일일이 관여했다. 야간 착륙은 허용되지 않았고, 승객과 수하물은 이스라엘군의 보안 검색을 거쳤다.

그러다가 2000년 팔레스타인의 '인티파다'(이스라엘의 점령 통치에 맞선 팔레스타인 사람들의 민중 봉기)가 일어났다. 1980년대 후반 '1차 인티파다'에 이어, 요르단강 서안과 가자 지구의 주민들이 다시 봉기를 일으킨 것이다. 그 평계로 이스라엘은 가자 공항을 폐쇄했다. 2001년 12월에는 이스라엘군 불도저들이 3.5킬로미터에 이르는 활주로를 부숴 버렸다. 이어 이스라엘 F16 전투기들이 공항 레이더 센터와 보안 감시 시설을 폭격했다.[*] 팔레스타인 자치 정부는 줄곧 공항을 다시 열 수 있게 해달라고 요청하고 있으나 이스라엘은 요지부동이다. 그렇게 가자 공항은 폐허가 되었고, 가자 지구는 육상, 해상, 하늘이 모두 묶인 '세계에서 가장 큰 감옥'이 됐다.

[*] Al Jazeera, "Dashed dreams: how Gaza's short-lived airport never took off"(2014/07/25).

자동차, 배, 기차의 종착지

땅위를 달리거나 바다를 항해하던 것들도 언젠가 쓰레기가 된다. 서아프리카 토고의 수도 로메에서 작은 부두 터를 본 적이 있다. 얕은 바다에 나무로 된 부두가 있는데 지금은 쓰이지 않는다. 과거 독일 점령 시절의 흔적이다. 상아해안에 남은 독일의 잔재를 그곳 사람들은 그대로 남겨 두고 있었다.

중국 충칭의 인구는 약 2800만 명이다. 이 커다란 도시 외곽에 '노란 택시의 무덤'이 있다. 지금은 중국이 발전해 자가용을 모는 사람들이 늘고 자동차 등록 대수도 1억 대가 넘지만, 대중교통이 완전히 확충되지 않은 이 도시 주변 권역에서는 택시가 수요 교통수단이었다. 시민들의 발이 돼주던 택시가 수명을 다하면 적법한 절차를 거쳐 폐차되기도 하지만 상당수는 빈터에 버려진다. 그렇게 한 대, 두 대 방치된 택시들이 자동차의 무덤을 만들었다.

배들은 어디로 갈까? 인도와 방글라데시로 간다. 1971년 방글라데시(옛 동파키스탄)가 파키스탄과 독립 전쟁을 치를 때 파키스탄 선박 알 압바스호가 벵골만의 치타공 해안에서 폭격을 받고 좌초됐는데, 옛 소련 팀이 와서 해체했다. 카르나풀리Karnaphuli 제철소라는 지역 기업이 여기서 착안해 선박 해체 사업을 시작했다. 이것이 한때 세계 최대 규모까지 성장했으나 2009년 인도의 알랑에 1위 자리를 내줬다. 안타깝게도

치타공의 선박 해체는 아이들까지 동원되는 열악한 저임금 노동으로 악명 높았다.

　인도 구자라트Gujarat주에 있는 알랑은 한때 세계 배들의 절반이 해체되던 곳이다. 그렇게 분해된 배의 자재는 재활용 돼서 팔려 나갔으니, 이곳은 무덤이 아닌 '환생의 장'이었던 셈이다. '슈퍼탱커'라 불리는 초대형 유조선, 컨테이너선, 대양을 오가는 여객선이 여기서 최후를 맞았다. 그러나 치타공에서 1위 자리를 빼앗아 온 것도 잠시뿐, 어느새 이곳마저 쇠락해 가고 있다.

　잘나가던 시절에 알랑의 바닷가에는 제각기 다른 크기의 배들을 부수기 위한 167개의 해체장이 있었다. 130여 개의 선박 해체 회사가 이 해체장들을 맡아 수명을 다한 배들을 분해했다. 작업량이 가장 많았던 2012년에는 대형 선박 415척이 여기서 분해됐다. 1980년대에 처음 해체장이 생긴 뒤로 지금까지 여기서 마지막을 맞은 배가 7000척에 육박한다. 알랑의 선박 해체는 모두 노동자들의 손에 의존하는 노동 집약적인 산업이었고, 가스 불대(토치램프)와 쇠망치를 든 노동자 2만여 명이 바닷가를 메웠다. 하지만 몇 년 새 알랑의 해체장에서는 쇠망치 소리가 잦아들기 시작했고 작업량은 3분의 1 이하로 뚝 떨어졌다.

알랑의 몰락 이면에는 중국의 철강 과잉생산이 있었다. 중국의 값싼 철강이 세계에 공급되면서, 힘들게 배를 해체해 철강을 회수하는 일은 수지 타산이 맞지 않았다. 배에서 떼어낸 철판과 쇠기둥은 톤당 가격이 30퍼센트 넘게 떨어졌다. 그렇게 알랑은 중국산 철강에 밀려났고 기름띠에 오염된 바다, 버려진 닻과 쇠사슬만 한적한 해안에 남았다.◆

대서양에 면한 아프리카 북서부 모리타니의 누아디부에도 배들이 버려지는 무덤이 있다. 바닷가에 쓸쓸히 버려진 채 해체조차 되지 않는 배는 흉물스럽고 거대한 쓰레기일 뿐이다. 프랑스 식민지였던 이곳에는 포르테티엔이라는 항구가 있었는데 지금은 쇠락했다.

◆ *The Indian Express*, "A graveyard goes silent"(2015/10/18).

　포르투갈의 타비라섬은 바닷가 모래밭에 녹슨 닻 수백 개가 꽂혀 있어 '닻들의 묘지'라 불린다. 이 배들과 닻들 모두 저마다의 역사를 지니고 있을 터이다. 그러나 버려진 배를 둘러싼 가장 그로테스크한 풍경은 우즈베키스탄의 아랄해에 있다. 옛 소련 시절 아랄해 물을 빼가면서 내륙의 짠물 호수가 마르자, 사막에 배들이 떠있게 되었다. 염분이 허옇게 말라붙은 모래 바닥, 한때 내륙 속 바다였던 곳에 배들이 방치된 것이다. 10년도 더 전에 그 풍경을 보러 갔었다. 모래밭 덤불 사이에 팽개쳐진 녹슨 배들은 발전이니 개발이니 하는 것도 이렇게 부질없는 일이 될 수 있음을 인간들에게 웅변하는 듯하

기도 했다.

　'소금 사막'으로 유명한 관광지인 볼리비아의 우유니 외곽에는 오래된 기차들의 묘지가 있다. 19세기 말 영국 회사가 여기서 철도를 운영하면서 영국인 기술자들이 많이 들어와 살았는데 그 시절 기차들은 이제 낡은 유물이 되어 버렸다. 희디흰 소금 사막에 서있는 기차는 독특한 '관광 상품'이 되어 사진을 찍으러 몰려오는 관광객을 맞는다.

남겨진

놀이공원에 버려진 욕망

　욕망의 흔적 중 을씨년스럽고 서글프기로 따지면 사람들이 버린 놀이공원만 한 곳이 있을까. 미국 루이지애나주의 뉴올리언스 식스 플래그 공원은 2000년 개장하고 5년 만에 허리케인 카트리나로 물에 잠겼다. 여러 주 동안 잠겨 있어서 시설을 복구할 수도 없게 됐고, 뉴올리언스 경제 자체가 엉망이 되면서 폐허로 방치돼 있다. 요새는 아예 이 폐허 사진을 찍으러 오는 도시 여행자도 많다고 한다.◆

　사우스캐롤라이나주 포트밀Fort Mill의 헤리티지USA는 기독교 복음주의 정체성을 내세운 테마파크로 물놀이 시설과 숙소가 갖춰져 있었다. 1978년 문을 열어 1989년까지 운영됐다. '눈썹 문신을 한 성모'라는 특이한 이름의 회사가 운영했는데 1980년대에는 나름 잘나가는 시설이었다고 한다. 이 회사가 지은 놀이 시설에, 당시 텔레비전 복음 설교자로 유명했던 짐 배커라는 사람과 그 부인이 워터 파크를 덧붙였다. 한때는 디즈니랜드, 월트디즈니월드와 함께 미국인들이 가장

◆ 지금은 시 소유이다. 옛 운영사인 서던스타 어뮤즈먼트Southern Star Amusement가 복구 계획을 추진하려 한다는 얘기도 있지만 폐허로 보낸 시간이 운영된 시간보다 더 길어졌다. *My San Antonio*, "Photos show desolate, abandoned Six Flags New Orleans"(2016/01/02).

선호하는 휴가 여행지로 꼽혔다. 그러나 기독교 복음을 내세운 이 놀이공원은 배커가 사생활 문제들이 있다는 것이 알려지면서 인기가 시들해졌고, 1989년 허리케인 휴고가 휩쓸고 지나가면서 아예 폐허가 됐다. 테마파크의 대부분은 나중에 팔려 재개발됐는데 음산한 성 모양 시설만 방치돼 있다.

아칸소주 마블폴스Marble Falls에 있는 도그패치USA는 1968년부터 1993년까지 운영된 꽤 유서 깊은 놀이공원이다. 미국 남부 개척지 주민들을 과거에 힐빌리hillbilly라고 불렀는데, 도그패치는 힐빌리 문화를 대표하는 시설로 인기가 많았다. 하지만 힐빌리 문화가 시대의 유물이 되어 사라지고, 놀이공원 소유주가 수차례 바뀌고, 여러 건의 소송이 벌어져 결국 파산

남겨진

에 이르는 곡절을 거치면서 공원 시설도 고철 더미가 됐다.

우크라이나 프리피야트시에는, 1986년 4월 27일 개장하기로 한 놀이공원이 있었다. 그러나 바로 그 전날 체르노빌 원전 사고가 일어났다. 인구 5만 명의 프리피야트는 유령도시가 됐고 이 놀이공원은 이름도 없이 그대로 '죽음의 공원'이 돼버렸다. 우뚝 솟았던 페리스 휠Ferris wheel(대관람차)은 체르노빌의 폐허를 상징하는 이미지 중 하나가 됐다. 누가 더 크게 만드나 경쟁하며 도시의 랜드 마크로 삼기도 하고, 또 근래에는 중국에서 많이 짓고 있다지만 대관람차는 버려지고 나면 유독 처참해 보인다.

중국 베이징 북서쪽 창핑昌平구 난커우南口의 원더랜드는 모양만 얼추 갖춘 채 공사가 중단됐다. 1990년대 당시 태국 레인우드 그룹Reignwood Group이라는 개발 회사가 '아시아 최대 놀이공원'을 짓겠다며 49헥타르에 이르는 대규모 공원을 짓기 시작했는데, 1998년 태국에서 아시아 금융 위기가 시작되면서 그해 공사가 중단된 이래 20년 가까이 방치됐다.◆ 정확히 말해, 용도가 다를 뿐 쓰이기는 쓰였다. 주변 농민들은 덩그러니 서있는 건물들을 곡식 창고로 쓰곤 했다. 2008년

◆ *Business Insider*, "China's abandoned Wonderland park will send chills down your spine"(2015/12/14).

이 공원을 되살리려는 시도가 잠시 있었지만 워낙 덩치가 커
실패로 돌아갔다고 한다.

한국에도 버려진 테마파크가 있었다. 거제도 옥포의 옥포
랜드다. '세계의 버려진 테마파크들' 리스트에 늘 나오는 곳
이다. 1999년 놀이 시설에서 사고가 난 뒤 손님이 줄어 문을
닫았고 소유주는 사라졌다고 한다. 공원은 흉물로 방치됐고,
도시의 전설을 쫓는 공포 체험 마니아들 사이에 '명소'가 됐
다고도 한다. 2011년에 팔린 뒤 호텔로 변신했다.

일본에도 미국 못지않게 버려진 테마파크가 많다. 야마나
시山梨현 가미쿠이시키무라上九一色村에 후지 걸리버 왕국이라

남겨진

는 유원지가 1997년 문을 열었다. 후지산이 바라보이는 아름다운 테마파크였으나 파산해 2001년 문을 닫았다. 경제 환경을 비롯해 여러 요인이 있었겠지만, 애당초 실패한 투자였다고 한다. 콘크리트 덩어리 걸리버는 흉물로 방치됐다가 2007년 철거됐다. 그 뒤 일부 시설은 호텔 등으로 재개발됐는데, 아직도 전체 부지는 여러 이해 당사자들 사이에 얽힌 돈 문제로 방치돼 있다.◆

유서 깊은 도시 나라奈良의 나라 드림랜드는 미국 디즈니랜드를 본떠 1961년에 지어졌다. 그 뒤 45년간 운영되다 2006년 문을 닫았다. 이 공원은 내부 시설 배치도 디즈니랜드와 유사했으며 '미래의 나라', '환상의 나라', '모험의 나라', '과거의 나라'라는 메인 스트리트로 구성돼 있었다고 한다. 면적이 30헥타르에 이르렀고, 잠수함이니 대해적이니 하는, 당시만 해도 획기적인 시설로 관광 명소가 됐다. 그러나 시대 변화를 따라잡을 수 없었고, 지금은 문을 닫은 채 기괴한 분위기를 연출하며 음습한 사진을 좋아하는 이들의 촬영지로 남아 있다. 2015년 10월 『아사히 신문』 보도에 따르면 나라시가 이 유원지를 경매에 내놨고 SK하우징이라는 부동산회사

◆ *Bloomberg*, "Goodbye hedge funds, hello Moomins as financier eyes theme park" (2016/07/31).

가 7억 3000만 엔에 낙찰받았다고 한다. 이 회사가 유원지를
되살릴지는 확실하지 않다.[◆]

후쿠시마현 호바라마치保原町에 있던 타카코노누마 그린랜
드는 1973년부터 1999년까지 영업하다가 손님이 줄어 문을

◆『朝日新聞』, "「奈良ドリ一ムランド」跡地´ついに落札 奈良市が公売"(2015/11/10).

닫았다. 그 뒤로 몇 년간 호러 게임, 호러 무비 등의 배경이
되다가 2006년에야 철거됐다.

독일 베를린에는 슈프레파르크가 있다. 1969년 쿨투르파
르크 플란테어발트라는 이름으로 문을 열어 나름 인기가 있
었고 1989년까지 동베를린 사람들에게 사랑받았으나 운영자
가 파산하면서 폐업했다. 그는 페루의 리마로 도망쳐 재기를
꿈꾸다가 결국 코카인 밀매범이 돼 감옥에 갔다고 한다.

미국 네바다주의 라스베이거스는 잘 알려진 도박의 도시
이다. 옛 시가지인 올드베이거스 북쪽에는 네온 본야드가 있
다. 영화 촬영장이나 라스베이거스 카지노에서 나온 네온사
인들의 무덤이다. 이 폐기장을 운영하는 비영리기구는 그 옆
에 네온 박물관도 소유하고 있다. 흘러간 할리우드 영화의 추
억을 좇는 팬들, 지금은 문 닫은 유명 카지노들을 기억하는
이들이 이곳을 찾는다고 한다.

버려진

우리는 책임지지 못할 물건들로
지구를 뒤덮고 있다.

아무도 먹지 못한

밥

남긴 음식, 버려지는 목숨

2014년 9월 23일 교토의정서를 뒤이어 새로운 기후변화 대응 체제를 논의하기 위해 미국 뉴욕의 유엔 본부에 각국 대표단이 모여들었다. 당시 『워싱턴 포스트』는 새 기후변화 협약을 둘러싼 협상 내용이 아니라 음식물 쓰레기 문제에 주목했다. 2012년 미국 환경청EPA 통계에 따르면, 미국에서 한 해에 3500만 톤의 음식물 쓰레기가 버려졌다. 이는 2000년 미국인들이 먹은 음식의 20퍼센트에 해당하고, 1990년 먹은 양의 절반에 이른다고 했다. 좀 더 오래전과 비교해 보면 어떨까? 2012년 미국인들이 버린 음식물은 1960년에 먹은 음식물의 세 배에 달했다.◆

미국만의 일은 아니다. 세계에서 생산되는 먹거리 중 3분의 1은 '먹히지 않는다'. 당연히 여기에도 부국과 빈국의 격

　　　　　　　　　　　　　　　　　　　　버려진

차가 있다. 아프리카의 가난한 나라에서는 21세기에도 기근이 끊이지 않는다. 2017년 2월 세계식량계획과 유엔난민기구는 아프리카 10개국 난민 200만 명이 심각한 식량 부족에 시달리고 있다며 국제사회의 도움을 요청했다. 필리포 그란디 난민기구 대표는 "음식을 먹는 것은 인간의 기본적 권리"라고 했다. 소말리아 정부는 재난 사태를 선포하고 국제사회에 손을 내밀었다. 하지만 도움이 찾아가기 전에 사람들은 목숨을 잃기 시작했다.**

유엔 사이트에 따르면 매해 부자 나라에서 버려지는 음식물의 양이 2억 2200만 톤에 이르는 것으로 추산된다. 사하라 이남 아프리카 국가들이 한 해에 생산하는 먹거리 2억 3000만 톤과 비슷한 규모다. 어쩌면 세상은 이렇게 불균형한 것일까. 극도의 대칭처럼 보이는 숫자들, 극도로 비대칭적인 현

◆ 미국의 경우, 1980년만 해도 음식물 쓰레기는 전체 폐기물의 10퍼센트 이하였다고 한다. 하지만 이제 이 나라 쓰레기의 5분의 1이 음식물이다. 버리는 먹거리가 종이나 플라스틱, 유리 쓰레기보다 훨씬 많다. 미국 천연자원방어위원회Natural Resources Defense Council 조사에 따르면, 미국에서는 많게는 음식물의 40퍼센트가 쓰레기통에 던져지는 것으로 추정된다. *The Washington Post*, "Americans throw out more food than plastic, paper, metal, and glass"(2014/09/23).

◆◆ 소말리아 정부는 3월에 들어선 뒤 "심각한 가뭄으로 이틀 동안에만 110명이 아사했다."고 밝혔다. 숨진 사람들은 대부분 신체적으로 취약한 아이들과 여성들이었다. 『경향신문』, "소말리아, 심각한 가뭄으로 이틀 동안 110명 아사"(2017/03/05).

실. 버려지는 음식물, 버려지는 목숨들. 먹고살 만한 수준을 넘어 먹거리가 남아도는 나라들이 식량을 폐기 처분하고 있을 때, 세계에서는 아홉 명 중 한 명이 만성적인 굶주림에 시달린다. 사하라 이남 아프리카에는 배곯는 사람이 2억 명이 넘는다. 아시아의 상황은 더 심각하다. 유엔은 아시아에서 5억 명 이상이 만성 영양실조를 겪고 있다고 추정한다.

그렇다면 음식물을 마구 내버리는 미국은 어떨까? 모든 격차가 그렇듯, 먹거리의 빈부 격차도 국경을 따라 분명한 선이 그어지지는 않는다. 미국의 여러 가정, 식당, 업체 등에서 음식물을 버리는 동안 미국 가구의 14퍼센트는 하루 먹거리조차 충분히 사지 못하는 빈곤에 시달린다. 한쪽에선 버리고 한쪽에선 굶는 상황은 부자 나라라 해서 다르지 않다. '글로벌 식량 수급 체계'에는 분명히 문제가 있다. 저개발국이라 해서 음식물 쓰레기를 배출하지 않는 것도 아니다. 저개발국에서 버리는 음식물의 양은 갈수록 늘어나고 있다.

어느 나라가 됐든, 한쪽에선 버리는데 한쪽에는 주린 배를 안고 잠드는 이들이 있다면 뭔가 잘못된 일이 벌어지고 있는 것이다. '밥이 몸이다.'라는 말처럼, 먹는 것은 우리의 몸을 만든다. 개인의 몸만이 아니다. 먹거리는 정치·경제·사회 구조를 반영하며, 그 모든 구조가 합쳐져 나온 결과물이기도 하다. 글로벌화가 가장 크고 심각한 영향을 미치는 부문 또한 먹거리다. 밥을 지어 먹는 행위조차 세계화된 거대 산업의 톱

버려진

니바퀴 속에 끼어 들어간 시대에, 먹을 것의 빈부는 세계의 격차를 드러내는 지표가 됐다. 지구적인 규모의 식량 공급 체계에서 발생하는 굶주림은 이제 식량 부족 때문이 아니다.

영양소가 되지 못한 음식의 복수

유엔 식량농업기구 통계♦에 따르면, 해마다 세계에서 생산되는 먹거리의 3분의 1인 13억 톤이 버려진다. 무게로 환산하면 부자 나라들에서 약 6억 7000만 톤, 개도국에서 6억 3000만 톤이고, 금액으로 환산하면 부자 나라들은 6800억 달러, 개도국은 3100억 달러를 음식물 쓰레기로 내버리는 셈이다. 북아메리카와 유럽 사람들은 1인당 연간 95~115킬로그램의 식재료와 음식을 버리고, 사하라 이남 아프리카와 남아시아, 동남아시아 사람들은 6~11킬로그램을 폐기한다.♦♦

♦ FAO, "Save Food: global initiative on food loss and waste reduction", http://www.fao.org/save-food/en

♦♦ 2016년 10월 15일 세계 식량의 날을 맞아 경제 전문지인 『비즈니스 인사이더』가 유엔 통계 등을 바탕으로 많이 버려지는 식료품 종류를 다뤘다. 이에 따르면 채소류, 해산물, 곡물, 콩류 등의 순으로 많이 버려졌다. 뿌리채소인 감자, 비트, 래디시(빨간 무), 당근은 전체 생산량의 46.2퍼센트가 버려진다. 과일과 채소의 45.7퍼센트, 참치와 연어, 새우 등 해산물의 34.7퍼센트가 밥상

나라별로 보면 음식물 쓰레기가 가장 많은 나라는 앞서 언급한 미국이다. 연간 3500만 톤이 버려진다. 미식의 나라로 유명한 이탈리아는 요리를 즐기는 것 못지않게 식품과 식재료를 낭비한다. 인구가 6000만 명인 이탈리아에서 배출되는 음식물 쓰레기가 연간 2000만 톤에 이르니, 인구 3억 2000만 명인 미국보다 1인당 배출량은 많다. 독일은 1300만 톤, 네덜란드는 940만 톤, 오스트레일리아는 406만 톤을 버리고 있다.◆

한국은 어떨까? 식품의 생산·유통·가공·조리 과정에서 발생하는 농축산물 및 수산물 쓰레기와 먹고 남긴 찌꺼기 등 음식물 쓰레기 총량을 합치면 전체 생산량의 28.7퍼센트가량이 버려진다. 금액으로 치면 연간 20조 원이 넘는다. 또한 음식물 쓰레기를 처리하는 비용은 약 8000억 원이라고 한다. 환경부에 따르면 연간 3퍼센트씩 음식물 쓰레기 총량이 늘고 있다. 한국에서 버려지는 음식물의 70퍼센트는 가정과 작은 식당에서 나온다. 유통과 조리 과정에서 나오는 쓰레기가 전

에 오르지 못하고 쓰레기가 된다. 곡물 혹은 그 가공물인 밥과 빵의 29.1퍼센트, 콩류를 비롯해 기름을 짜내기 위해 생산되는 종자의 22.1퍼센트, 닭고기와 쇠고기, 돼지고기의 21.5퍼센트, 우유와 요구르트, 치즈 등 유제품의 17.1퍼센트가 버려진다. *Business Insider*, "A third of the planet's food goes to waste" (2016/10/15).

◆ *The Daily Meal*, "These countries waste enough food to feed the planet"(2014/08/06).

버려진

체 음식물 쓰레기의 57퍼센트이고, 먹고 남기는 게 30퍼센트다. 재어 두다가 버리는 식재료가 9퍼센트 정도다.◆

점점 더 많은 음식물이 버려지는 현상이 걱정스러운 것은, 지구 위의 누군가가 여전히 굶고 있어서뿐만 아니라 지구 환경에도 엄청난 부담이 되기 때문이다. 유기물로 이뤄진 음식물 쓰레기는 다른 쓰레기들보다 메탄을 많이 내뿜는다. 메탄은 기후변화를 일으키는 온실가스다. 메탄이 일으키는 온실가스 효과는 이산화탄소의 20배에 이른다. 미국의 경우 음식폐기물에서 나오는 메탄이 전체 메탄 배출량의 4분의 1을 차지한다고 알려져 있다.

먹을 것을 생산하는 과정에서 일차적으로 온실가스가 배출된다. 세계에서 뿜어져 나오는 이산화탄소의 3분의 1가량은 농업에서 비롯된다. 특히 축산업은 세계의 탄소 배출량에서 약 15퍼센트를 차지한다고 한다. 이렇게 비싼 환경 비용을 치르며 생산된 농축산물의 상당수가 버려지면서 이차적으로 엄청난 양의 온실가스가 대기 속으로 쏟아져 나온다.

◆ 환경부, "음식물쓰레기 줄이기! 하나뿐인 지구를 지키는 위대한 실천입니다" (2013).

'쓰레기'와 '음식' 사이에서

식량농업기구는 미국 농무부 등과 협력해 음식물 쓰레기를 줄이려는 프로그램인 '세이브 푸드'를 진행하고 있다. 이 기구가 먹거리를 아끼고 줄이자며 내놓은 네 가지 축은 '인식, 협업, 정책 개발, 투자'다.◆ 즉 슈퍼마켓 같은 유통 업체에서 유통기한이 지났다는 이유로 아직 멀쩡한 음식을 버리지 못하게 하고, 음식이 재활용될 수 있게 하고, 그러기 위해 정책적인 인센티브를 주고, 먹거리 유통망을 좀 더 효율적으로 바꿀 수 있게 하자는 것이다.

쉽지 않은 작업이다. 먹거리가 너무 많이 팔리고 또 많이 버려지는 것은 현대사회의 생산-유통-소비 방식 자체가 과잉생산과 과소비를 바탕으로 삼고 있기 때문이다. 미국 환경청에 따르면 미국에서 버려지는 음식물의 40~50퍼센트는 소비자들이 요리하지 않은 채로, 혹은 요리한 뒤 먹지 않고 쓰레기통에 던지는 것들이다. 나머지 50~60퍼센트는 비즈니스 부문에서 나온다.

식량농업기구 자료를 통해 식량 생산과 유통 구조를 좀 더 들여다보자. 해마다 부국에서는 1인당 900킬로그램의 식량

◆ FAO, "Save Food".

이 생산된다. 가난한 지역 생산량(1인당 460킬로그램)의 두 배에 이른다. 부국에서 식량의 40퍼센트가 폐기되는 것은 소매 단계, 그리고 소비자들 손에 들어간 뒤의 일이다. 특히 부유한 나라에서 소매 단계와 그 이후에 음식물 쓰레기가 많이 버려지는 것은 '지나친 품질 기준' 때문이라고 전문가들은 지적한다. 식품을 생산하기까지 물과 땅과 에너지와 노동과 자본이 수없이 들어가고 그 과정에서 온실가스가 배출되지만, 이 모든 노력은 음식물과 식재료가 쓰레기통에 던져지는 순간 무용지물로 돌아간다. 동시에 쓰레기는 그 자체로 온실가스 배출 장치가 된다. '더 신선한 먹거리', '더 맛있는 재료'를 내세워 소비자를 유혹하는 식재료 사이에서, 충분히 먹을 만한 것들이 폐기된다.

이와 달리 개도국에서는 버려지는 식량의 40퍼센트가 가을걷이가 끝난 뒤부터 가공 단계 사이에 폐기 처분된다. 잘사는 나라에서 음식물을 낭비하며 손해를 입는 사람들은 식재료를 사들이는 소비자인 반면, 개도국에서 손실을 떠안는 사람들은 소농이다. 아프리카의 농민들은 추수하고 가공하고 냉장 보관하고 수출할 기술·설비·자본이 부족해 손해를 떠안는다. 그래서 음식물 쓰레기를 줄일 정책과 방법도 지역에 따라 달리 적용해야 한다고 전문가들은 지적한다. 개발이 덜 된 나라에서는 생산된 먹거리를 잘 가공하고 보관하고 유통할 수 있게 도와야 하며, 잘사는 나라에서는 소비자들이 식품에

돈을 덜 쓰고 덜 버리게 해야 한다는 것이다.

음식과 식재료를 아끼는 '모범 국가'는 어디일까? 이탈리아의 바릴라 재단이 발표한 자료가 있다. 이 재단은 세계 25개국의 식료품 공급·분배·소비 체계에 점수를 매겨 지속 가능성 지수를 산출했다. 조사 대상이 된 나라들을 합치면 세계 각국의 국내총생산을 모두 합한 세계총생산Gross World Product, GWP의 87퍼센트를 차지한다.

재단 측은 프랑스와 일본, 캐나다를 '지속 가능한 식생활'을 하는 나라로 꼽았다.[*] 세 나라는 음식물 쓰레기 배출량이 적고, 주민들의 식생활에 균형이 잡혀 있다는 것이다. 프랑스는 음식물 쓰레기를 줄이기 위해 혁신적인 정책을 추진해 온 데서 높은 점수를 받았다. 일본과 캐나다는 지속 가능한 농업 정책과 건강한 식단으로 2위, 3위를 차지했다.

프랑스에서는 음식 낭비를 막기 위한 캠페인도 활발하다. 그런 운동을 벌이고 있는 시민 단체 디스코 수프는 거리에서 음식을 요리해 사람들에게 나눠 준다. 시장이나 슈퍼마켓에서 팔고 남은 식재료를 기부받고, 그릇은 모두 친환경 제품이다. 함께 요리할 사람을 소셜 미디어로 모집하고, 활동을 마

---

[*] Barilla Foundation and the Economist Intelligence Unit, "A global study on nutrition, agriculture and food waste", http://foodsustainability.eiu.com

버려진

치면 후기를 올려 시민들에게 알린다. 디스코 수프의 활동은 입법으로 이어졌다. 2015년 5월 프랑스 상원은 복지 단체에서 남는 음식을 요구할 경우 대형 마트 등이 거부하지 못하게 하는 법안을 만장일치로 통과시켰다. 값이 떨어질까 봐 음식이 남아도 기부하지 않고 버리던 관행에 제동을 건 것이다.◆

　먹거리가 상품이 되고 먹는 것이 산업이 된 시대라고 하지만, 여전히 우리가 기르고 재배하는 것들은 삶과 이어져 있다. 우리가 먹는 것이 우리의 몸을 구성한다는 사실은 여전히 진실이다. 먹을 것을 어떻게 나누는지가 우리의 사회구조를 결정한다는 것 또한 그렇다. 우리 사회는, 세계는 지금 먹을 것을 어떻게 나누며, 어떻게 서로의 몸을 규정해 가고 있을까? 이는 몸의 문제인 동시에 마음의 문제이기도 하다. '사회의 마음'은 먹거리를 어떻게 배분하는지에서 가장 극명하게 드러난다.

◆ 『경향신문』, "지구의 밥상, 기찻길 옆 텃밭"(2015/09/21).

바다를 덮은

플라스틱

쓰레기 섬

남태평양의 섬나라 나우루에 갔다. 인천공항에서 말레이
시아 쿠알라룸푸르를 거쳐 오스트레일리아 브리즈번으로, 다
시 나우루항공의 소형 여객기를 타고 네 시간 반을 날아간 곳
은 수도조차 따로 없는 작은 섬이었다. 인구 1만 명에, 유엔
가입국 중 '가장 작은 공화국'인 이곳의 해안 도로를 걸으며
작은 섬을 돌아봤다. 남태평양의 작은 섬이라니! 어쩌면 낭만
적이고 쾌활한 여행이어야 했지만 그곳에서 보고 들은 것은
내내 마음에 돌덩이를 매다는 것들, 물에 빠진 쇳가루처럼 가
라앉는 앙금 같은 것들이었다.

그중 하나가 바닷가의 쓰레기였다. 좁디좁은 모래밭이나
마 샌들을 벗고 바닷물에 발 한 번 담글 수도 있었지만, 백사
장은 온통 캔 조각과 유리병으로 가득했다. 애당초 그곳에 찾

아간 이유가 '콜라 식민지'라고 불리는 나우루 사람들의 식생활을 알아보기 위해서였다. 정크 푸드에 점령당한 사람들은 전통 식생활을 모두 버리고 코카콜라와 스프라이트, 네스카페와 오스트레일리아산 햄, 인도네시아산 컵라면과 조미료를 먹으며 병들어 가고 있었다.

이런 식생활과 섬의 쓰레기는 동떨어진 문제가 아니었다. 대양의 외딴 섬나라에 들어온 인스턴트식품은 하나같이 포장재 쓰레기를 남기는데, 이를 재활용할 시설이나 방법이 없었다. 그 쓰레기를 비행기나 배에 싣고 그나마 가장 가까운 큰 나라인 오스트레일리아로 보내 본들 타산이 맞지도 않고 받아 줄 리도 없다. 나우루 사람들을 비만과 당뇨병으로 몰아가는 외국산 캔 음식과 병 음료는 면적 20제곱킬로미터짜리 섬을 쓰레기로 채우고 있었다.

어디 그 섬뿐일까. 이미 바다는 쓰레기장이 되어 가고 있다. 이제 남성들도 애용하는 각질 제거제의 스크럽 알갱이, 대형 마트에서 파는 여섯 개 묶음 맥주 팩의 비닐 고리, 페트병 뚜껑, 폴리스티렌 포장, 샌드위치를 싼 랩 조각, 검은 비닐봉지, 엉켜서 못 쓰게 된 그물 등 잘 썩지 않는 플라스틱이나 비닐 따위로 이뤄진 쓰레기가 강을 따라 바다로 흘러 태평양에 모인다. 하와이에서 북동쪽으로 1600킬로미터쯤 떨어진 바다 한가운데, 선박업계에서 '태평양의 거대 쓰레기장'이라 부르는 쓰레기 섬이 있다. 부유물이 점점 늘어 쓰레기 섬의 크기는 이제 140만 제곱킬로미터에 이른다.

고기압 아래 쓰레기 섬에서는 해수면이 시계 방향으로 느리게 돌아가며 소용돌이를 그린다.[♦] 태평양 주변을 도는 바닷물의 절반은 해류를 따라 이곳으로 오는데, 이 지점에 이르면 해류가 급격히 느려져 쓰레기가 모인다. 현미경으로 봐야 할 만큼 작은 스크럽 알갱이부터 거대한 그물까지, 미국과 캐나다, 아시아 지역에서 오는 모든 쓰레기가 모여 하나의 대륙을 만들고 있다. 쓰레기의 90퍼센트는 플라스틱류다.

이 쓰레기 섬이 처음 발견된 것은 1997년이었다. 미국 캘리포니아 출신인 찰스 무어 선장이 항로를 잘못 들어 이 무풍대에 왔다가 바다를 메운 쓰레기를 발견했다. 충격을 받은 그는 '알갈리타 해양연구재단'^{♦♦}을 만들어 과학자들과 함께 해양오염에 대한 조사와 오염 방지 캠페인을 시작했다. 2009년 무어 선장은 노스캐롤라이나 대학교 해양학자 보니 몬텔리오니 등과 함께 쓰레기 바다를 다시 조사했다. 바닷물 샘플을 분석해 보니 쓰레기 섬의 면적은 두 배로 늘었고, 물에 녹지 않는 살충제인 DDT, PCB(폴리염화비닐) 같은 독성 물질의 농

♦ 쓰레기 섬이 있는 곳의 정식 명칭은 '북태평양 아열대 환류'로, 하와이와 아메리카 대륙 사이에 있다. 1년 내내 적도의 더운 공기가 고기압을 이루고 서서히 소용돌이치며 바람을 빨아들일 뿐 내보내지 않아 배들도 다니지 않는다.

♦♦ http://www.algalita.org

버려진

도도 두 배로 증가했다. PCB는 1970년부터 세계적으로 사용이 금지됐다. 하지만 앞으로도 몇 백 년 동안 사라지지 않고 바다에 남아 있으리라고 과학자들은 지적한다.

몬텔리오니는 해류의 속도가 느려져 '죽음의 바다'라 불리는 대서양 사르가소해에도 북태평양 환류보다는 작지만 쓰레기 섬이 만들어져 있는 것을 확인했다. 학자들은 일본과 가까운 태평양 동부에도 비슷한 쓰레기 해역이 있다고 추정한다. 지구 전체 대양을 부유하는 쓰레기의 양은 북태평양 환류 쓰레기 섬의 다섯 배에 이른다고 추산된다.

바다가 하는 말

작은 플라스틱 알갱이는 가오리 같은 어류와 물새의 몸속에서도 점점 더 많이 발견되고 있다. 인터넷에는 배 속이 비닐봉지 따위로 가득 차 죽은 갈매기들 사진이 수천 장 돌아다닌다.[*] 사람들이 즐겁게 하늘로 띄워 보낸 헬륨 풍선이 물고

---

[*] 사진작가 크리스 조던은 죽어 가는 물새를 담은 다큐멘터리를 만들었다. 콧속에 긴 플라스틱 빨대가 들어가 괴로워하는 바다거북을 찍은 유튜브 영상도 있다. 용케 거북을 발견한 이들이 건져 올려 빨대를 빼주는 장면은 보는 것만으로도 고통스럽다. "Midway: message from the Gyre", http://chrisjordan.com

기들을 죽인다는 사실은 널리 알려져 있다. 바람이 빠진 풍선이 바다에 가라앉으면 물고기들은 해파리인 줄 알고 삼켰다가 죽는다. 미드웨이 환초에서는 덩치 큰 물새인 앨버트로스의 새끼들이 칫솔과 라이터 같은 플라스틱 조각들에 목이 메어 죽는다.

물새의 90퍼센트는 배 속에 플라스틱이 있다는 충격적인 수치도 있다. 영국 런던 임페리얼 칼리지Imperial College London의 해양학자 에릭 반 세빌 등이 2015년 1월 『미국국립과학원회보』에 낸 논문에 실은 추정치다.* 세빌 등은 지상의 오염에 비해 바다의 오염은 상대적으로 연구가 잘돼 있지 않고 사

버려진

람들의 관심도 없다고 지적한다. 세빌의 연구 팀은 물새들이 플라스틱에 얼마나 노출돼 있는지, 정확히 말하면 얼마나 많은 바닷새가 플라스틱을 먹는지 알아보고자 바닷새 186종에 대한 조사 결과를 종합 분석했다. 전체의 59퍼센트인 135종에서 1962년부터 2012년 사이에 플라스틱이 나온 것으로 드러났다. 연구 팀은 여기에 해양 플라스틱 증가 추이를 적용해, 바닷새의 90퍼센트가 플라스틱을 먹고 있으며 2050년 무렵이 되면 바닷새의 99퍼센트가 위장에 플라스틱 조각들이 들어 있으리라고 예측했다. 해마다 800만 톤에 이르는 플라스틱 쓰레기가 바다로 흘러들고 있기 때문이다.

영국 플리머스 해양연구소는 한 달에 한 번씩 여섯 지점에서 큰 그물 세 개로 바닷물 속 쓰레기의 양을 조사한다. 이들이 내세운 모토는 "바다가 하는 말을 들어라"Listen to the Ocean 다. 이 연구소는 세계의 대양 표면에 떠도는 미세 플라스틱이 26만 9000톤에 이르며, 이는 "페트병 60억 개가 바다 위에 떠있는 것과 같다."고 말한다.** 늘어놓으면 지구를 50바퀴 돌 만큼 엄청난 양이다.

◆ http://www.pnas.org/content/112/38/11899

◆◆ '미세 플라스틱'은 크기가 5밀리미터 이하인 조각을 가리킨다. 플라스틱 구슬, 세안용 스크럽 알갱이, 옷에서 떨어져 나온 플라스틱 조각은 지구 표면의 3분의 2를 차지하는 대양 어디에나 있다. http://www.pml.ac.uk

플리머스 해양연구소의 샘플 채취 작업을 따라간 BBC방송 기자는 플라스틱 조각이 마치 플랑크톤처럼 보인다고 했다.[*] 물고기들과 새들은 이 미세한 플라스틱을 먹이인 줄 알고 삼킨다. 이것들이 해양 생물을 죽이고 있지만 아직 인간은 그 파괴력을 실감하지 못한다. 그러나 언젠가는 사람들에게 되돌아올 것이다. 해법은 있을까? 산업 시스템, 경제를 규율하는 제도와 법률과 정부의 의지가 가장 중요하다. 하지만 이런 구조를 움직이고 변화를 이끌어 내는 것은 결국 시민 하나하나의 목소리와 실천이다. 해양 쓰레기, 플라스틱 알갱이와 비닐봉지가 버려져 생긴 문제에 대한 여론이 들끓자 각국 정부가 나서기 시작했고, 이런 폐기물을 줄이겠다는 기업도 늘고 있다. 한국에도 스크럽 제품을 규제하는 장치가 있고, 패스트푸드점과 커피 전문점이 환경부와 협약을 맺어 쓰레기를 줄이고 있다. 이와 더불어 비닐봉지를 덜 쓰고, 플라스틱 알갱이가 든 스크럽에 얼굴을 맡기는 대신에 자연에서 분해되는 성분이 담긴 제품을 고르는 수고를 감내하고, 쓰레기가 강물을 따라 바다로 흘러가지 않도록 통제하는 등 우리 삶의 방식을 바꿔 갈 필요가 있다.

◆ BBC, "Plastic oceans: what do we know?"(2015/10/01).

빨리 만들고 더 빨리 버려지는

첨단

첨단 기술이 남긴 풍경

20세기 말부터 세계는 또 다른 쓰레기 더미를 쌓고 있다. '기술의 무덤'이라 부를 법한 이 쓰레기들은 정보통신기술ICT 산업이 발달하면서 버려지는 옛 기술 제품이나 소모품 등이다. 미국의 프리랜서 사진작가 데이브 블레드소는 2013년 뉴욕 맨해튼의 오래된 공중전화기들에 렌즈를 들이댔다. 도심 지하철 아래, 땅 밑 창고에 100개 넘는 공중전화기가 망가진 괘종시계처럼 버려져 있다. 쇠사슬로 둘러쳐진 '전화기의 무덤'은 스산하다.♦

사진들이 야후 뉴스 포털에 소개됐을 때 작가는 이렇게 말

♦ *City Lab*, "Where New York's old telephone booths go to die"(2013/06/18).

했다. "우리의 새로운 기술들은 아주 편리하기는 하지만, 인간미가 사라지는 경향이 있다. 길거리에서 전화기를 붙잡고 이야기를 나누는 것이 문자메시지보다는 그래도 좀 더 친밀감 있지 않을까." 하지만 스마트폰에 밀려 이제 공중전화는 우리 삶에서 멀어져 버렸다. 우리는 잊었지만, 전화기들은 사라지지 않은 채 쓸쓸히 남아 있다.

영국에서는 2012년 런던 올림픽을 앞두고 대대적인 거리 미화 작업이 벌어졌고 이때도 전화기들이 희생양이 되었다. 노팅엄셔Nottinghamshire주 뉴어크셔우드Newark and Sherwood에는 거리를 장식하던 빨간 공중전화박스의 무덤이 생겼다. 90년 가까이 된 전화박스부터 최근의 것들까지, 황량한 들판에 빨간 박스들이 줄지어 서있다. 영국 언론들은 이곳을 가리켜 '전화박스의 무덤'이라 부른다. 철거된 지 몇 년이 지난 철제 전화박스들은 이미 녹 슬고 빛이 바랬다. 『데일리 메일』은 "한때 여왕이나 피시 앤드 칩스 못지않게 영국을 상징하던 것들이 해체되지도, 죽지도 못한 채 놓여 있다."고 썼다.

일부는 '새 삶'을 찾기도 한다. 전화박스의 무덤에 보내지는 대신, 옛 시절의 향수를 자극하는 새로운 아이템이 돼 전시장 한자리를 차지하거나 인테리어 용품으로 활용된다. 『데일리 메일』에 어느 80세 노인의 이야기가 소개되었다. 칼튼 미니엇Carlton Miniott에 사는 마이크 쇼어스는 자기 집 마당을 전화박스의 안식처로 만들어, 새로 칠하고 유리를 갈아 끼워 단장했다. 그는 이 작업을 "사랑의 노동"이라고 말했다. 그의 마당에는 다시 태어난 전화박스들을 사러 오는 이들이 줄을 잇는다. 오래되고 낡은 것에 대한 애정을 버리지 못한 이들이 멀리 미국에서도 찾아온다고 한다.[*]

하지만 한물간 옛 기술의 산물 가운데 이렇게 낭만적으로 부활하는 물건이 얼마나 될까. 스마트폰 시대가 되면서 쓰레기통에 가는 휴대전화는 갈수록 늘고 있다. 2016년 미국의 ICT 전문 매체 〈기즈모도〉에 이 문제를 다룬 글이 실렸다. 조시 애커먼Josh Ackerman 등 미국 연구진 세 명의 조사에 따르면 스마트폰의 운영시스템OS이 업그레이드되거나 새 모델이 출시된다는 소식이 전해질 경우 업그레이드에 앞서 버려지는 전화기가 급증한다고 한다. 연구자들은 이를 '업그레이드 효과'라 불렀다.[**]

새 휴대전화가 나온다는 소식에 솔깃해진 뒤 전화기가 바닥에 떨어져 깨진다거나 뭔가 결함이 생겨 새 전화를 살 핑계로 삼은 일을 경험한 사람들이 많을 것이다. 낡은 전화기를 새것으로 교체하려는 마음이 알게 모르게 반영되면서 행동이 부주의해지고, 그렇게 해서 잃어버리거나 망가진 전화기 대

---

[*] *Daily Mail*, "Where phone boxes go to die"(2016/04/04).

[**] *Gizmodo*, "People trash their phones when an upgrade is close"(2016/12/20).

신 새 전화기를 사는 것을 정당화한다. 업그레이드 효과는 이런 심리적 현상을 가리킨다. 소비주의의 파도는 어느덧 사람들의 무의식까지 파고들어 행동을 규정하고 지갑을 열게 만든다.

연구 팀은 이런 현상을 분석하고자 미국의 분실물 데이터베이스*를 분석했다. 분실물을 주운 사람들은 이 데이터베이스에 온라인으로 습득한 물건을 등록한다. 물건을 잃어버린 이들도 이 데이터베이스에 분실물을 등록한다. 그중 연구 팀은 아이폰5와 아이폰5S 습득 신고를 골라 분석했다. 아이폰5S가 출시되기 직전, 구형이 돼버린 아이폰5를 잃어버린 사람들은 아주 짧은 시간에 옛 전화기를 찾으려는 노력을 포기했다. 컬럼비아 대학교 마케팅 교수 실비아 벨레자Silvia Bellezza는 "'유행에 뒤지지 않기 위해 새 물건을 갖고는 싶지만, 그렇다고 낭비하고 싶지는 않다.'는 마음이 반영된 결과가 '분실물을 찾지 않는 것'이다. 낭비하는 사람이 된다는 자책감을 피하려고 우리 마음이 스스로 사보타주(태업)를 하는 셈"이라고 설명했다.

그렇게 우리 마음이 새 물건을 향해 가고, 우리의 검약함이 외면당하면서 전자 쓰레기들이 늘어난다. 앞서 말한 대로,

---

◆ IMEI 데이터베이스, https://www.imeidetective.com

버려진

지구 환경은 물론 건강을 생각해도 결코 좋은 일이 아니다. 하지만 소비주의 윤리는 세계를 뒤덮고 있으며 이에 저항하려는 인류의 의지력은 한없이 약하기만 한 것 같다.

협약은 멀고 쓰레기는 가깝다

아프리카나 아시아 신흥국가들의 ICT 붐은 대단하다. 세계 ICT 산업의 하청 기지이자 '글로벌 콜센터'로 알려진 인도는 경제가 성장하면서 새로운 테크놀로지의 소비국으로도 큰 비중을 차지하고 있다. 하지만 IT 열풍 속에 생겨나는 전자 쓰레기e-waste는 어디로 갈까?

전자 쓰레기 가운데 빼놓을 수 없는 것은 구식 휴대전화와 컴퓨터 부품이다. 아프리카 서부에 있는 가나는 그 지역에서는 개발이 꽤 진행 중이고 경제적으로도 여유로운 편이라고 한다. 대서양에 면한, 가나의 수도 아크라에서는 오래전 유럽인이 노예를 사고팔던 성채가 관광객을 반긴다. 쇼핑센터와 부티크는 다른 지역 여느 상가와 다를 바 없다. 하지만 조금만 도심에서 벗어나면 바닷가는 온통 쓰레기장이고, 개들과 아이들이 쓰레기 위에서 어울리며 뛰어다닌다. 심지어 쓰레기 더미를 뒤져 먹이를 찾는 소들도 본 적 있다.

아그보그블로시에라는 곳이 있다. 원래 아크라 교외 바닷

가에 있는 습지였다. 지금은 전자 쓰레기의 무덤으로 더 유명하다. 세계의 전자 쓰레기 중 상당수가 여기에 버려진다. 일부는 합법적이지만 대체로 불법 투기다.♦ 1989년 채택된 바젤협약은 유해 폐기물의 국가 간 이동과 거래를 규제하고 있다. 선진국들이 돈을 주고 빈국에 유독성 쓰레기를 떠넘기는 것을 막기 위해서다. 그러나 아크라 사례에서 보듯, '협약은

♦ 미국 시애틀의 작은 시민 단체인 바젤행동네트워크는 선진국들이 유독성 전자 제품 쓰레기를 제3세계에 떠넘기는 과정을 추적했다. 이 단체는 매해 수백만 톤의 전자 제품 폐기물이 쌓이는 아그보그블로시에를 '세계의 디지털 쓰레기장'이라 불렀다.

멀고 쓰레기는 가깝다'. 2012년 5월 유엔환경계획의 후원으로 가나 및 나이지리아의 전자 쓰레기 실태 조사를 한 결과, 아프리카의 항구에서 폐기되기를 기다리는 전자 쓰레기가 실린 컨테이너 261개가 적발됐다. 그 쓰레기의 91퍼센트는 이미 한 차례 이상 재활용된 것들이었다.◆

바젤협약 사무국에서 작성한 유엔 보고서에 따르면 '전기·전자장비 쓰레기'Waste electrical and electronic equipment, WEEE가 아프리카에 쌓이고 있으며, 나이지리아·가나·베냉·코트디부아르·라이베리아 등에서 문제가 특히 심각했다.◆◆ 하나같이 상아해안에 면해 있는 이 서아프리카 나라들은 대서양 항구를 끼고 대도시가 발달했다. 수백 년간 내륙에서 붙잡혀 온 노예들이 아메리카 대륙으로 팔려 가던 항구들에서는 이제 전자 쓰레기가 불법 거래되고 있다.

이 보고서는 대량의 전자 쓰레기들이 "통제되지 않고 있다."고 썼다. 휴대전화나 컴퓨터 속에 있는 인듐·팔라듐·금·은·구리처럼 돈이 되는 소재나 부품은 대개 개발된 나라들 어딘가에서 해체 작업을 거쳐 회수되고, 내분비계 장애를 일으

◆ Basel Convention Coordinating Centre for Africa and Swiss Federal Laboratory for Material Science and Technology(Empa), "e-Waste country assessment Nigeria" (2012/05).

◆◆ Secretariat of the Basel Convention, "Where are WEEE in Africa?"(2012/05).

키는 유독성 물질은 그대로 남은 채 아프리카에 떨구어진다. 유엔은 2000년 새 천년을 앞두고 정한 '밀레니엄 개발목표'에 '지속 가능한 개발을 위한 정보통신기술'을 포함했다. 하지만 '지속 가능한 정보통신기술'은 서아프리카의 쓰레기 위에서 뛰노는 아이들에겐 머나먼 남의 나라 이야기일 뿐이다. 근래에는 아프리카 내에서 생산되고 쓰이는 전자 제품이 많은데, 이것들은 선진국에서처럼 엄격한 규제 아래 처리되거나 재활용되지 않은 채 버려진다. 그러고는 고스란히 땅을 죽이고 사람의 몸을 갉아먹는다.[◆]

아그보그블로시에에는 코를레 석호Korle Lagoon로 이어지는 약 1만 6000제곱미터의 땅에 4만 명 정도가 모여 살고 있다. 토박이보다는 일거리를 찾아 농촌 지역에서 도시로 몰려온

◆ 컴퓨터와 그 주변기기는 유해 물질이 잔뜩 들어 있는 '독극물 덩어리'와 다름 없다. 반도체와 모니터 스크린, 전력 조절 장치 등에 들어 있는 납과 카드뮴, 비소, 수은은 치명적인 중독증을 일으킨다. 바젤행동네트워크가 개인용 컴퓨터에 들어 있는 유해 물질을 분류한 바에 따르면, 모니터 스크린에는 바륨과 티타늄, 모니터의 음극선관에는 비소와 납이 들어 있다. 키보드 전력 공급 장치 속에 들어 있는 셀레늄은 전자공업·기계공업에 많이 쓰이는데, 황과 결합하면 유독한 화합물을 만든다. 반도체의 카드뮴은 맹독성 물질이다. 플라스틱 케이스에는 공해를 일으키는 폴리브롬화 물질이 들어 있고, 본체의 방화재로는 안티몬 3산화물이 쓰인다. 쇠의 부식을 막아 부패 방지제로 쓰이는 크롬 또한 화합물이 되면 호흡기 손상을 일으킬 수 있다. 컴퓨터 스위치에는 수은 성분이, 금속 부품에는 코발트가 들어 있다. 산업에 꼭 필요한 소재이지만 아프리카 사람들을 죽이는 '쓰레기 속 살상 물질'이기도 하다.

버려진

사람들이 많다. 하도 환경이 열악하고 살기가 팍팍해, 여기를 '소돔과 고모라'로 자조한다는 얘기도 들린다. 전자 쓰레기에 따른 환경오염 피해가 상대적으로 좁은 지역에만 국한될 리 없다. 아그보그블로시에의 어딘가에는 늘 쓰레기를 태우는 불길과 연기가 치솟는다. 연기는 매일 아크라 도심까지 수만 제곱미터에 걸쳐 퍼져 나간다. 아크라와 서아프리카 '전자 쓰레기의 무덤'에 버려지는 쓰레기의 85퍼센트는 선진국이 아니라 아프리카 내에서 쓰이다 버려졌다는 조사도 있다. 누가 만들어 썼든, 그 쓰레기가 땅 위에 쌓인다는 사실에는 변함이 없다.

그럼에도 그곳에 터를 잡고 살아가는 사람들이 많은 것은, 번듯한 주택가에 집을 살 돈이 없을뿐더러 쓰레기를 뒤져 살 궁리를 할 형편이기 때문이다. 전자 제품 속의 값나가는 성분들은 빠져나갔다 하더라도 전자레인지나 오븐 등의 가전제품을 해체해 부품을 모으면 고철을 팔아서라도 연명할 수 있다. 그런데 주민들의 '해체 작업'은 무척 위험하다. 마땅한 장비나 기술이 없는 그들은 전화기, 랩톱, 텔레비전 등을 망치나 쇠몽둥이를 써서 말 그대로 '때려 부순다'. 이 과정에서 불이 나거나 유독성 물질이 나오기도 한다.

전자 쓰레기 사이에 자동차 폐타이어도 섞여 있는데, 주민들은 이것도 태워 버린다. 고무가 불에 타 녹아내리면 타이어에 붙어 있던 쇳조각을 주워다 팔고, 고무를 녹여 새로 주형을 해서 다른 물건으로 만들기도 한다. 환경 규제나 적절한 처리는 없다. 가나와 가까운 코트디부아르에서는 2006년 쓰레기 소각장 주변 주민 10명이 유독성 가스 때문에 숨지고 7만여 명이 치료받는 사태가 발생했다.

한편 2016년 1월 미국『스미스소니언』은 아그보그블로시에에서 재활용을 생계 수단으로 삼고 있는 젊은이들을 소개했다. 10대에서 20대 초반까지 40여 명이 무리를 지어 다니며 줍는 것은 USB 케이블부터 자동차 부품까지 다양하다. 이 '재활용꾼'들은 다시 쓸 수 있는 물건이라면 무엇이든 주워 현지의 상인이나 나이지리아에서 온 업자들에게 판다. 때로는 쓰레기장에서 나온 물건들이 솜씨 좋은 현지인들의 손에서 새 물건으로 조립된다.『스미스소니언』은 아크라 시내의 한 컴퓨터 가게를 찾아가, 독학으로 컴퓨터 조립을 배운 수리공이 작은 방 하나 크기의 작업장 겸 사무실에서 재활용 부품으로 랩톱과 컴퓨터 모니터, 주변기기 등을 만드는 모습을 들여다보기도 했다.◆

전자 쓰레기 처리 문제는 단순하지 않다. 선진국들이 쓰레기 불법 투기를 규제하는 것만으로는, 아크라의 쓰레기장 주

◆ *Smithsonian*, "The burning truth behind an E-Waste dump in Africa"(2016/01/13), https://www.smithsonianmag.com

민들이 겪고 있는 가난을 해결할 수 없다. 그들은 쓰레기를 주워 팔아 돈을 벌고 나름대로 새 물건을 만든다. 가난이 빚어낸 환경 파괴와 건강 문제를 원천봉쇄할 해법은 존재하지 않는다. 전자 쓰레기 문제는 이를 다시금 깨닫게 한다.

쓰레기들의 산

재가 날리는 마을

골목 초입부터 여느 마을과는 달랐다. 먼지가 눈앞을 가리
고, 쉴 새 없이 차들이 골목으로 밀려들었다. 커다란 덤프트
럭, 작은 트럭, 봉고차를 개조한 듯한 짐차, 말이나 당나귀가
끄는 수레, 사람이 밀고 끄는 손수레까지. 이 온갖 탈것에 실
린 짐은 똑같다. 쓰레기다. 시내 전역에서 모아 온 쓰레기가
담긴 거대한 자루가 끊임없이 골목으로 실려 온다.

이집트 카이로 남동부의 모카탑Mokattam 언덕 부근에는 아
이유브왕조 시대의 요새가 서있다. '시타델', 즉 성채라 불리
는 이곳은 기자Giza의 피라미드와 함께 카이로 안팎의 대표 유
적지다. 역사 지구인 시타델 안에 들어서면 12세기 성곽부터
18~19세기에 단장된 모스크까지, 아름다운 유적들이 관광객
을 맞는다. 지금은 정치 상황이 불안하고 테러 위협이 있어서

이집트를 찾는 관광객의 발길이 눈에 띄게 줄었지만 몇 년 전만 해도 방문자가 끊이지 않는 곳이었다.

시타델이 내려다보이는 산기슭에는 좀 더 특별한 마을이 있다. '모카탐의 쓰레기 마을'이라 불리는 곳이다. 모카탐은 아랍어로 '잘려 나갔다.'는 뜻이다. 산이 잘려 나간 기슭이라는 의미에서 붙은 이름이다. 행정구역 이름은 만시야트 나세르Manshiyat Naser이지만 모두가 이곳을 쓰레기 마을이라 부른다. 카이로의 생활 쓰레기 중 3분의 1가량이 이곳으로 옮겨져 해체되고 분리되고 재활용되거나 태워진다.

2014년 봄, 모카탐을 찾았다. 벽에 시멘트를 바르지 않아 짓다 만 듯 보이는 집들이 다닥다닥 붙어 있고, 쓰레기 자루를 실은 차들이 줄지어 골목으로 들어서고 있었다. 동네 입구 빈터에는 흰 가루가 산처럼 쌓였는데, 쓰레기를 태우고 또 태우며 나온 재가 쌓여 마치 석회암 지대처럼 보였다.

마을을 가로지르는 길은 차량 두 대가 엇갈려 지나갈 만한 폭이다. 그 양옆에 2층, 3층짜리 집이 늘어서 있다. 대개 1층을 비워 창고로 쓰고 위층에 주민들이 산다. 차들이 쓰레기를 실어 오면 창고에 가져다 놓고 해체한다. 건물 사이에는 더 좁다란 골목이 있다. 안으로 들어설수록 쓰레기에서 나오는 냄새가 심했다.

그 골목 안에서 주민들이 부지런히 쓰레기를 헤쳐 플라스틱류와 옷가지, 비닐 등을 분리하고 있었다. 여자들은 분리를

맡고, 남자들은 분리해 다시 묶은 쓰레기 더미를 나른다. 이
곳 사람들은 주로 가족 단위로 일하며, 몇 대에 걸쳐 가업처
럼 이 일을 해오고 있다. 이렇게 해서 버는 돈은 한 달에 500
파운드(약 7만 5000원) 정도다. 플라스틱 통을 쌓아 놓고 있던
젊은 여성은 "여자들이 버는 게 그쯤이고 남자들은 좀 더 번
다."고 귀띔했다.

 이곳으로 들어오는 쓰레기의 양은 하루에 약 4200톤으로
추산된다. 그 가운데 재활용되는 것이 80퍼센트에 이른다. 이
곳 주민들은 카이로에서도 가장 가난한 사람들이다. 자발린,
다시 말해 '쓰레기를 줍는 사람들'이라는 말로 통칭되는 이
마을 주민들은 카이로 전역에서 모인 쓰레기로 먹고산다. 여

버려진

기서도 빈부 격차는 있다. 트럭이 있으면 쓰레기를 수거해 고정 소득을 얻을 수 있고, 그렇지 못하면 재활용품 분리로 돈을 번다.

쓰레기 마을은 1910년대부터 생겨났다고 알려져 있다. 전국에서 모여든 빈민들이 이곳에 정착해 돼지나 염소 따위를 키우기 시작했고, 1940년대 이집트 남부에서 다시 빈민이 밀려들며 규모가 커졌다. 1970년대에는 기자에 살다가 재개발에 떠밀린 주민들이 옮겨 왔다. 이런 이주 행렬들을 거치면서, 지금은 4만 명 넘게 사는 큰 마을이 됐다.

주거 환경은 열악하다. 상하수도는 제대로 깔려 있지 않으며, 학교에 가지 않는 아이들이 대부분이다.◆ 가난은 대물림되고 온갖 질병에 시달린다. 국제기구와 자선단체 등이 떠올린 궁여지책은 쓰레기를 모으더라도 좀 더 잘 모아 돈을 더 벌게 하는 것이다. 아이들에게 쓰레기 더미를 세는 법부터 재활용품을 효과적으로 분리하는 법을 가르치고, '중간상인'에게 돈을 뜯기지 않도록 수거 업체와 직접 계약할 수 있게 돕

◆ 2000년대 이후로 이곳 사정이 외부에 많이 알려져 프록터 앤드 갬블P&G 같은 다국적기업과 유네스코, 지역 비정부기구들이 협력해 '모카탐 재활용학교'를 비롯한 민간 교육 시설을 만들었다. 그러나 시내의 다른 지역 아이들이 학교에 갈 나이에 이곳 아이들은 부모와 함께 쓰레기 더미에서 일하는 터라 글조차 못 읽는 경우가 많다.

는다. 돈을 벌면서 다른 기술을 익히도록 컴퓨터 사용법이나 기초적인 수학을 가르치기도 한다. 하지만 아이들이 마을을 벗어나 생계 수단을 찾을 길은 마땅치 않다. 나라 전체의 경제가 침체돼 일자리가 부족하기 때문이다.

이 마을을 카이로의 다른 지역과 구분 짓는 특징이 또 있다. 모카탐 마을에 들어섰을 때 가장 먼저 방문자를 반긴 것은 집들 사이에 걸려 있는 콥트 교황의 사진이다. 이곳 주민의 90퍼센트 이상이 콥트교도이다.◆ 이들은 무슬림이 지배적인 이집트 사회에서 숱한 핍박을 받아왔다. 1952년 군사쿠데타로 집권한 가말 압델 나세르 정권은 세속주의를 내세우며 이집트에서 종교적 색채를 지우려 애썼지만, 특히 마이너리티인 콥트교도에 대한 압박은 심했다(교회를 수리할 때마다 관공서의 허락을 받아야 한다고 규정한 법률은 2005년에야 고쳐졌을 정도다). 2009년 돼지에게서 옮겨 온 '신종 플루'가 유행하자

◆ 콥트교는 주로 1~2세기 기독교에서 갈라져 나온 분파다. 수단과 미국, 캐나다에도 수십만 명 규모의 콥트 공동체가 있지만 대부분 이집트에 있다. 교리는 가톨릭과 비슷하나 교황청이 아닌 북부 알렉산드리아의 콥트정교회에 속한다. 신자 수는 500만~1500만 명으로 추정되는데, 이집트가 10세기에 이슬람화된 뒤에도 살아남았다. 정치적으로 차별받아 온 콥트교도 중 일부가 이집트 경제계의 한 축으로 성장한 반면, 가난한 콥트교도들은 쓰레기 마을을 차지하며 양분됐다. 유엔 사무총장을 지내고 2016년 2월 타계한 부트로스 부트로스-갈리가 이집트 콥트교도이다.

정부는 자국 내에 있는 돼지 35만 마리를 도살하라고 지시했다. 무슬림은 돼지고기를 먹지 않으므로 돼지고기 소비자는 거의 모두 콥트교도였다. 상당수가 쓰레기 처리와 함께 돼지 키우는 일을 해온 모카탐 마을 주민들은 당시 큰 타격을 입기도 했다.

콥트교도를 향한 무슬림의 물리적 공격도 심심찮게 벌어진다. 2000~01년의 '코셰 공격'이 대표적이다. 이집트 중부 코셰에 살던 콥트교도와 무슬림의 개인적인 다툼에서 시작된 충돌이 격화돼 콥트교도 20명 이상이 살해됐다. 3년 전 호스니 무바라크를 몰아낸 시민혁명 뒤에도 콥트교도들은 유혈사태의 피해를 고스란히 입었다. 폭도로 변한 일부 군중이 카이로 등지의 콥트교회 여러 곳을 공격하고, 콥트교도들을 살해한 것이다.

2013년 7월 '무슬림형제단' 소속 무함마드 무르시Mohamed Morsi 대통령이 군에 의해 축출된 뒤에도 콥트교도들에게 불똥이 튀었다. 이슬람 극단주의자들은 군부에 대한 불만을 애꿎은 콥트교도들에게 돌려 교회에 불을 지르고 신자들을 공격했다. 이듬해 통과된 이집트의 새 헌법은 모든 종교의 신자들이 차별받지 않고 종교적 자유를 보장받게 했다. 콥트 대표들은 쿠데타 뒤 군부 주도로 구성된 각 정당 및 종파·종교 연석회의에 참여했고, 새 헌법을 만든 '50인 위원회'에도 참여했다. 하지만 정치 상황이 불안해질 때마다 가장 큰 위협에

시달리는 것은 언제나 콥트교도들이다.

알렉산드리아의 교회와 함께 콥트 교회 가운데 가장 유명한 곳 하나가 모카탐 마을에 있다. 구멍가게와 집과 쓰레기 더미가 뒤섞인 꼬불꼬불한 언덕길을 올라가면 '동굴 교회'로 유명한 성 시메온 수도원이 나온다. 중동 최대의 기독교 교회라 불리는 곳이다. 10세기 기독교 성자 성 시메온이 기적을 행한 곳에서 유래했다는 이 교회는 1970년대에 세워졌다. 주민들은 거대한 사암 절벽을 깎은 동굴에 기도할 곳을 만들고, 절벽에는 성경에 나온 장면들을 새겨 나갔다.

핍박받는 콥트교도들, 쓰레기 마을 주민들의 손으로 만들

버려진

어진 교회가 입소문을 타자 1980년대에는 정부도 관광 상품으로 내세울 가능성에 주목했다. 세계은행 등의 지원을 받아 1991년 400명을 수용할 수 있는 노천 예배당이 만들어졌다. 20여 년이 지난 지금은 2만 명이 앉을 만큼 커졌다. 쓰레기 골목을 지나 언덕길을 거슬러 올라가 만나게 되는 거대한 동굴 교회는 장관이다. 1997년에는 무슬림들이 금식하는 한 달간의 라마단 동안 콥트교도 12만 명이 이곳을 찾았다고 한다.

산 중턱의 동굴 교회에 들렀다 내려오는 길에, 쓰레기를 부리고 나가는 승합차를 얻어 탔다. 가난과 설움에 시달려 온 이들이지만 모카탐 주민들은 친절하고 따뜻하다. 마을 입구에 들어서면서부터 마을을 나갈 때까지, 쓰레기를 이미 내린 빈 차들은 이방인에게 "태워 주겠다."며 손짓한다. 아이들도 거리낌 없이 낯선 이에게 웃음을 보냈다. 하지만 이들의 웃음을 보는 마음이 편치는 않았다. 가난하지만 자신들이 믿는 종교에 기대어 가족끼리 뭉쳐 살아가는 이 한 줌의 안락함마저도 언제 깨질지 알 수 없기 때문이었다.

모카탐 주민들의 삶을 위협하는 요소는 정치적 소요와 종교적 갈등만이 아니다. 글로벌화의 영향으로 쓰레기 산업에서 이들이 차지하는 몫이 줄고 있다. 〈자발린의 마리나〉, 〈개비지 드림스〉 같은 다큐멘터리에 이런 이야기가 담겼다. 특히 2009년에 제작된 마이 이스칸데르 감독의 〈개비지 드림스〉는 국제영화제들에서 상을 받았고, 미국을 비롯한 여러 나라에서 상영됐다. 영화는 모카탐의 쓰레기 더미에서 살아가는 세 소년의 이야기를 다룬다. 가족과 함께 쓰레기를 줍고 분리하며 살아가던 10대 소년들에게도 글로벌화의 파도가 밀어닥친다. 쓰레기 처리를 하는 다국적기업이 들어온 것이다. 2003년 무바라크 정부는 경제개혁이라는 이름으로 쓰레기 수거를 민영화한다며 외국 기업에 개방했다. 그 결과 모카탐 사람들은 쓰레기를 가져오면서도 일부 지역에서는 다국적기업의 허락을 받거나 수수료를 내거나 '고용 노동자'로 일하는 처지가 됐다.

슬럼 뒷골목의 넝마주이

'메트 갈라'MET Gala는 미국 뉴욕의 메트로폴리탄 미술관에서 매해 봄마다 여는 패션 행사다. 패션의 본고장인 뉴욕에서도 가장 눈길을 끄는 행사 중 하나로 꼽힌다. 2016년 5월 초에 열린 행사에서 단연 시선을 사로잡은 사람은 영국 출신 배우 엠마 왓슨이었다.

왓슨이 선보인 옷은 검은 어깨끈에 상의 부분은 흰색이고, 검은 바지 뒤로 검은 천을 늘어뜨린 드레스였다. '메탈' 기조의 현대적인 의상이 당시 메트 갈라에 많이 등장한 만큼, 스타일만으로 이 드레스를 특이하다고 볼 수는 없다. 특징은 스타일이 아닌 소재에 있었다. 친환경을 내세운 디자인 회사 에코에이지Eco Age와 캘빈클라인Calvin Klein이 함께 만든 이 옷은 플라스틱 병을 재활용해 뽑아낸 섬유로 제작됐다. 지퍼는 재활용품이고, 상의 안감은 유기농 면으로 만들었다. 어깨끈은 유기농 실크다.

왓슨은 페이스북에 직접 글을 올려 이 옷에 쓰인 재료를 설명하면서 "플라스틱은 지구를 오염시키는 가장 큰 원인 중하나다. 창의성과 기술, 패션이 합쳐져 쓰레기로 드레스를 만들어 입을 수 있게 됐다. 이 아름다운 드레스는 모든 부분에 지속 가능성에 대한 관심을 담았다. 계속 다시 입을 수 있는 것들이 정말 아름다운 것들이다."라고 썼다(영화 〈해리 포터〉의 허마이오니 그레인저 역할로 스타가 된 왓슨은 세계 곳곳을 다니면서 환경과 인권, 성 평등을 위해 싸우고 있다). 그리고 왓슨이 선보인 드레스를 만들어 낸 재활용이, 자신의 삶 자체인 사람들을 지구촌 곳곳에서 만날 수 있다.

나는 유리 조각을 높이 들고 흔들었다. 크리켓 공을 잡았을 때처럼 기분이 날아갈 것 같았다. 드디어 새 일터에서 첫 삽을 뜬 것이다. 나는 그 유리 조각을 살그머니 자루에 집어넣고 새로워진 힘으로 다시 쓰레기 상자를 뒤졌다.◆

영국 작가 샐리 그린들리의 『깨진 유리 조각』은 집 나온 인도 소년들의 이야기다. 아이들은 도시의 골목에서 잠을 자는 어린 노숙인인 동시에, 새벽마다 골목을 돌아다니며 쓰레기를 분리수거하는 청소원이다. 골목대장의 손에 이끌려 이 '직업'을 갖게 된 아이들은 이내 자신들을 둘러싼 현실을 깨닫는다. 어린 동생까지 끌고 다니며 어두운 뒷골목의 재활용꾼이 된 소년은 이렇게 말한다.

> 어느덧 해가 떴다. 건물과 건물 사이에 나있는 골목길로 돌아다니는 아이들이 점점 더 많이 눈에 띄었다. 내가 그 아이들 가운데 하나가 되지 않았다면 틀림없이 그 아이들을 발견하지 못했을 것이다. 우리는 마치 어둠의 세계에서 살고 있는 것 같았다. 그 도시의 뒤편에서 부끄러운 비밀처럼 꼭꼭 감춰진 채로 살고 있는 것 같았다. 하지만 우리가 하는 일은 도시 생활을 그나마 견딜 수 있게 해주는 일이었다. 길거리에 쌓여 있는 엄청난 쓰레기를 치우는 일이었다. 이제 샌딥과 나는 그 거대한 재활용 기계의 일부가 되었다. 우리가 없으면 이 도시는 쓰레기 더미에 깔려 질식할 것이다.◆◆

◆ 샐리 그린들리 지음, 이혜선 옮김, 문신기 그림, 『깨진 유리 조각』(봄나무, 2014), 170~171쪽.
◆◆ 같은 책, 171쪽.

이 아이들이 살아가는 인도의 대도시에는 예외 없이 슬럼이 들어서 있다. 인도에서 세 번째로 큰 도시이자 경제 수도 격인 뭄바이를 가리켜, 미국 저널리스트 앨런 와이즈먼은 '공터가 없는 도시'라고 불렀다.◆ 심지어 27층짜리 대저택을 지은 무케시 암바니도 주변 건물들 사이에서 살아가는 이웃들을 내쫓지 않는다. 저택을 관리해 주는 저임금 노동자들이 바로 그런 이웃들이기 때문이다.

다라비는 뭄바이의 슬럼이다. 다라비의 어두컴컴한 골목에서 100만 명이 제각기 가업이라 부를 만한 산업에 종사하고 있다. 그중 최대 산업이 플라스틱 재활용이다. 세계 사람들이 쓰고 버린 플라스틱 쓰레기가 이곳으로 실려 온다. 다라비의 플라스틱 수집 업자들은 아예 대형 호텔 체인이나 항공사와 계약을 맺고, 쓰다 버린 플라스틱 컵, 칼, 포크, 숟가락,

◆ 와이즈먼은 그런 도시의 풍경을 다음과 같이 묘사한다. "새로 세워지는 고층 건물들 사이에는 움막집들이 무수히 들어서 있다. 어제 도착한 사람들이 그 천막 아래 살고 있다. 해변을 따라 늘어선 사치스러운 고층 건물들 아래로 난 하수관에도 사람들이 산다. 벽이나 다리나 기둥이 있는 곳이면 어김없이 이주자들의 텐트가 죽 늘어서 있다. 먼저 날품팔이 노동자가 오고, 이어서 그의 형제들이 온다. 더 시간이 지나면 그의 아내를 비롯해 한 세대의 친척들이 다 오고, 이윽고 아이가 생긴다. 오래 일하면서 금속 쪼가리나 굴러다니는 콘크리트 덩어리를 충분히 주워 모으면, 조금씩 벽이 솟아오르고 그 위에 방수포 지붕이 덮인다. 이윽고 슬럼가가 또 하나 생긴다." 앨런 와이즈먼 지음, 이한음 옮김, 『인구쇼크』(알에이치코리아, 2015), 466쪽.

커피 젓는 막대 등을 수거한다고 한다.

플라스틱을 분류하고, 분쇄기를 이용해 가루를 내고, 드럼통에 담아 씻어 말리고, 녹여서 죽처럼 만든 뒤 다시 깨끗한 플라스틱 알갱이로 만든다. 분쇄기도, 드럼통도 모두 재활용 자재로 만들었거나 재활용된 것들이다.◆ 영국 주간지『옵서버』는 다라비를 "비록 가난하지만, 아시아에서 가장 영감을 주는 경제 모델"이라고 불렀다. 세계에서 이 정도 규모의 단

◆ 이 슬럼가의 재활용 사업을 소개한 영국 민간단체 서스테이너블 비즈니스 툴키트 사이트에 따르면 다라비에는 이런 '공장'이 1만 5000개가 넘는다. 이 작은 공장들에 고용된 인원은 30만 명, 산업 규모는 연간 10억 달러에 이른다.

버려진

일 지역에서 이렇게 많은 사람들이 재활용 산업에 종사하는 곳은 없다. 세계 곳곳의 폐기물이 오기도 하지만, 뭄바이라는 대도시 자체가 쏟아 내는 쓰레기도 적지 않다. 뭄바이에서 매일 나오는 폐기물만 약 7000톤이니 다라비 사람들에게 일감은 무궁무진하다.

이들처럼 쓰레기를 분리하고 재처리해 먹고사는 사람들은 대개 인도 사회의 가장자리에 있다. 낮은 카스트라 심한 차별을 받거나 극도로 가난한 사람들이다. 다라비 재활용 산업의 주요 소재는 플라스틱이지만 그린들리의 소설에 나오듯 유리조각과 쇳조각 등 온갖 물건이 이들 '넝마주이'ragpickers의 손을 거쳐 새로운 물건이 된다. 힌두교 신상神像, 장신구, 생활용품으로 재탄생해 관광객들과 시민들에게 팔리기도 하고, 산업 자재로 탈바꿈해 기업들에 넘어가기도 한다.

다라비에서 이런 일로 먹고사는 사람들이 버는 돈은 한 달에 3000~1만 5000루피다. 우리 돈으로 5만~25만 원 안팎이니 많은 돈은 아니다. 뭄바이에 대저택을 지은 무케시 암바니는 2016년 미국 경제지 『포브스』가 선정한 세계 36위의 부자다. 그가 가진 재산은 750억 달러(약 90조 원)로 추산됐다. 다라비 사람들과는 비교조차 할 수 없는 어마어마한 부가 한 사람에게 쏠려 있다. 암바니는 소매업과 에너지 산업으로 돈을 벌었고, 다라비 사람들은 그 부산물인 쓰레기에 의존해 살아간다. 하지만 세상을 살리는 '재활용의 기적'을 만들고

있는 건 다라비의 30만 명이다.[*]

　인도에서 소설 속 아이들 같은 넝마주이들과 다라비 사람들이 분리수거나 재활용을 맡은 것은 인도의 도시들이 쓰레기 폐기 규정 및 재활용 체계를 제대로 갖추지 못해서다. 뭄바이의 넝마주이들에게서 아이디어를 얻어 세워진 기구로 '페이퍼맨'이 있다. 인도 남부 타밀나두주의 대도시인 첸나이(영국 식민지 시절에는 마드라스라고 불렸다)에서 활동하는 일종의 사회적 기업이다. 케랄라주에서 태어난 매튜 조제가 2010년 이 기구를 만들었다.

　페이퍼맨은 폐지류 재활용을 돕고 넝마주이를 지원한다. 이들은 첸나이에 있는 학교 100곳과 연계해 아이들에게 자원 재활용 교육도 하고 있다. 첸나이를 넘어, 인도 내 66개 도시의 자치단체나 기업과 연계를 맺고 쓰레기 재활용을 제도화하기 위한 풀뿌리 캠페인도 한다.

---

[*] 뭄바이에서 발생하는 쓰레기의 85퍼센트가 다라비를 거쳐 재활용된다는 추산치도 있다. 서스테이너블 비즈니스 툴키트가 이를 영국의 재활용 비율과 비교했다. 해마다 내보내는 3000만 톤 이상의 쓰레기 중 재활용 처리 비율이 20퍼센트에 못 미치는 영국이 뭄바이만큼 재활용하면 매해 땅에 묻거나 태워 없애는 쓰레기가 현재 2400만 톤에서 600만 톤으로 줄어들 수 있다는 얘기다. 이렇게 보면 다라비 사람들은 세계 환경을 위해 엄청난 일을 하고 있는 셈이다. *Sustainable Business Toolkit*, "India's Dharavi recycling slumdog entrepreneurs" (2012/12/05), https://www.sustainablebusinesstoolkit.com

2009년 영화 〈슬럼독 밀리어네어〉가 세계적으로 히트를 치고 미국 아카데미 영화상 여덟 개 부문을 석권했다. 다라비 슬럼의 아이들을 소재로 한 영화였다. 주민들은 영화에 출연한 아이들이 미국에서 상을 받고 돌아오자 영웅 대접을 하며 환호했다. 그러나 이 슬럼 아이들과 주민들의 삶이 갑자기 나아지는 것은 아니다. 지구촌 곳곳의 슬럼 주민들은 열악한 환경 아래 빈곤과 질병에 시달린다. 슬럼가 출신이 '밀리어네어'(백만장자)가 되는 이야기는 영화에나 나올 뿐이다. 당시 영화에 출연해 세계의 시선을 받았던 아이들은 시내에서 열린 축제가 끝나자, 할리우드의 추억을 뒤로한 채 철길 옆 판잣집 안의 플라스틱 상자들 밑으로 들어가 잠들었다는 보도도 있었다.

뭄바이의 인구 1400만 명 중 1000만 명 이상이 다라비를 비롯한 슬럼의 무허가 판잣집에 살고 있다. 중앙정부와 뭄바이시 정부는 고속 성장의 그늘로 불리는 슬럼을 없애려 하고 있으나 빈민들의 저항이 끊이지 않는다. 재개발 압력과 그에 저항하는 빈민들의 충돌은 세계 곳곳에서 벌어진다. 동아프리카 최대 도시인 케냐 나이로비의 키베라 슬럼도 그런 곳 중 하나다. 케냐의 시골 및 주변국에서 건너온 빈민 1000만 명 이상이 거주하는 이 슬럼은 동물의 낙원을 자랑하는 '친환경 케냐'의 치부다.

제3세계의 거의 모든 대도시들은 주변에 슬럼이 있다. 멕시코의 멕시코시티 광역수도권에는 수백만 명부터 1000만 명 가까이 살아가는 슬럼들이 띠처럼 둘러져 있다. 브라질 리우데자네이루의 파벨라는 범죄가 판치고 치안이 열악하기로 유명하다. 파키스탄 카라치 근교에는 오랑기 타운이 있다. 멕시코 국경 지대에는 콜로니아스colonias라 부르는 빈민촌들이 있는데 중앙정부나 시 정부의 행정력이 미치지 않는 무법천지로 악명 높다. 터키 이스탄불의 게체콘두는 '하룻밤에 지은 집'이라는 뜻이다. 시골에서 올라온 이주자들이 다라비 슬럼처럼 순식간에 판잣집을 짓고 산다 해서 붙은 이름이다. 남아프리카공화국의 흑인 도시 소웨토는 백인 정권이 흑인들을 몰아넣어 만든 주거지였는데 언제부턴가 빈민가의 대명사가 됐다.

슬럼을 부르는 말은 다양하지만 그 안에서 살아가는 모습은 비슷하다. 오염된 공기, 물과 에너지 부족, 질병과 범죄, 마약, 실업, 높은 자살률, 지하경제 등이 세계 슬럼들의 공통분모다. 슬럼이 늘어나는 것은 지구 전체에 걸친 도시화·세계화와 맞물려 있다. 제3세계 대도시의 '전형적 풍경'이 된 슬럼은 대개 1970년대 후반 개발도상국들의 채무 위기와, 뒤이은 1980년대 국제통화기금 주도의 제3세계 경제구조 조정에 뿌리를 두고 있다. 『슬럼, 지구를 뒤덮다』를 쓴 미국의 사회학자 마이크 데이비스는 "미래의 도시는 …… 유리와 강철로 이루어진 도시가 아니라 손으로 찍어 낸 벽돌, 지푸라기, 재

버려진

활용 플라스틱, 시멘트 덩어리, 나뭇조각 등으로 지어진 도시다. 21세기의 도시 세계는 하늘을 찌를 듯 빛나는 도시가 아니라, 공해와 배설물과 부패로 둘러싸여 덕지덕지 들러붙은 슬럼 도시일 것"이라고 말한다.[◆] 그에 따르면 제3세계의 슬럼화는 산업이 성장하면서 농촌 주민들이 일자리를 찾아 도시로 밀려들어 노동자가 되고 도시 슬럼을 형성한 '선진국형 슬럼화'와는 분명히 다른 현상이다. 오늘날 제3세계 슬럼의 주민들은 농촌에서 얻지 못할 뭔가를 얻고자 도시로 왔다기보다는, 농촌에서 삶의 기반을 잃은 탓에 떼밀려 도시로 나온 사람들이라는 얘기다.

따라서 신자유주의와 세계화의 시대에 슬럼이 늘어나는 것은 도시가 늘어나고 규모가 커지는 현상과 동전의 양면을 이룬다. 세계 곳곳에서 인구 1000만 명 이상의 대도시, 이른바 메가시티Megacity가 늘어나는 것은 슬럼이 많아지고 있기 때문이다. 세계의 슬럼 거주자는 10억 명 이상으로 추산된다. 그리고 슬럼 주민 중 상당수는 다라비 사람들처럼 쓰레기를 밥벌이 삼아 살아간다.

◆ 마이크 데이비스 지음, 김정아 옮김, 『슬럼, 지구를 뒤덮다』(돌베개, 2007), 33쪽.

가난한 나라로 흘러가는 폐기물

2009년 7월 영국 폐기물 업체가 재활용품으로 위장한 불법 폐기물 1400톤을 브라질로 몰래 '수출'했다가 브라질 환경청에 적발됐다. 이 때문에 당시 브라질의 룰라 다 시우바 대통령이 나서서 영국을 비판하는 등, 두 나라 사이에 외교 마찰까지 빚어졌다. 영국 폐기물 수출 업체는 화학약품 용기와 쓰고 버린 주사기, 콘돔 등 유해 물질이 포함된 이 쓰레기를 컨테이너에 실어 보내면서 '재활용 플라스틱'이라는 표시를 붙여 위장했다. 89개에 달하는 쓰레기 컨테이너는 상파울루 부근 산투스와 히우그란지 등의 항구에 내려져 방치됐다.

브라질 환경청은 이 물품들을 모두 영국에 돌려보내기로 결정했다. 룰라 대통령은 "우리는 쓰레기를 들여오고 싶지도, 외국으로 보내고 싶지도 않다."며 영국을 비판했다. 그는 영국을 비롯한 유럽연합 회원국들이 브라질산 에탄올에 수입관세를 매기고 있는 현실을 들며 "아마존 에탄올 대량생산이 환경 파괴라고 주장하면서 쓰레기를 수출하고 있다."고 비꼬았다. 영국 정부는 부랴부랴 수출 업체 직원들을 체포하고 '반환'을 협의하러 관리들을 브라질에 보냈다.

유독성 쓰레기를 떠넘기는 서방 선진국의 위선이 드러난 사례는 또 있다. 같은 해 2월 가나로 가는 폐기물 컨테이너가 네덜란드 암스테르담 항구에 억류됐는데, 그 안에는 네덜란

버려진

드 대형 전자 제품 판매점에서 나온 못 쓰는 가전·전자 제품
이 들어 있었다. 파키스탄도 폐컴퓨터가 '수입'되고 '불법 폐
기'되는 나라 중 하나다. 오염 많고 유해한 분류·해체 과정은
여성과 어린이가 도맡는다. 유럽은 '전기·전자장비 쓰레기 폐
기 규칙'을 만들어 규제하지만 정작 현장의 관리·감독은 소홀
하다. 심지어 개도국 정부들의 단속을 피해 '자선 기부'로 위
장한 쓰레기를 보낸 일도 있었다. 2008년부터 2009년까지
인도 세관은 기부 물품으로 위장돼 들어온 폐컴퓨터 600톤을
적발했다. 70퍼센트가 미국에서 온 것들이었다.

　땅을 망치고 사람들의 건강을 해치는 전자 쓰레기는 미국
과 유럽에서 나와 동유럽과 아프리카와 아시아로 간다. 전자
제품들의 종착역으로 유명한 곳 중 하나가 중국 동부의 귀유
다. 구글에서 'Guiyu'로 검색하면 수많은 사진이 뜬다. 내장
이 헤쳐진 짐승처럼, 컴퓨터 메인보드와 키보드, 휴대전화 부
품이 그로테스크한 설치미술인 양 쌓여 있다. 특히 전자 쓰레
기 속에서 일하며 살아가는 사람들의 모습이 인상적이다. 두
어 살 남짓한 아이가 전선 뭉치 속에 앉아 있었다. 아마도 아
이의 어머니는 그곳에서 쓰레기를 해체해 재활용품을 주워
살아가고 있을 것이다. 봐줄 사람도, 둘 곳도 없는 아이를 한
옆에 앉혀 놓고 말이다.

　'스모키 마운틴'이라 불리는 곳도 있다. 아그보그블로시에
보다 더 유명한 쓰레기 산으로, 숫제 '쓰레기 도시'라 할 만하

다. 필리핀에는 폐기물을 치우거나, 주워서 팔거나, 재활용하는 사람들이 많다. 필리핀 마닐라의 스모키 마운틴 부근에 사는 주민의 절반 이상이 쓰레기와 관련된 일을 하며 살아간다.

1990년대부터 정부가 쓰레기 산을 통제해 그곳에서 열악하게 살아가는 사람들을 다른 주택단지로 이주시켰으나, 스모키 마운틴에 기대어 살아가야 하는 현실을 바꾸지는 못했다. 몇 시간을 걸어 매일 쓰레기 산으로 출퇴근하는 사람들이 여전히 3만 명에 이른다. 그들이 향하는 스모키 마운틴은 20미터 높이의 언덕이다. 고층 건물들과 어깨를 나란히 한 그 산은 비닐봉지, 타이어, 빈 병을 비롯한 온갖 쓰레기로 이뤄져 있다. 사람들은 계단도 없고 길도 없는 그 산을 오른다. 곳곳에 묶여 있는 밧줄을 잡고 올라간 사람들은 쓰레기를 파내쓸 만한 것을 건져 낸다.

한 소녀가 머리부터 발끝까지 먼지를 뒤집어쓴 채 커다란 물병을 옮기고 있다. 옷은 너덜너덜하고, 플라스틱 샌들은 세 치수쯤 커보인다. 머리는 온통 부스스하며, 얼굴은 탄광에서 일하다 나온 듯하다. 물병을 어깨에 짊어진 아이는 함박웃음을 지어 보인다.

2010년 미국 CNN 사이트에 실린 '스모키 마운틴 탐방기'다.＊ 이런 곳에서 어떻게 일할까 싶지만 많은 이들이 쓰레기

버려진

산에 터를 잡고 살아간다. 얼기설기 만들어 놓은, 집 같지도 않은 집 안에 사람들이 머물고 텃밭도 만든다. 현장에서 '공급'되는 쇠기둥, 비닐, 천 쪼가리, 양철과 나무판자 따위가 건축용재다.

스모키 마운틴에 있는 쓰레기는 대부분 마닐라 시민들이 50년 동안 버린 것들이다. 멀리 외국에서 필리핀에 온 쓰레기도 있다. 아프리카로 가는 전자 제품 쓰레기처럼, 부자 나라에서 온 생활 쓰레기가 마닐라에 모인다. 캐나다 언론 『내셔널 포스트』는 2014년 밴쿠버에 쌓여 있던 쓰레기가 어떻게 마닐라로 옮겨져 바닷가에서 썩어 가는지를 보도했다. 앞서 이야기한 영국의 '속임수'처럼 캐나다산 쓰레기도 불법으로 옮겨진 것들이었다.

그해 2월 필리핀 세관은 캐나다를 떠난 배에 실린 컨테이너 50개가 쓰레기로 채워진 것을 적발했다. 무려 2500톤 분량이었다. 원래는 재활용을 위해 분류된 플라스틱 제품이어야 했다. 그러나 컨테이너에는 성인용 기저귀를 비롯한 생활 쓰레기가 들어 있었다. 당국은 이 컨테이너들에 '환경 유해 물질'이라는 딱지를 붙여 하역을 거부했고, 쓰레기들은 마닐라의 국제컨테이너터미널 부근에 방치됐다.** 필리핀 당국은

◆ CNN, "Scratching out a life on Manila's Smokey Mountain"(2010/04/05).

1999년 일본에서 온 불법 쓰레기 컨테이너 120개를 적발한 적도 있었다.

이 사건은 필리핀에서 정치적인 이슈가 됐다. 상원 의원들은 쓰레기를 가져가라고 캐나다에 촉구했고, 시민 4만 명이 같은 내용의 청원에 서명했다. 컨테이너를 보낸 회사는 밴쿠버의 크로닉이었다. 회사 사주는 『토론토 스타』에 "쓰레기를 캐나다에 버리는 것이 훨씬 싼데, 태평양 건너편에 가져다가 버리는 바보가 어디 있겠느냐."며 폐기물을 보낸 사실을 부인했다. 공방은 몇 달이 지나도록 계속됐고, 마닐라의 더운 날씨에 컨테이너의 내용물은 푹푹 썩어 '쓰레기 주스'가 되기에 이르렀다. 컨테이너를 그대로 둘 수도 없었다.

이듬해인 2015년 10월 『내셔널 포스트』에 불법 쓰레기 컨테이너 사건이 어떻게 처리됐는지를 보도한 기사가 다시 실렸다. 현지 환경 단체를 비롯해 그린피스까지 함께 싸운 컨테이너 문제는 깔끔히 해결되지 않았고, 1년여 동안 29개만 해체됐다. 필리핀 정부는 캐나다의 화물 컨테이너 하역을 거부하는 등 강경하게 맞섰으나 캐나다는 끝내 그 쓰레기들을 가져가지 않았다. 다시 해가 바뀌어 2016년, 캐나다의 엉성

◆◆ *National Post*, "Mountain of Vancouver garbage that ended up in Manila has Philippines demanding Canada repatriate its 'junk'"(2014/10/15).

한 폐기물 관리를 질타하는 글이 이번에는 필리핀 일간지 『인콰이어러』에 실렸다.[◆] 이에 따르면 크로닉 측은 2013년부터 2014년 사이에 밴쿠버에서 싣고 온 쓰레기 컨테이너 103개를 마닐라로 실어 날랐다.

캐나다 정부는 '개별 기업의 문제'라며 책임을 부인했고, 기업과 그 소유주를 처벌하지도 않았다. 안타깝게도 필리핀은 2014년 초강력 태풍 하이옌에 강타당한 뒤 캐나다로부터 2000만 개의 구호품과 수백만 달러의 구호 원조금을 받았다. 그래서 필리핀 정부는 캐나다 정부를 상대로 한 법적 싸움조차 포기했다. 처벌받은 것은 크로닉의 컨테이너를 몰래 수입한, 필리핀 현지의 쓰레기 불법 거래 업자들뿐이었다. 2015년 필리핀에서 열린 아시아태평양경제협력체 정상회의에서 캐나다의 저스틴 트뤼도 총리는 폐기물 관리법을 강화하라는 필리핀 측의 요구도 거부했다.

◆ *Inquirer*, "Canada's waste trade policy: a global concern"(2016/03/02), http://www.inquirer.net

조금이라도 더 낫게

필리핀 대도시 주변의 마을들은 흔히 바랑가이barangay라고 불린다. 2000년 7월 마닐라의 쓰레기들이 쌓이는 바랑가이 중의 한 곳인 파야타스에 태풍이 두 차례 연달아 휩쓸었다. 산처럼 솟아오른 쓰레기 더미가 무너졌고, 거기에 살던 사람들 300여 명이 폐기물 더미에 묻혀 목숨을 잃는 참사가 일어났다.

파야타스 사태는 쓰레기 더미가 재난을 불러올 수 있으며, 거기서 넝마를 주워 살아가는 사람들의 삶을 지탱할 다른 방법이 필요하다는 사실을 보여 줬다. 그 쓰레기 산은 비극이 일어나고 두 달 뒤 다시 '문을 열었다'. 정부가 그곳 주민들이 다시 들어가 재활용품을 주울 수 있게 한 것이다(마닐라의 쓰레기들을 달리 보낼 곳이 없기 때문이기도 했다). 재난 뒤에 "변한 것은 쓰레기 산의 경사가 좀 완만해졌다는 것뿐"이라는 비판이 쏟아졌다. 쓰레기 산 문제를 해결하고 주민들의 생활환경을 개선해야 한다는 여론이 거세게 일었다.

그래서 그해 필리핀 정부는 '환경적으로 견고한 폐기물 처리법'을 입법했다. 주된 내용은 빈 땅에 구덩이를 파고 무턱대고 쓰레기를 쏟아붓는 것이 아니라 위생적으로 처리하게끔 한다는 것이었다. 쓰레기 분류와 재활용을 정부 프로그램으로 만들어 쓰레기의 양을 줄이겠다는 의도였다. 그러고 나서

버려진

10여 년이 흐르자 파야타스처럼 쓰레기가 쌓여 있던 바랑가이들의 4분의 1 이상에 처리 시설이 들어섰다. 음식물 찌꺼기와 유리병, 플라스틱을 이 시설에서 분류해 재활용 공장으로 보내고, 나머지 생활 쓰레기는 트럭에 싣고 가 매립지에 파묻는다.

이런 체계가 정착되기까지는 갈 길이 멀다. 2014년 '어머니 지구 재단'이 조사했을 때 마닐라 주변 바랑가이 1704곳 중 폐기물 처리법을 완전히 지키고 있는 마을은 한 곳뿐이었다. 그래도 고무적인 사례였다. 포트 보니파시오라는 마을은 집집마다 배출하는 쓰레기의 80퍼센트를 해체해 재활용했다.

그때까지 이 마을에는 길바닥에 곡물을 늘어놓고 말리듯 골목마다 쓰레기가 널려 있었다. 도로를 지나가는 자동차에서는 마을로 쓰레기를 내던졌고, 주민들은 고무 슬리퍼를 신고 다니며 쓸 만한 것들을 주워 팔았다. 되팔 수 없는 쓰레기가 방치돼 마을 전체에 악취가 진동했다. 하지만 법이 바뀐 뒤 이 마을에 '환경 도우미'들이 생겨났다. 이들은 자기 생업을 위해 쓰레기를 주워 팔기도 하지만, 그와 별도로 마을 사람들이 각자 분류해 둔 쓰레기를 수거해 처리 시설로 넘기고 그 대가로 시 정부에서 월급을 받기도 한다.◆

그 덕에 마닐라에 쌓이는 쓰레기의 양은 조금씩이나마 줄어들고 있다. 아시아개발은행ADB 분석에 따르면, 현재 필리핀 사람들이 내보내는 쓰레기의 절반이 분류를 거쳐 재활용되는데, 제대로만 되면 향후 재활용 비율이 93퍼센트까지 올라갈 수 있다고 한다.

빈민들의 생활을 돕는 '쓰레기 은행'도 있다. 인도네시아 동부 술라웨시섬의 마카사르Makassar 외곽에는 대규모 쓰레기 매립지가 있다. 남술라웨시Sulawesi Selatan주의 주도인 이 도시의 인구는 250만 명에 이르고, 시민들이 하루에 내놓는 쓰레

◆ NEXT CITY, "The slum that became Manila's recycling champ"(2014/03/26), https://nextcity.org

버려진

기의 양은 800톤에 달한다. 마닐라와 마찬가지로, 여기에도 쓰레기 더미 속에서 살아가는 빈민들이 적지 않다. 아이들은 썩어 가는 생활 쓰레기를 뒤져 먹을 것을 찾는다.

'무티아라 쓰레기 은행'은 주민들이 쓰레기를 가져오면 현금으로 환산해 지급한다. 주민들은 그 돈으로 이 은행에 계좌를 개설해 일반적인 은행에서처럼 저금하거나 대출받을 수 있다. 무티아라의 고객은 대부분 여성이다. 그때까지 평생 은행 문턱을 밟아 보지 못한 빈민이 많다. 방글라데시의 사회 활동가이자 기업가인 무함마드 유누스는 빈곤층 여성을 위한 소액 금융 시스템인 그라민 은행을 만든 공로로 2006년 노벨 평화상을 받았다. 무티아라 은행은 빈곤층을 위한 소액 금융 기관인 동시에, 주민들의 생활 터전이자 골칫거리인 쓰레기를 돈으로 바꿔 주는 은행인 셈이다. 마카사르시에는 이와 비슷한 은행이 200여 곳에 이른다고 한다. 시 당국은 은행들이 모은 쓰레기를 정기적으로 수거해 '중앙 쓰레기 은행'에 넘긴다. 몇몇 은행은 쓰레기를 돈 대신 쌀이나 전화카드로 바꾸어 주는 물물교환도 한다.◆

환경 단체들과 구호 기구들은 아시아와 아프리카에서 이

◆ 인도네시아 환경부에 따르면 2015년 전국 129개 도시에서 2800여 곳의 쓰레기 은행이 운영되고 있고, 약 17만 5000명이 계좌를 개설했다. *Bloomberg*, "This Asian bank lets you borrow cash and pay in trash"(2016/05/15).

런 쓰레기 은행이 그라민 은행과 같은 새로운 모델이 될 수 있으리라고 기대한다. 가난한 시민들이 금융 서비스에 접근할 수 있을 뿐만 아니라 쓰레기 문제를 해소하는 데도 도움이 된다는 것이다. 세계은행도 쓰레기 은행 설립을 장려한다. 세계은행 인도네시아 지부는 2012년 인도네시아 칼리만탄섬(보르네오섬)의 항구도시 발릭파판에 쓰레기 은행이 문을 연 뒤에, 가구당 매달 5만 루피아씩 저축할 수 있게 됐다고 밝혔다. 한 달에 5000원도 안 되는 돈이지만, 쓰레기를 주워 살아가는 사람들이 저축까지 할 수 있게 됐다는 의미는 결코 작지 않다.◆

버려진 것으로 만든 필요한 것

세상에서 집이 가장 필요한 사람은 누구일까? 집이 없는 사람이다. 부동산 등기부에 신고할 내 소유의 집이 없는 사람

◆ 환경 단체 '가든 오브 라이프'Garden of Life에 따르면 마카사르의 쓰레기 은행에 저금하는 사람들이 모으는 돈은 일주일에 2000~3000루피아다. 우리 돈으로 200~300원에 불과하지만 이들이 은행 문턱을 넘을 수 있게 됐다는 것만으로 큰 성과다. Garden of Life, "The trash banks in Iindonesia", https://www.gardenof.life

들을 말하는 게 아니다. 당장 몸 뉘일 곳 없는 사람, 거대한 힘에 밀려 터전을 잃은 사람이다. 르완다의 난민들, 지진으로 판잣집마저 다 무너져 버린 아이티의 이재민들, 터키와 인도와 일본에서 지진으로 집을 잃은 사람들.

딱 보면 그냥 천막집인데, 이런 집 같지 않은 집을 지은 공로로 세계에서 가장 유명한 건축상을 받은 건축가가 있다. '건축가'를 좋은 집, 비싼 빌딩을 설계하는 사람으로 여기기 쉽지만, 집이 가장 필요한 사람들이나 재난을 당한 사람들에게 다가가 집을 지어 주는 건축가도 있다. 일본이 자랑하는 세계적인 건축가 반 시게루가 그렇다. 도쿄 태생인 반은 빅토르 파파넥이 교수로 있던 쿠퍼유니언 대학The Cooper Union 등에서 공부하며 미국의 유명 건축가 존 헤이덕John Hejduk을 사사했고, '집 짓기'의 기본 요소를 중시하는 헤이덕의 건축론을 물려받았다. 반은 자재를 그대로 노출하거나 기존 공법에서 무시된 새로운 소재로 기하학적인 디자인을 강조한 건물을 지었는데, 집 짓는 데 쓰이지 않던 재료로 얼마든지 부수고 다시 세울 수 있는 건축물을 만든 것이야말로 그의 작업을 특징짓는다.

대표적인 소재가 종이다. 그는 종이로 만든 자재가 생각보다 단단하며, 또한 세계 어디에서나 구할 수 있는 재료임에 착안해 종이 집 만들기를 시작했다. 건축용재조차 구하기 힘든 곳에서 활용하고자 고르고 고른 소재라는 점에서 그 의미가 각별하다. 2001년 인도 아마다바드의 이재민을 위해 만든 종이 튜브 임시 주택은 얼핏 보면 통나무를 이어 붙인 집처럼 보인다. 하지만 이 집의 벽과 지붕을 이루는 것은 나무가 아니라 종이를 말아 만든 기둥이다.

과감한 소재 선택과 인도주의적 관심사가 처음으로 만난 때는 약 20년 전으로 거슬러 올라간다. 1994년 르완다에서 내전이 일어나 수백만 명이 목숨을 잃거나 난민이 됐다. 반은 그때 유엔난민기구와 협력해 흔히 구할 수 있는 상자의 판지를 말아 만든 종이 튜브로 임시 보호소를 만들었다. 무엇보다 재활용 종이로 집을 지으면 돈이 적게 드는 데다, 가뜩이나 남벌이 심각한 지역에서 나무를 자르지 않아도 돼 친환경적이었다. 유엔난민기구는 반과 협력하기 전에는 주민들에게 집을 지을 알루미늄 기둥과 플라스틱 판자를 지급했다. 하지만 알루미늄은 현지 시장에서 비싸게 유통됐기에, 배고픈 난민들은 집을 짓는 대신 자재를 내다 팔곤 했다.

이듬해인 1995년에는 일본 고베 대지진이 일어났다. 반은 종이 튜브를 코팅해 방수 기능을 더한 구호시설을 세웠다. 스펀지를 판지 사이에 끼워 널빤지 형태로 만들고 맥주 캔을 나를 때 쓰는 플라스틱 팰릿과 모래주머니로 건물을 지었다. 한 채에 20만 엔도 안 들었고, 언제든 필요 없어지면 뜯어서 재활용할 수 있었다(1995년 고베에 다카토리鷹取 가톨릭교회라는 임시 성당도 지었는데 이 건물은 2005년 타이완에 기증됐다). 1999년 터키, 2001년 인도 서부 구자라트 지진 때도 그의 종이 집이 활용됐다. 하지만 똑같은 종이 집을 세계 어디에서나 활용하기가 쉽지는 않았다. 터키에서는 종이 튜브 집으로 추위를 견디기 어려웠고, 반대로 인도는 너무 덥고 습했다. 반은 여러 재질의 종이를 섞어 만든 튜브로 터키 임시 주택의 보온성을 높이고, 인도에서는 쉽게 구할 수 있는 대나무를 사용해 기후에 대응했다.

22만 명 넘는 목숨을 앗아간 2010년 아이티 지진이 일어나자, 반은 곧바로 카리브해로 날아갔다. 건축가이자 구호 활동가인 그의 능력이 빛을 발한 순간이었다. 그는 먼저 이웃한 도미니카공화국을 방문해 건축학 전공자들과 학생들을 조직한 뒤 아이티의 수도 포르토프랭스에서 이재민들과 함께 방수 처리된 이동식 가옥을 지었다. 미국 하버드대 건축학 대학원 등 그와 연결된 네트워크가 총동원돼 아이티 이재민 보호소 짓기에 나섰다.

반은 도쿄 근교의 타마多摩 미술대학, 요코하마 국립대학교 등에서 건축학을 가르치면서 자원건축가네트워크라는 비영리단체를 만들어 건축과 사회를 연결하는 작업을 해왔다. 그가 이재민용 임시 주택만 만든 것은 아니다. 2010년에는 프랑스 메츠Metz에 현대미술관 퐁피두-메츠 센터Centre Pompidou-Metz를 지었고 카리브해의 터크스 케이커스 제도Turks and Caicos islands에 있는 고급 리조트의 빌라를 설계하기도 했다(한국에도 그가 디자인한 골프 클럽 하우스가 있다). 이런 작업들로 그는 일본의 젊은 건축가상(1997년), 프랑스 건축아카데미상(2004년), 마이니치 디자인상(2012년) 등을 받았다. 가장 큰 상은 2014년 발표된 프리츠커 건축상이었다. '건축계의 노벨상'이라 불리는 프리츠커상의 그해 수상자로 반이 선정됐다.* 재활용이 때로는 재난을 당한 사람들에게 희망이 되고, 생명줄이 될 수 있다는 사실을 보인 사람에게 건축계가 보내는 찬사였다.

그런가 하면 쓰레기장을 공원으로 바꾼 곳도 있다. 브라질 리우데자네이루 남쪽에 있는 파벨라인 비지가우의 시티에 공원은 유명 관광지인 코파카바나 해안이 한눈에 내려다보이는 전망 좋은 곳이다. 대서양 연안에 인접한 비지가우는 원래 울창한 숲이었다. 1980년대 중반 농촌에서 도시로 몰려든 이들이 산동네에 둥지를 틀면서 숲이 사라졌다. 시는 범죄율이 높고 주거 환경도 열악한 이 지역에서 주민들을 몰아냈다. 하지만 오가는 이들이 빈터에 쓰레기를 버리면서, 20년 동안 16톤이 넘는 오물이 쌓였다. 슬럼에 남아 지내던 2만 5000여 명의 주민은 악취 속에 살아야 했다.

마우루 퀸타닐랴라는 드럼 연주자는 비지가우에서 태어나 살았다. 귀갓길 빈터에 방치된 강아지 사체를 본 날, 그는 '더

◆ https://www.pritzkerprize.com

버려진

는 안 되겠다.'고 생각했다. 친구와 함께 쓰레기를 줍기 시작했다. 자는 시간을 빼고는 쓰레기만 치웠다. 처음에는 그를 보고 미쳤다던 사람들도 마음을 열고 함께했다. 미국 하버드대에서 공부한 건축가 페드루 크리스투Pedro Henrique de Cristo가 합세하면서 6년 만에 쓰레기장은 친환경 생태 공원으로 변모했다. 2012년 1500제곱미터이던 규모가 2015년에는 8500제곱미터로 확장됐다.

공원 시설물은 모두 쓰레기를 재활용했다. 작은 광장의 난간은 140개 남짓한 버려진 자전거 바퀴로 만들었다. 폐타이어로 화단을 만들고, 버려진 냉장고를 이용해 음식물 찌꺼기를 거름으로 바꿨다. 쓰레기가 사라진 공간 중 일부는 텃밭으로 변신했다. 버려진 변기통을 화분 삼아 채소를 키웠다. 공원이 생긴 뒤, 리우데자네이루의 악명 높은 슬럼 중 하나였던 마을의 공동체가 되살아났다.◆ 2015년 5월 시티에 공원은 지속 가능한 도시 개발 프로그램이나 건축물에 주어지는 세계적인 상인 시드 도시건축상을 받았다.◆◆

사실 더 나은 삶을 위해 꼭 첨단 기술이나 엄청난 자본이 필요한 것은 아니다. 1965년 칠레의 수도 산티아고에서 열린

◆ 『경향신문』, "쓰레기 더미를 공원으로 … 브라질 리우데자네이루 '시티에'의 기적"(2016/05/27).

◆◆ https://www.seed.uno

유네스코 회의에서 영국 경제학자 에른스트 슈마허는 최첨단 기술보다 비용이 덜 들고 소박한 '중간 기술'을 소개했다. 지금은 흔히 '적정기술'appropriate technology이라 부른다.✦ 교육 수준이 낮은 사람들도 쉽게 이용할 수 있어야 하고, 비용이 많이 들어도 안 되며, 현지에서 쉽게 구할 수 있는 자원과 적은 인력으로 물건을 만들어 내는 것이 핵심이다. 적정기술 중에는 폐기물 재활용 기술이 많다. 쉽게 구할 수 있는 재료이고, 무엇보다 돈이 적게 들기 때문이다.

적정기술은 전기가 들어오지 않거나 전기요금 낼 돈도 없는 빈민촌을 환하게 밝힌다. 대낮에도 어두운 슬럼가의 판잣집이지만 전기가 아닌 햇빛으로 반짝이는 물병, 1.5리터짜리 페트병으로 만든 등불이 있어서다. 적어도 낮 동안이나마 천장을 뚫고 박아 넣은 페트병을 통해 햇빛을 끌어들일 수 있다. 각도를 잘 맞춰 물을 집어넣은 페트병을 설치하면 55와트 전구만 한 빛을 낸다. 전기요금도 필요 없고 제작 비용도 거의 들지 않는 데다 설치하면 5년은 간다. 브라질 상파울루의

✦ 1970년대 오일쇼크 이후 미국에서 석유를 아끼고자 적정기술이 부각된 이래, 아프리카, 아시아, 라틴아메리카 저개발국 빈곤층을 위한 구호 및 개발에 관심이 쏠리면서 적정기술의 효용성이 다시 환기되었다. 엄청난 에너지와 자본을 투입해 대량생산된 비싼 상품 대신, 적은 에너지로 당장 위생과 환경에 도움이 되는 물건을 만드는 것이 적정기술이다.

버려진

기술자 알프레두 모세르가 이 아이디어를 냈다. 정전이 잦은 브라질에서, 더군다나 대도시 곳곳에 넘쳐 나는 판잣집에서 지붕을 살짝 뚫고 유용하게 쓸 수 있는 자연광 전구를 개발한 것은 2002년이었다. 버려진 페트병을 재활용해 쓰레기를 줄이고 친환경 빛을 전달하는 이 장치는 간단하고 획기적이다.

라틴아메리카에서 빈민을 위한 기술을 연구하던 미국 매사추세츠 공과대학교MIT 연구생들은 페트병을 슬레이트 조각에 박은 '모듈'을 만들어 이 햇빛 전구를 널리 퍼뜨렸다. 필리핀 구호 기구 '나의 보금자리 재단'의 이약 디아스는 2011년 이 방식을 전파하기 위한 사회적 기업을 세웠다. 이들은 MIT와 힘을 합쳐 '태양광 물병 전구'라 불리는 이 장치를 빈민가에 설치하는 '빛의 리터' 운동을 함께 벌이고 있다.◆

영국 BBC방송은 전구를 만든 미국의 토머스 에디슨에 빗대어, 모세르를 '현대의 에디슨'이라 소개했다. 재벌이 된 에디슨과 달리 모세르는 여전히 가난하다. 페트병 전구를 만들어 유명해졌지만, 자신을 '사회 디자이너'social designer라 여기는 모세르는 여전히 상파울루의 작은 집에 산다고 한다.◆◆

적정기술을 발전시키는 주축은 모세르 같은 글로벌 시대

◆ http://www.literoflightusa.org
◆◆ BBC, "Alfredo Moser: bottle light inventor proud to be poor"(2013/08/13).

의 에디슨들이다. 앞서 언급한 빅토르 파파넥은 오스트리아 출신의 기술자이자 디자이너로 적정기술의 선구자이기도 했다. 그는 유네스코 개발지원 프로그램에 참여해 인도네시아 발리를 방문한 뒤 버려진 캔과 땅콩기름을 이용한 '깡통라디오'Tin Can Radio를 만들어 보급했다. 그래서 파파넥은 '깡통 디자이너'Garbage Can Designer라 불리기도 한다. 그가 재직한 미국 뉴욕의 쿠퍼유니언 대학 공학자들은 1998년 파파넥이 숨진 뒤에도 적정기술 개발을 계속하고 있다.

버려진

내버릴 수 없는
지구

우주를 떠도는 것들

인류가 내버린 쓰레기들은 이제 지구를 넘어 우주로까지 나아가고 있다. 고장 난 인공위성이나 우주 탐사선 잔해 같은 '우주 쓰레기'space junk들은 지구 궤도를 돌며 국제우주정거장 International Space Station, ISS과 인공위성에 부딪치는 사고를 일으킨다. 인류는 정말 여러 가지를 지구 밖에까지 남기고 있다.

우주 쓰레기는 지구에서 인간들이 쏘아 올려 부서지고 버려진 채로 지구 궤도 주변을 도는 물건들을 가리킨다. 옛 소련이 사상 처음으로 지구 밖에 인공 물체를 보낸 1957년 '스푸트니크 쇼크' 이래로 인류는 계속 뭔가를 쏘아 보냈다. 미소 냉전 시기의 스타워즈 경쟁에 더해 중국·일본·인도·유럽 등이 경쟁적으로 위성 발사와 우주탐사에 나서면서 지구 주변은 쓰레기가 넘쳐 나는 공간이 됐다.

2009년 미국 과학자 단체인 '참여하는 과학자 연맹'이 만든 목록에 따르면 지구 궤도에는 902개의 인공위성이 떠돌고 있었다. 2013년 추산치로는 지구 궤도에 약 3600개가 돌고 있었는데 실제로 가동되는 것은 1000개 남짓이었다. 〈스터프 인 스페이스〉라는 사이트에 수시로 업데이트되는 인공위성 현황을 보면 버려진 것과 가동되는 것을 모두 합한, 지구 주변 인공위성 수는 2만 개에 이른다.

인류의 우주탐사 역사는 곧 우주 쓰레기의 역사이다. 우주 쓰레기가 나오는 경로는 다양하다. 먼저 우주선의 잔해를 들 수 있다. 1958년 미국은 뱅가드 1호를 쏘아 올렸다. 지금까지는 뱅가드 1호의 잔해가 가장 오래된 우주 쓰레기로 확인되고 있다.

우주 쓰레기 중에는 사람이 실수로 떨어뜨린 분실물이나 함부로 내버린 진짜 '쓰레기'도 있다. 1965년 6월 3일 미국 우주인 에드워드 화이트는 미국인으로는 최초로 우주유영을 했다. 그때 장갑 한 짝을 잃어버렸다(화이트는 아폴로 임무에 참가했다가 1967년 1월 우주선 화재 사고로 숨졌다). 1966년 또 다른 미국 우주인 마이클 콜린스는 제미니 10호 우주선 밖으로 나갔다가 카메라를 한 대 흘렸다. ISS의 전신 격인 러시아 우주정거장 미르Mir는 2001년 3월 폐기될 때까지 15년 동안 지구 주변을 돌았는데, 거기 머물던 옛 소련과 러시아 우주인들은 쓰레기 봉지를 우주 공간에 내버리기도 했다고 한다.

버려진

우주에 뭔가를 쏘아 올릴 때 필요한 추진체가 쓰레기가 되기도 한다. 2000년 3월 중국이 창정長征 4호 로켓을 이용해, 브라질과 합작으로 만든 인공위성 CBERS-1을 쏘아 올렸는데 이것이 폭발했다. 산산조각 난 물질들이 구름을 형성할 정도였다. 2007년 2월 오스트레일리아 상공에서 폭발한 러시아의 브리즈-M 부스터도 쓰레기 더미가 되었다.

듣기에만 그럴듯한 우주전쟁도 우주의 입장에서는 쓰레기를 만들어 내는 과정에 불과하다. 1960~70년대 미국과 소련은 경쟁적으로 우주탐사를 하고, 우주를 거친 뒤 지상을 향하는 무기들을 만들고자 애썼다(물론 이때까지만 해도 우주 쓰레기는 문제로 인식되지도 않았다). 1980년대에 미국은 위성 요격 무기Anti-satellite(ASAT) Weapon 프로그램을 추진했다. 1985년에는 그 일환으로 지구 상공 525킬로미터에서 돌고 있던 1톤 규모의 인공위성을 파괴하는 실험을 했다. 이 위성은 직경 1센티미터가 넘는 수천 개의 잔해를 남기며 폭발했다.

미사일 요격 실험이 빚은 최악의 쓰레기 참사는 중국 때문에 일어났다. 2013년 1월 러시아의 과학 실험용 인공위성 블리츠가 중국의 펑윈 1호 잔해에 부딪쳐 고장이 나면서 궤도를 이탈했다. 펑윈 1호는 1999년 중국이 발사한 기상위성이다. 2007년 중국은 미사일을 시험 발사해 이 위성을 파괴했다. 그 잔해가 6년 가까이 지구 주변을 떠돌다 블리츠에 부딪친 것이었다. 중국이 요격 실험을 할 때 미국은 펑윈 1호가 수백 조각으로 깨져 나가면서 사고를 일으킬지 모른다며 반대했는데, 그것이 현실이 돼 러시아에 불똥이 튄 셈이었다. 펑윈 1호의 잔해는 100만 개가 넘었다. 대부분 지름 1밀리미터 이하였지만 1센티미터가 넘는 것도 3만 5000개에 달했고, 골프공 크기를 넘어서는 것은 2300개로 추산됐다.◆

우주 쓰레기는 대개 직경 1센티미터 이내이다. 그래서 지구 대기권에 진입하면 공기와 마찰을 일으켜 불타 없어진다. 사실 인류가 지구 밖으로 내보낸 설비들은 대기권에 다시 떨어질 때 대부분 연소해 버린다. 하지만 대기권 밖에 머물면서 지구 주변을 맴도는 쓰레기가 많아서 문제다. 미 항공우주국 NASA은 지구 궤도에 50만 개 이상의 우주 쓰레기가 돌고 있다고 추정한다. 이 중 인공위성이나 ISS에 직접 해를 미칠 수 있는 '제법 큰' 쓰레기만 해도 2만 2000개가 넘는다.

그러다 보니 우주 쓰레기로 말미암은 사고가 잦아지고 있다. 인공위성이 해를 입는 것은 물론이고, 우주에 나가 있는 사람들이나 우주선을 타고 나갔다 돌아오는 사람들의 생명을 위협하는 수준에 이른 것이다. 우주 쓰레기가 다 타지 않은

◆ 하지만 미국도 중국 탓만 할 수는 없다. 2008년 2월 미국은 군함 레이크 이리 Lake Erie호에서 SM-3 미사일을 발사해 정찰위성 한 대를 파괴했다. 로켓 추진 연료로 사용되는 폭발물인 하이드라진 450킬로그램가량이 실려 있던 위성은 산산조각 났다.

채 지구로 떨어져 내리기도 한다.

2009년 2월, 미국 통신위성 이리듐 33호와 고장 나 버려진 러시아 위성 코스모스 2251호가 시베리아 상공에서 부딪쳤다. 같은 해에는 우주 쓰레기가 ISS 쪽으로 돌진해 오는 바람에 우주인 세 명이 대피용 캡슐로 몸을 피하는 일까지 벌어졌다.

우주왕복선의 피해도 커졌다. 1994년 미국 우주왕복선인 엔데버호가 지구로 귀환하는 도중에 우주 쓰레기들과 부딪쳐 두꺼운 유리창이 절반 정도 파였다. 2006년 애틀랜티스호도 우주 쓰레기에 부딪쳐 화물칸에 구멍이 났다. ISS의 경우 작은 쓰레기들의 충격에는 버티지만 태양광 패널처럼 약한 부분은 위험할 수 있다고 한다.

우주 쓰레기가 땅에 떨어져 사람을 다치게 한 일은 아직 없었지만, 이 또한 장담하기는 힘들 것 같다. NASA는 지난 50년 동안 거의 매일 한 개씩 우주 쓰레기가 지구로 떨어졌다고 추정한다. 2007년 3월 러시아 정찰위성의 잔해가 지구로 떨어졌는데, 태평양 상공을 날던 칠레 LAN항공 에어버스 여객기에 타고 있던 조종사와 승객 270명이 하늘에서 우주 쓰레기 잔해를 볼 수 있었다.

우주 쓰레기를 없앨 방법은 없을까? 아직 실현된 방법은 없지만, 여러 제안이 나오고 있다. 그중 하나는 ISS에서 레이저로 우주 쓰레기를 태워 없애자는 것이다. 일본을 대표하는 기초과학연구의 산실인 이화학연구소(리켄)가 주축이 된 국제연구 팀은 2015년 "ISS에서 망원경과 레이저를 이용해 지구 궤도를 도는 쓰레기를 태울 수 있을 것"이라고 제안했다. 연구 팀은 ISS에 장착된 망원경과 레이저를 활용하면 이 같은 방식으로 처리할 수 있으리라고 내다봤다(EUSO라는 망원경을 이용해 빠른 속도로 움직이는 쓰레기들의 위치를 포착한 뒤, 레이저를 쏴서 강력한 진동으로 쓰레기를 지구 대기권에 '밀어 넣는' 방식이다). 2014년에는 일본우주항공연구개발기구가 우주 쓰레기를 모아들일 '우주 그물' 연구 프로젝트를 추진했으나 시험 발사에 그쳤다.

미 국방부와 NASA는 2016년 9월에는 우주개발 전문가들의 국제회의를 열고 수명이 다한 '우주 잔해'space debris가 인공위성이나 우주선 경로에 떠도는 일이 없도록 정부와 민간 모두가 참여하는 규칙을 만들 방안을 논의했다. 그러나 각국이 여기에 합의하고 우주 규칙이 만들어지기까지는 오랜 시간이 걸릴 것으로 보인다.◆

◆ *The Wall Street Journal*, "Pentagon, NASA mull new policies to deal with orbital debris"(2016/09/16).

플라스틱 바다가 되어 가는 지구

외계의 일을 이야기하기엔, 우리가 지구 안에서 저지르는 일들이 너무 심각하다. 진공의 우주보다 훨씬 걱정되는 것은 포화 상태의 지구다. 우리는 책임지지 못할 물건들로 지구를 뒤덮고 있다. 세계의 쓰레기는 아마도 2100년쯤 최고조에 이를 듯하다. 2013년 세계은행의 도시개발 전문가 단 후른베크 Dan Hoornweg와 페리나스 바다-타타Perinaz Bhada-Tata가 내놓은 보고서는 우리가 쓰레기를 치우거나 재활용하는 것보다 훨씬 빠른 속도로 내버리고 있다면서 암울한 전망을 내놓는다. 보고서에 따르면 2100년 무렵 세계의 도시 인구는 지금보다 세 배 많은 쓰레기를 배출할 것으로 예상된다. 그렇게 되면 물리적으로나 재정적으로 도시들은 엄청난 부담을 떠안게 될 것이다.*

이 보고서는 고체 쓰레기만 조사했을 뿐, 대기오염이나 수질오염은 따지지도 않았다. 그런 환경 피해는 차치하고, 우리 눈에 보이는 쓰레기만 쳐도 2025년에는 세계의 폐기물 양이 2010년보다 70퍼센트 늘어날 것으로 예측됐다(2010년 기준

* World Bank, "What a waste: a global review of solid waste management"(2013/10/13).

하루 350만 톤이었던 쓰레기가 15년 뒤 600만 톤으로 늘어난다는 것이
다). 지금 사람들이 버리는 쓰레기를 한 줄로 세우면 5000킬
로미터에 이른다고 한다. 매일 그만큼을 휴지통에 던져 넣고
있다는 얘기다.

쓰레기 증가는 도시화와 궤적을 같이한다. 2014년 유엔이
집계한 세계 도시화 비율은 54퍼센트였다. 지난 세기, 세계의
도시들은 엄청나게 성장했다. 저개발국에서도 도시의 급팽창
이 두드러졌다. 영국 사회학자 데이비드 하비는 "현대의 집단
노동이 만들어 낸 방대한 공유재가 곧 도시"라고 말한다. 도
시의 성장은 인프라 부족, 환경 파괴, 공동체 해체 같은 부작
용을 불렀다. 거대 산업 위주로 구성된 도시 공간은 사람들을
소외시켰다. 사람들이 삶을 찾아 모인 곳에서 사람다운 삶이
사라지는 '도시의 역설'이 생겨난 것이다. 그리고 도시는 거
대한 쓰레기 산들을 만들었다.

2025년이 되면 세계 인구 중 14억 명 이상이 추가로 도시
에 살게 된다. 세계은행 보고서에 따르면, 도시 인구의 고체
쓰레기 배출량은 현재 하루 1인당 0.64킬로그램에서 2025년
에는 1.42킬로그램으로 증가할 것이다. 세계의 도시 쓰레기
총량은 세 배로 늘어, 연간 6억 8000만 톤에서 22억 톤이 될
것이다. 도시화는 갈수록 빨라지고, 2050년에는 세계 인구의
3분의 2 이상이 도시에 살 것으로 보인다.

후른베크와 바다-타타는 2100년 매일 세계에서 배출되는

쓰레기의 양이 1100만 톤에 이를 것으로 추산했다. 경제협력개발기구의 35개 회원국들은 세계 평균보다 더 많은 쓰레기를 내놓는다. 이들은 지금도 매일 175만 톤을 내버리고 있는데, 2050년이 되면 정점에 이르렀다가 그 뒤부터 쓰레기의 양이 줄어들 것으로 보인다. 경제성장이 사실상 한계에 달했고 인구가 감소되거나 정체되는 추세에 있기 때문이다.

아시아·태평양 지역에 속한 나라들은 2075년에 쓰레기의 양이 가장 많아졌다가 그 뒤 줄어들 것으로 예상됐다. 세계에서 가장 가난하고 개발이 덜된 사하라 남쪽 아프리카 지역은 어떨까? 그곳 사람들이야말로 잘사는 나라들이 일으킨 기후변화와 부국의 쓰레기가 가져온 환경 파괴의 피해를 고스란히 받고 있다. 이 지역에서 언제 폐기물 양이 최고조에 이르고 내리막으로 돌아설지는 예측하기 힘들다. 세계의 다른 지역에 비해 인구가 빠른 속도로 늘어나고 있기 때문이다. 이 나라들에서 경제가 발전하고 쓰레기의 양이 늘어난다면, 동시에 이미 잘사는 나라들에서는 쓰레기가 줄지 않는다면, 아마도 우리는 쓰레기의 바다를 헤엄쳐야 할 것이다.◆

◆ 미국 샌프란시스코는 2020년까지 '쓰레기 제로'zero waste를 달성하겠다는 야심 찬 목표를 세웠다. 2013년 현재 이 도시의 쓰레기 중 55퍼센트가 재활용되고 있다. 일본 도쿄 근처의 공업 도시 가와사키는 매해 56만 5000톤을 줄여 재활용하는 것을 목표로 삼고 있다. 음식물 쓰레기를 줄이고, 건축용재를 재

'계획된 진부화'의 수렁

우리는 얼마나 많은 것들을 지구에 버리는 걸까? 우리 집 쓰레기를 '내버린다.'고 하지만 그것들은 내 눈앞에서 사라져 장소를 옮길 뿐 지구상에서 없어지지는 않는다. 자연으로 돌아가는 것은 우리가 버리는 쓰레기의 일부일 뿐이다. 지구에서 완전히 내버릴 수 있는 것은 없다.

해마다 세계 사람들이 버리는 쓰레기 양은 21억 톤으로 추산된다. 이 쓰레기를 실은 트럭을 한 줄로 세우면 지구를 24바퀴 휘감는다고 한다. 〈월드 카운츠〉라는 사이트는 우리가 버리는 쓰레기의 양을 계산해 보여 준다. 순식간에 올라가는 숫자를 보면 눈이 핑핑 돌 정도다.

살아가다 보면 뭔가를 쓰고 버리기 마련이다. 세계 인구가 늘어나면 당연히 쓰레기도 늘어난다. 문제는 필요 없는 것을 사고, 버리지 않아도 되는 것을 버리게 만드는 '쓰레기 대량 생산'의 경제구조와 문화에 있다. 무엇이 우리를 그렇게 만들

활용해 목재 소비를 감축하는 도시도 많다. 하지만 쓰레기 처리에는 돈이 든다. 2010년 세계에서 폐기물 처리에 투입되는 예산은 연간 2050억 달러 규모였고, 2025년에는 3750억 달러로 늘어날 듯하다. 이는 특히 저개발국이나 개발도상국에 엄청난 부담이 될 것이다. *PNAS*, "Threat of plastic pollution to seabirds is global, pervasive, and increasing"(2015/07/02).

버려진

까? 따지고 보면 탐욕도, 소비 욕구도 '만들어진다'. 불필요한 것을 차고 넘칠 만큼 사들이게 하고, 쓸 수 있는 것을 버리게 만드는 것이 현대사회의 경제구조다. 그것이 우리의 문화가 되고 일상이 됐다.

'계획된 진부화'◆라는 말이 있다. 쓸 수 있는 물건을 물리게 해 내버린 뒤 결국 새 물건을 사게 하는 것이다. 대표적인 예는 전구다. 1881년 에디슨이 만든 최초의 전구는 그 수명이 1500시간에 달했다. 전구는 계속 개량됐고, 1920년대 전구의 평균 수명은 2500시간이었다. 이래서는 전구를 많이 팔 수 없다. 1924년 12월 제너럴일렉트릭General Electric, 오스람 Osram, 필립스Philips 등 전구 제조업체들이 스위스 제네바에 모여 '퓌부스 카르텔'을 결성했다. 이들은 전구 수명을 1000시간 밑으로 제한하자고 결의했다. 카르텔은 1939년까지 유지됐으나 이들이 만들어 낸 '수명 줄이기' 규칙은 여러 분야로

◆ 미국의 러시아계 부동산 사업가인 버나드 런던이 붙인 이름으로, 1932년 출간한 팸플릿에서 대공황 시기의 경제 위축을 끝낼 해법으로 제시되었다. 그는 "고전 경제학은 인류가 끊임없이 상품 부족에 시달린다는 것을 전제하고 있다."면서 18세기 말에 나온 토머스 맬서스의 인구론을 거론했다. 그러나 현대 경제는 "과잉이라는 새로운 패러독스"를 낳았고, 따라서 경제적 사고방식을 바꿔야 한다고 주장했다. 공급 과잉과 소비 위축이 수백만 명의 삶을 짓누르고 있다면서, '많이 사고 빨리 바꾸는' 것이야말로 경제를 지탱하는 힘이 되어야 한다고 썼다. Bernard London, "Ending the depression through planned obsolescence"(1932).

퍼져 두고두고 이어졌다.

퇴부스 카르텔은 업체 간 담합이었지만, 1920년대에 당시 미국 제너럴모터스 사장인 앨프리드 슬론은 새로운 진부화 수법을 만들었다. 유행을 창조하는 것이다. 해마다 새 모델을 출시하고, 새 상품을 가져야 첨단 유행을 걸을 수 있다는 인식을 퍼뜨린다. 자전거 업계에서 먼저 나온 수법이었으나 슬론은 이를 현대 소비사회의 문화로 만들었다.

하지만 아무리 진부화를 노린들, 자동차를 한 달에 한 대씩 바꿀 수는 없다. 전구를 매일 갈아 끼우는 사람도 없다. 프랑스 학자 세르주 라투슈에 따르면 "진부화가 계획적으로 이뤄지고 있다고 말할 수 있으려면 최초의 '일회용' 제품이 등장할 때까지 기다려야 했다. 제품 수명 단축의 논리가 산업 생산 전체를 지배하게 된 것도 이때부터"였다.[*]

미국에서 발명된 계획적 진부화는 "처음에는 '미국식 생활 방식'과 함께, 나중에는 세계화를 통해 나머지 다른 지역 전체로 확산되었다."[**] 식민지 처지에서 탈출한 나라들, 고속 성장의 혜택을 입은 나라들, 냉전 이후 '자유세계'의 대량 소비가 제공한 단맛을 맛볼 수 있게 된 나라들이 너나없이 미국

◆ 세르주 라투슈 지음, 정기헌 옮김, 『낭비 사회를 넘어서』(민음사, 2014), 59쪽.
◆◆ 같은 책, 34~35쪽.

식 '정크 문화'에 빠져들었다. 해마다 발생하는 21억 톤의 쓰레기는 소비가 미덕이고, 성장이 유일한 목표인 경제구조와 문화가 낳은 필연적인 결과다. 태평양의 작은 섬나라 바닷가를 캔과 병 조각들로 뒤덮은 것은 우리 모두였다.

사라진

사막이 된 바다, 흐르지 못하는 강,
호수를 건너는 소떼, 어부 아닌 어부들.
거대한 호수가 사라진 뒤 달라진 것은
이런 풍경만이 아니다.

말라붙은
호수

소금땅이 된 아랄해

한때 중앙아시아 일대를 호령한 '티무르의 제국'으로 서방까지 위용을 떨친 실크로드의 나라, 우즈베키스탄. 동부에 있는 수도 타슈켄트의 공항에 내려 유서 깊은 오아시스 도시 사마르칸트와 부하라를 지나 서쪽 끝 아랄해까지 가는 길은 멀었다. 파미르고원의 빙하에서 발원한 아무다리야강이 수천 킬로미터를 흘러 드넓은 사막과 만나고 헤어지기를 반복하면서 황무지의 생명줄이 되어 주고 있었다.

'다리야'는 큰 강을 뜻한다. 아무다리야강은 힌두쿠시산맥을 빠져나온 뒤 투르크메니스탄과 우즈베키스탄으로 이어진다(알렉산더대왕 시대의 사람들은 이 강을 옥수스강이라고도 불렀다). 아무다리야강이 끝나는 지점은 거대한 내륙의 염호(함수호) 아랄해. 한때 세계에서 네 번째로 큰 호수였지만 지금은 강줄

　　　　　　　　　　　　　　　　사라진

기가 거의 끊겨 말라붙은 소금땅이다.

아랄해에 면한 항구도시였던, 우즈베키스탄 서북부 지방의 무이낙 마을을 찾았다. 한때 마을 앞까지 차오른 물가에 어선 수십 척이 정박했고, 러시아계·카자흐계 어부와 생선 가공 공장 노동자 6만여 명이 북적거렸다는 곳이다. 그러나 이곳에서 바다라 불린 호수를 찾을 수는 없었다. 가늘고 낡은 수도관들이 힘겹게 집과 집을 이어 주고 있는 한적한 읍내에서 몇 백 미터만 나가면 덤불이 무성한 사막이다. 이제는 소금이 허옇게 말라붙은 잡초만 보이는 너른 땅만 남았다.

농사도 지을 수 없는, 짠 내 나는 사막에는 어선이 버려져 있다. 모래언덕에 석양을 배경 삼아 서있는 녹슨 어선들은 흉물스럽다는 말로 설명하기 힘든 기괴한 분위기를 연출했다. 한때 어민이던 주민들의 집 마당 구석에는 어김없이 낡은 낚싯배가 있었다. 이곳이 어촌이 아니게 된 지 그리 오래되지 않았기에, 주민들이 예전의 삶을 떠올리게 하는 낚싯배와 어망을 남겨 두었다는 것이 이상해 보이지는 않았다.

아랄해 주변은 한국인과 생김새가 비슷한 소수민족 카라칼파크스탄Karakalpakstan 자치공화국 지역이다. 무이낙에서 대대로 살아왔다는 샤디누프 알리는 10명의 자녀, 11명의 손주와 함께 살았다. 빈한해 보이지는 않았다. 집 한쪽엔 위성 수신용 접시안테나가 있고 천막집인 '카르위' 안에는 최신식 오디오 세트가 갖춰져 있었다. 하지만 아랄해 어부의 자부심을

갖고 살아온 알리 집안의 수입원과 삶의 구조는 이제 과거와 달랐다. 아랄해가 마르기 전 이곳 어획고는 옛 소련 내륙지역 주민들의 생선 공급원이었고, 1930년대 기근 때는 숱한 이들의 생명줄이었다고 했다. 알리의 식구들도 고기잡이로 먹고 살았다. 하지만 호수가 마른 뒤에는 러시아와 카자흐스탄에서 건설 노동자로 일하는 아들들이 보내 주는 돈과 소련 시절부터 제도화되어 지급되는 얼마 안 되는 연금이 수입원이 되었다(다섯 아들 중 넷은 외국에서 일하고 있다고 했다). 무이낙 사람들은 대부분 알리네 아들들처럼 계절노동자, 월경越境 노동자가 되어 1년 중 열 달 이상을 외국에서 보낸다. 학교 건물이

사라진

며 마을회관이 제법 번듯하게 구색을 갖춘 무이낙 읍내에서
젊은 남자들을 찾아보기 힘들었다. 행인들도 별로 보이지 않
는 한적한 풍경은 폐촌을 방불케 했다.

마을 중심에 있는 문화회관 한옆에는 아랄해의 과거와 현
재를 보여 주는 박물관이 있다. 전시실 벽에는 무이낙에 살던
타타르인 화가가 그린 그림들이 걸려 있었다. 그림 속 무이낙
의 집들 바로 옆에는 출렁이는 바다와 항구를 메운 어선들이
있었다. 고기잡이 달인들로 소련 정부의 포상을 받은 '어업
영웅'들의 초상화도 있었다. 그 옆에는 사막이 되어 버린 마
을 모습, 버려진 어선들을 그린 잿빛 유화들이 대조를 이뤘
다. 전시실 구석 어망과 낚싯배는 시골 박물관의 유물로 전락
한 아랄해의 모습을 떠올리게 했다. 한 주민은 "전에는 이곳
에서는 매주 목요일을 '물고기의 날'로 정해 아랄해 고기를
기념했는데 1991년부터 그날도 없어졌다."며 아쉬워했다.

호수의 수난이 시작된 것은 1970년대 초였다. 우즈베키스
탄과 접경한 현재의 투르크메니스탄 지역은 천연가스가 풍부
하고 목화 생산량이 많았다. 소련은 '하얀 금金'으로 불리던
수출용 목화를 생산하고 천연가스를 채굴하기 위해 아랄해를
향해 흐르던 아무다리야강의 줄기를 돌려 거대한 운하를 만
들었다(투르크메니스탄으로 향하는, 중앙아시아 최대의 이 운하는 길
이가 1300킬로미터에 이른다). 목화와 농작물을 키우기 위한 관
개수로는 우즈베키스탄 쪽 건조지대로도 빽빽하게 가지를 펴

갔다. 그 대가로 호수는 말라 갔다. 1960년 면적 6만 8000제곱킬로미터, 수량 1100세제곱킬로미터에 이르던 아랄해는 물이 줄면서 1987년 남북 두 개의 호수로 갈렸다.

소련 정부는 사막 가운데 덩그러니 자리 잡은 짠 호수 아랄해를 '자연의 실수'로 간주하고는, 말라붙는 데 아무런 죄책감을 갖지 않았다. 냉전 시대 소련에 환경문제는 관심거리가 아니었다. 소련은 남南아랄해 가운데 있는 보즈로즈데니야섬에 생물학무기 연구 시설을 만들어 탄저균이 담긴 드럼통들을 매각하기도 했다.

1971년부터 20년에 걸쳐 물이 줄어들기 시작했지만 무이낙 주민들은 연유를 몰랐다고 한다. "물은 줄어드는데 소련이 물을 딴 데로 돌렸을 줄은 상상도 못 했다. 운하를 파내 다른 곳으로 물을 다 돌린 뒤에야 우린 알았다."

우즈베키스탄이 독립한 뒤에도 아랄해는 돌아오지 않았다. 호수는 아예 세 개로 갈라졌다. 북쪽 호수는 카자흐스탄에, 남쪽은 우즈베키스탄에 속해 있다. 남아랄해는 2003년 다시 수면이 낮아져 동서로 나뉘었다. 세 개가 된 호수의 총면적은 40년 새 4분의 1로 줄었다. 카자흐스탄 정부는 2005년 코카랄이라는 대규모 댐을 지어 북쪽에서 아랄해로 흘러오는 시르다리야강의 강물을 모았다. 카자흐스탄 정부의 노력으로 북아랄해 쪽은 수면이 올라가 수상 생물이 늘고 있다. 문제는 남아랄해이다. 여전히 목화에 외화 수입을 의존하고 있는 우즈베키스탄 정부는 사실상 복원을 포기했다. 아무다리야강은 계속 관개수로로 빠져나가고 있으며, 아랄해 해안선은 수백 킬로미터씩 아래로 내려갔다. 1994년 1월 카자흐스탄·우즈베키스탄·투르크메니스탄·타지키스탄·키르기스 등 아랄해 주변 5개국은 연간 예산의 1퍼센트씩을 갹출해 아랄해 복구를 위한 기금, 일명 '아랄 펀드'를 만들었다. 그러나 우즈베키스탄 정부는 말라 가는 호수를 그대로 두고 유전·가스전 개발에 더 열을 올리고 있다.

아랄해를 찾아간 것은 2006년이었다. 10년도 더 지난 현재, 호수의 상황은 크게 나아지지 않았다. 세계은행이 아랄해 보전 계획에 본격적으로 착수했지만 대부분의 지원은 카자흐스탄이 적극 추진하는 북아랄해 복원에 치중해 있다. 이제 북아랄해는 쪼그라들지 않지만 우즈베키스탄 쪽 남아랄해 상황은 여전히 심각하다.

사막이 된 바다, 흐르지 못하는 강, 호수를 건너는 소 떼, 어부 아닌 어부들. 거대한 호수가 사라진 뒤 달라진 것은 이런 풍경만이 아니다. 지형과 날씨도 달라졌다. 무이낙은 인간의 행위로 말미암은 갑작스러운 자연환경 변화가 어떤 결과를 가져오는지, 미처 예상하지 못한 환경 파괴가 어떤 식으로 기후변화를 만들고 사람들에게 부메랑이 되어 돌아오는지를 보여 준다.

아랄해가 말라붙으면서 생긴 거대한 소금땅에는 황사 같

은 먼지바람이 일어난다. 마른 땅은 국지적인 기후변화를 만들어 겨울과 여름을 양극화했다. 염분 농도가 짙어져 대류 작용이 정체되면서 호수의 윗부분만 덥혀지고, 그 결과 과학자들의 예상보다도 훨씬 증발량이 많아졌다.

기후변화와 그에 따른 사막화가 겹쳐 이 일대 생태계와 아무다리야강 하류의 식생도 파괴됐다. 유엔개발계획 등 국제기구들은 유독 성분이 섞인 모래바람이 강해지면서 호수 인근 지역에 암과 호흡기 질병이 많아졌다는 조사 결과를 내놓고 있다. 물에 염분이 많아지면서 위염과 담석증도 많이 생겼다. 수십 년간 호수 수량이 줄면서 염도가 높아졌던 데다가 주변 지역에서 비료를 비롯한 화학물질이 호수로 흘러들어갔기 때문이다. 그뿐만 아니라 말라붙은 땅에서 나오는 먼지와 소금은 강풍이 불면 15킬로미터 높이까지 올라가며, 멀리 중국의 톈산산맥과 타지키스탄의 파미르고원까지 흙바람이 날아가는 것으로 조사됐다.

죽어 가는 '죽음의 바다'

아랄해뿐만 아니라 세계 곳곳의 호수들이 사라져 간다. 해발고도 마이너스 400미터, 세계에서 가장 짠 물. 요르단의 고지대에 있는 수도 암만에서 '광야'를 지나 사해로 내려가 본

적이 있다. '아브라함 종교'로 불리는 세 유일신교인 유대교·기독교·이슬람교의 배경이 된 광야는 황량하면서도 신비로웠다.

해발고도 800미터인 암만은 이른 봄까지도 눈보라가 쳤지만 사해로 내려갈수록 따뜻해졌다(지형에 따라 다르겠지만, 높이가 100미터 올라갈 때마다 기온이 1도씩 낮아지고, 낮은 곳으로 향하면 그만큼 기온이 올라간다고 한다). 사해의 물이 줄어들어 간다는 사실은 널리 알려져 있다. 가뜩이나 염도가 높아 미생물을 제외하면 살기 힘들어 '죽음의 바다'라는 이름이 붙은 이 호수는 이제 염분이 포화 상태에 이르렀다. 물이 들어왔다 나가는 호안선을 따라 결정화된 소금이 엉겨 붙어 있었다. 사해는 이스라엘과 요르단, 팔레스타인에 둘러싸여 있다. 사해의 물 높이는 매해 거의 1미터씩 줄어들고 있다. 인간이 물을 마구잡이로 빼다 쓴 탓이 크다. 사람들이 죽음의 바다라 부른 물이 죽음을 향하고 있다.

사해에 몸을 맡기고 둥둥 뜬 채 책 읽는 사람들의 사진을 어릴 적 잡지에서 봤었다. 사해에 들어가 땅에서 발을 떼면 몸이 뜨는 것은 사실이지만, 이 짠물에서 움직이거나 수영하기란 거의 불가능하다. 염도가 너무 높아 눈이나 입에 한 방울만 들어가도 고통스러워 그저 움직이지 않고 가만히 떠있을 수밖에 없다. 사해의 소금 농도는 약 34퍼센트다. 2016년 11월 세계에서 모인 수영 선수 30명이 사해의 위기가 얼마나 심각한지 알리고자 요르단에서 이스라엘까지 약 14킬로미터 구간을 헤엄쳐 건너는 이벤트를 했다. 수영 선수들은 눈과 목을 보호하기 위해 마스크를 쓰고 호수를 건넜다. 보호 장비를 착용했음에도 한 선수는 극심한 염도와 산성 탓에 "눈이 불에 타는 듯했다."며 고통을 호소했다. 사해의 물은 이제 그냥 소금물이 아니라 "독성 물질"이다.◆

사해의 수원은 요르단강이다. 1948년 이스라엘 건국은 폭넓게 팔레스타인이라고 불리던, 요르단강 주변 아랍인들뿐만 아니라 사해와 요르단강에도 재앙이었다. 1960년대 내내 외국에서 유대계 인구를 끌어모아 개발에 나선 이스라엘은 요르단강과 사해의 물을 전국에 끌어다 썼다. 한국 사람들에게는 '사막을 옥토로 바꾼 키부츠'라고 과대 포장돼 알려진 이스라엘의 집단농장들은 관정管井을 뚫어 지하수를 파내고 강물과 호수 물을 끌어가 만든 것이었다. 팔레스타인 사람들에게는 우물조차 뚫지 못하게 했다. 요르단도 물을 빼내 쓰기는 마찬가지다.

수원은 마르고 사해의 물 높이는 갈수록 낮아졌다. 농업용수를 가져다 쓰는 데 그치지 않고, 기업들은 사해의 물에 함유된 미네랄에도 눈독을 들였다. 이스라엘 환경 단체 '에코피

◆ CNN, "The Dead Sea is drying out"(2016/11/21).

사라진

스 미들 이스트'에 따르면 미네랄 추출은 사해 물이 줄어든 또 다른 원인이다.[*] 미네랄이 듬뿍 들어 있는 사해 진흙과 물이 미용과 치료에 좋다고 알려지면서 '상품'으로 과도하게 개발되었던 것이다. 설상가상으로 기후변화의 영향 탓에 건조 기후가 심해지면서 물이 빨리 마르고 있다. 호수를 살릴 길은 요원하다.

사해를 살리자는 이야기가 없지는 않았다. 이스라엘과 요르단 사이에서는 사해 보전 논의가 지지부진하게나마 진행되고 있다. 2015년에도 두 나라는 9억 달러를 들여 사해 물 높이를 안정시키자는 협정을 체결했다. 멀리 인도양으로 이어지는 요르단 남쪽 홍해와 내륙의 사해를 운하로 연결해 바닷물을 들여보내자는 구상이다(이 구상이 나온 지도 오래됐다. 합의와 실천이 이뤄지지 않았을 뿐이다). 양국은 이렇게 물길을 뚫으면 연간 약 3억 세제곱킬로미터의 홍해 바닷물을 사해로 들여보낼 수 있다고 본다. 실반 샬롬Silvan Shalom 이스라엘 에너지·수자원 장관은 당시 이 협정을 체결하면서 "1994년 두 나라가 평화조약을 체결한 이래 가장 중요한 협정"이라고 평가했다. 운하는 2018년 착공해 2021년까지 3년에 걸쳐 지을 예정이었다. 하지만 홍해 운하 건설 계획이 늘 그랬듯 이번 계획도

[*] http://ecopeaceme.org

언제 실행에 옮겨질지는 알 수 없다. 팔레스타인 봉쇄와 공격에 여념이 없는 이스라엘은 운하를 지을 후속 조치들을 진행하지 않았고, 요르단에 "운하가 아닌 다른 대안을 찾자."며 협정을 무위로 돌리는 제안을 했다. 요르단이 항의하고 미국도 이스라엘에 압박을 가하고 있지만, 이미 사실상 운하는 물 건너간 분위기다.

사라진 호수는 되살릴 수 없다

말라붙은 호수는 세계 곳곳에서 걱정거리다. 사하라사막 남쪽, 아프리카 서북부의 말리에 있는 파기빈 호수는 남아랄해처럼 이제 '한때 거대한 호수였던 곳'이 되어 가고 있다. 브라질 태생의 세계적인 사진작가 세바스치앙 살가두가 찍은, 모래 바닥만 남은 '호수였던 곳'을 걸어가는 아이 사진을 본 적 있다. 나이저강에서 흘러들어 온 물은 오랜 세월 거대한 호수를 이뤘고, 면적이 590제곱킬로미터에 이르렀다. 주민들은 이 호수에 기대어 물고기를 잡고 농사를 짓고 가축에게 물을 먹었다.

1970년대와 1980년대에 가뭄이 극심했다. 호수의 수량이 눈에 띄게 줄었다. 기후변화가 심각해지면서 사하라사막 자체도 점점 커져 간다. 사하라의 남진南進이라고 불리는 사막의 확장으로, 사하라 남부의 반건조 사헬Sahel 지대가 넓어지고 있다. 여러 요인이 겹치면서 파기빈호 곳곳에서 바닥 모래땅이 드러났으며, 호수는 군데군데 물이 괸 작은 물웅덩이들의 집합체로 변해 버렸다.

'아프리카의 뿔'로 불리는 동아프리카 소말리아 부근에 지부티라는 작은 나라가 있다(수도 이름도 지부티다). 이 나라에는 아살이라는 호수가 있다. 여름이면 고온에 건조하고 역시 사하라의 영향을 받는 이 호수도 사막화에서 벗어날 수 없었다. 원래는 인도양 바닷물이 괴어 생긴 호수였다. 학자들은 아프리카와 아라비아반도 사이의 아덴Aden만에서 흘러온 물이 먼 옛날 용암에 의해 분리되면서 호수가 된 것으로 보고 있다. 가뭄이 이어지고 물이 줄자 정부와 민간단체들은 아덴만의 바닷물을 퍼다 채우고 있는 현실이다. 아랄해나 사해와 마찬가지로 아살 역시 짠물 호수다. 이 일대 사람들은 유일한 수자원인 이 호수가 말라붙으면 살길이 끊긴다.

중·북부 아프리카 내륙에 있는 차드 호수의 상황도 심각하다. 이 호수는 차드·니제르·나이지리아·카메룬에 둘러싸여 있다. 차드 분지가 있는 중부 아프리카는 지구상에서 가장 먼지가 많은 지역이며, 유엔의 표현을 빌리면 호수가 고갈돼 '환경적 대재앙'을 맞고 있는 곳이다.

차드 호수는 '메가 차드'라고 불리는 태곳적 아프리카 내륙 바다의 흔적으로 알려져 있다. 약 7000년 전, 메가 차드는

사하라 주변에 있던 고대 호수 네 곳 중에서도 가장 커 면적
이 100만 제곱킬로미터에 이르렀으리라고 추정된다(오늘날의
카스피해보다 컸다는 얘기다). 나이저강이 이 호수를 거쳐 대서
양으로 흘러 나갔다. 1세기 무렵에 로마인들이 아프리카 내
륙까지 들어와 이 호수를 접했다. 아우구스투스 황제 시절까
지도 호수는 매우 컸다. 두 차례 탐험대를 보내기도 한 로마
제국은 이 호수를 '하마의 호수'라 불렀다. 서구인들이 와서
처음으로 측량한 것은 1823년이다. 이때까지도 차드호는 세
계에서 몇 안 되는 큰 호수 중 하나였다. 독일의 하인리히 바
르트Heinrich Barth가 이끄는 탐사 팀은 1851년 리비아의 트리

사라진

폴리에서 낙타를 동원해 사하라사막을 건너 보트를 끌고 여기까지 왔고, 유럽인으로는 처음 호수 안까지 조사했다. 영국 탐사 팀이 뒤이었다.[◆]

거대한 호수가 급격히 줄어들기 시작한 것은 1960년대였다. 이때만 해도 물 높이는 해발 286미터에 이르렀으며 면적은 2만 6000제곱킬로미터였다. 그러나 그 뒤 50여 년간 호수의 물은 꾸준히 줄어들었다. 1983년에는 면적이 1만 제곱킬로미터가 됐고, 깊이는 최대 11미터에 그쳤다. 어디서나 그렇듯 주변 인구가 늘면서 빼내 쓰는 물의 양도 늘었기 때문이다. 각국이 호수로 흘러가는 강들 주변에 지은 댐도 원인이었다. 차드 호수의 물은 주로 차리강Chari River 등에서 흘러들어 온다. 하지만 주변 인구가 늘면서 여러 나라들이 경쟁적으로 강물과 호수 물을 끌어다 관개용수로 썼다. 이 호수에 기대어 사는 사람은 6800만 명으로 추정된다. 1963년부터 1998년 사이에 수량은 95퍼센트가 줄었다. 2000년대 들어 이 호수를 살리기 위해 국제사회가 노력하기 시작했다. 유엔환경계획이 주변국들과 '차드 호수 위원회'를 만들어 죽어 가는 호수 살리기에 나섰으나 인구 증가 추세를 뒤집을 수는 없었다.

◆ 1899년에 출간된 윈스턴 처칠의 『강 전쟁』*The River War: An Account of the Reconquest of the Sudan*에도 차드호 이야기가 나온다.

2014년 무렵 호수의 깊이는 간신히 배를 띄울 정도였다.

　이란은 세계에서 세 번째로 댐이 많은 나라다. 이미 600개가 넘는데, 지금도 수백 개를 더 짓고 있다. 이란 북서부의 우르미아 호수는 유네스코의 생물권 보전 구역이고 람사르 습지로 등록돼 있기도 하다. 이 호수로 흘러가는 강은 11개다. 한때 중동에서 가장 큰 호수였던 우르미아는 여러 강에 댐 35개가 생기면서 면적이 40퍼센트로 줄었다.[*]

　포양호는 중국 장시성에 있다. 중국에서 가장 큰 담수호로, 양쯔강 지류들이 이 호수에 물을 공급한다. 400년 전 돌다리가 남아 있는 곳이며, 겨울 철새의 경유지로 유명하다. 하지만 호수의 물은 나날이 줄고 있다. 2012년 이 지역에 기록적인 가뭄이 닥쳤을 때 호수의 물 높이는 사상 최저인 7.95미터였다. 학자들은 싼샤 댐을 지은 것이 이 호수 물이 급감하는 데 영향을 미쳤다고 본다. 멕시코의 차팔라호도 위기 상태다. 멕시코를 침공한 스페인 '콩키스타도르'conquistador(정복자들)는 호수와 습지의 물을 빼내고 오늘날의 멕시코시티를 세웠다. 여러 도시들이 이렇게 물을 빼낸 자리에 만들어졌다. 멕시코에서 가장 큰 차팔라호는 수백 년이 지나 오래전 습지

---

[*] 앨런 와이즈먼은 이 호수가 곧 사라질지 모른다며 "과학자들은 호수가 완전히 말라붙으면, 80억 톤의 염분이 바람에 날려 이란·이라크·터키·아제르바이잔의 도시들을 강타할 수 있다고 걱정한다."고 전한다. 『인구쇼크』, 385쪽.

사라진

들의 운명을 뒤따라갈 처지가 됐다. 주변 강에 수력발전용 댐이 지어진 데다 주기적으로 찾아오는 가뭄이 겹치면서, 1955년부터 2001년 사이에 호수 면적의 4분의 1이 줄어들었다.

아프리카나 제3세계의 호수들만 사라지는 것이 아니다. 미국 캘리포니아주의 오언스 계곡Owens Valley에 있는 오언스호는 1926년에 말라붙었다. 아랄해 물이 마른 이유와 비슷하다. 1913년 로스앤젤레스시는 이 호수로 들어가는 오언스강의 물길을 돌려 도시에 물을 공급하기 시작했다. 호수는 순식간에 말랐다. 100여 년이 지나 시 정부는 다시 호수를 살리려 하지만 이미 늦었다. 말라붙은 호수 바닥에서 먼지가 바람을 타고 도시로 날아갔고, 이에 따른 건강 문제를 해결하는 비용만 지금까지 12억 달러 넘게 들어간 것으로 추산된다. 시 정부는 마른 땅에 표토를 덮고 꽃을 심고 물을 다시 들여보내고 있다. 하지만 이미 사라진 호수를 되살릴 수는 없다.

숲

잿더미 위에 남은 보르네오의 숲

흔히 '보르네오'라 부르는 동남아시아의 거대한 섬에는 세 나라가 존재한다. 이 섬의 북부는 말레이시아 영토이고, 말레이시아로 둘러싸인 해안에 점처럼 박힌 작은 왕국 브루나이가 있다. 그 밖에 남부 대부분 지역은 인도네시아 땅이다. 현지 사람들은 칼리만탄섬이라고 부른다. 아마존과 함께 '지구의 허파'로 불리는 열대우림이 있는 곳이다.

밀림을 찾아 칼리만탄 남쪽 작은 도시 팡칼란분에 가려면 비행기를 여러 번 갈아타야 한다. 수도인 자카르타에서 자바섬 중부 스마랑Semarang으로 가면 덜덜거리는 작은 비행기를 이용해 해협을 건널 수 있다. 비행기 안에서 혹시나 칼리만탄의 밀림을 내려다볼 수 있지 않을까 기대한다면 오산이다.

비행기에서 내려다보이는 칼리만탄의 웬만한 지역은 밀림

이 베어져 거대한 잡초가 난 덩굴 숲이 되었거나, 팜유(종려유)를 생산하는 플랜테이션 농장이 되어 있다. 그나마 푸른 빛깔이 살아 있으면 다행이고, 화전으로 불태워진 검은 땅이 곳곳에 박혀 있다. 전에 태운 땅과 새로 태운 땅, 숯처럼 검은 땅과 눈이 번쩍 뜨일 만큼 유난히 붉은 땅, 표백한 듯한 백토 지대, 잡목과 덤불의 푸른빛이 섞여 팡칼란분 주변은 알록달록한 모자이크 같다. 이곳 사람들에게 보르네오의 밀림이 어디에 있냐고 물으면 "밀림은 말레이시아 국경 근처 산지로 가야 한다", "내륙에서 수백 킬로미터를 가야 밀림이 나온다", "이제 여기서 원시림을 보기 힘들다."라는 대답만 돌아온다.

칼리만탄 일대는 세계적으로 유명한 토탄 지대다. 이탄이라고도 부르는 토탄은 나뭇잎이 오랜 세월 쌓여 만들어진 숯으로 된 흙을 말한다. 주민들은 이 가연성 토탄 지대에서 나무와 풀을 태워 없애고 화전 농사를 짓는다.◆ 비가 오면 잿물 섞인 시커먼 웅덩이가 곳곳에 파인다. 자카르타는 개발붐에

◆ 토탄 지대의 화전은 대규모 산불로 번지기 쉽다. 땅속 1미터에 숨어 있는 불씨는 비에도 잡히지 않는다. 1990년대 후반부터 매해 발생하는 연무煙霧 사태는 화전과 자연 산불에서 비롯된다. 기후변화로 자연 산불이 많아졌고 화전도 줄지 않아 산불 규모가 커졌다. 인도네시아 국제임업연구센터에 따르면, 지구 지질에 내장된 탄소량의 21퍼센트가 칼리만탄 토탄 지대에 있다. 탄소 덩어리의 두께는 최대 20미터에 이른다. 숲을 베거나 태워 없애면 토탄 흙의 탄소가 대기로 방출돼 지구온난화를 가속화한다.

마천루가 솟아올라 세계의 여느 대도시 못지않지만, 칼리만탄으로 넘어오면 시간의 흐름은 역류한다. 국내선 공항이 있는 팡칼란분도 우리의 시골 읍내 수준 규모이고, 큰길을 벗어나면 나룻배로 수로를 오가는 사람들로 채워진다. 전력 공급이 턱없이 부족해 밤이면 불빛이 사라진다.

이 일대의 밀림이 중요한 것은, 흔한 수식어 그대로 '지구의 허파'이기 때문이다. 허파가 상하면 숨을 쉴 수 없듯 아마존과 보르네오의 거대한 밀림이 파괴되면 지구 전체의 탄소순환 체계가 무너진다. 칼리만탄의 밀림이 남벌과 화전으로 사라지면서 기후변화 속도가 빨라지고, 그에 따른 피해는 특히 이곳 사람들에게 부메랑처럼 고스란히 돌아온다.

건기와 우기의 구분이 흐려지고 강우 패턴이 바뀌는 변화가 가장 두드러진다. 우기엔 매일 한 차례 스콜(열대성 소나기)이 오고 건기엔 일주일에 한 번쯤 비가 내리는 패턴이 일반적이었다. 하지만 이제는 비가 아예 오지 않는 초超건기와, 건기의 시작을 앞두고 하루에도 여덟 시간씩 비가 내리는 이상한 우기가 반복되고 있다.

팡칼란분 일대를 흐르는 아룻Arut강의 양쪽 강둑에는 수상가옥이 늘어서 있다. 이곳 주민들은 수도나 전기도 없이 강물을 먹고 마시며 산다. 그런데 가뭄 때문에 바닷물이 역류해오는 일이 잦아지고, 악어 같은 파충류가 뭍으로 올라오는 일도 다반사다.

"티크·나왕처럼 좋은 나무들은 이젠 없어." 칼리만탄의 임업 회사에서 20~30년씩 일해 온 한국계 직원들에게 들은 이야기다. 오래전에는 둘레가 몇 미터에 이르는 거대한 나무들이 있었으나 이제 보르네오에서 그런 '진짜 나무'는 찾아보기 힘들다고 했다. 숲이 사라지기 시작한 지는 오래됐다. 인도네시아는 세계적인 목재 공급처이고, 네덜란드의 식민지가 됐던 몇 백 년 전부터 벌목이 계속돼 왔다. 인도네시아는 임산업 부가가치를 높이기 위해 원목을 그대로 수출하지 못하게 막고 있다. 그러나 팡칼란분 주민들은 "말레이시아 국경 지대를 통해, 여전히 불법 채취된 목재가 흘러 나간다."고 말한다.

토탄 지대 숲을 깎아 '탄소 공장'으로 전락시킨 또 다른 주범은 수하르토 독재 정권이다. 1970~80년대 식량 자급 정책의 일환으로 칼리만탄 중부 숲을 베어 내고 논을 만드는, 이른바 '메가라이스Mega-Rice 프로젝트'를 추진한 것이다. 미국의 지원을 받던 수하르토 정권은 이 계획을 대대적으로 선전해 1985년 유엔 식량농업기구의 공로상까지 받았다. 막대한 예산을 들여 숲을 베어 내 관개수로를 만들었지만, 중부 칼리만탄 일대는 토탄 지대라 벼농사에 적합하지 않았다. 어이없는 계획 탓에 무려 50만 헥타르가 벌채됐고 쓸모없는 관개수로 4600킬로미터가 생겼다. 공사비는 대부분 인도네시아 산업계를 장악한 수하르토 족벌과 측근의 수중에 흘러들어 갔다. 이 계획으로 황폐해진 땅은 100만 헥타르에 이른다. 열대

우림은 치명상을 입었고, 이미 멸종 위기에 몰려 있던 오랑우탄이 이때 5000마리 넘게 희생된 것으로 보인다.

수하르토 정권은 이 프로젝트를 위해 인구밀도가 높은 자바섬 주민 6만 명을 칼리만탄으로 이주시키기까지 했으나, 농사가 무위로 돌아가면서 이주민들은 화전민이나 불법 벌목꾼이 됐다. 1998년 수하르토가 대규모 반정부 시위로 쫓겨난 뒤 자리를 이어받은 바하루딘 유수프 하비비 대통령은 메가라이스 프로젝트를 중단하고 현지 삼림 정책을 지방정부들로 이관했다. 이 사업은 멈췄지만 팜(종려) 플랜테이션이 들어서면서 숲은 계속 사라졌다.

사라진

아마존에 난 상처

아마존 상황도 개선될 기미가 없다. 동남아시아의 열대우림이 줄자 다국적 목재 회사들이 그간 벌목되지 않던 아마존으로 몰려들어 상황은 더 나빠졌다. 하지만 최근 20~30년 사이에 아마존을 잡아먹은 주범은 소와 콩이다. 아마존 삼림 파괴의 4분의 3은 소 방목장 탓이라는 추정치도 있다.

불법 벌목, 방목의 부활과 더불어 숲을 위협하는 또 하나의 요인이 콩 플랜테이션이다. 브라질은 미국에 이어 세계에서 두 번째로 콩을 많이 수출하는 나라다. 브라질 중서부의 마투그로수주는 이름 자체가 '울창한 숲'이라는 뜻이다. 이 지역 숲을 콩 농장들이 야금야금 파먹어 가고 있다. 카길Cargill을 비롯한 미국의 3대 곡물 거래 회사들이 이 지역 플랜테이션 농장들과 거래한다. 카길은 1999년 마투그로수주의 산타렝에 거대한 자체 항만 시설을 짓기도 했다. 콩 수출로 배를 불리는 자본가들이 주 정부를 장악하면서 2000년대 중반 이후 숲 파괴 속도는 한층 빨라졌다.

존 헤밍은 "400년간 포르투갈인들과 브라질인들이 야금야금 베어 먹은 양으로는 이 매머드 같은 녹색 치즈의 표면에 구멍 하나 만들지 못했다. 아마존강을 열심히 왕래한 지난 세기들은 '원주민 인구 대다수의 파괴와 몇몇 고무나무의 훼손'만 초래했을 뿐이었다."고 지적한다.* 반면에 '항공로와 전기톱과 도로'는 수백 년에 걸쳐 아마존이 다친 것과는 비교되지 않는 상처를 이 숲에 입히고 있다. 살아남은 원주민들이 제 목소리를 내며 보호구역이 만들어졌고, 비록 과거의 손실을 모두 보상받지는 못했을지언정, 어느 정도 아마존의 주인이라고 인정받으며 인구도 늘었다. 하지만 숲은 지금 더 많이 사라져 가고 있다. 벌목꾼과 방목장과 콩 농장과 카길 같은 다국적 농업 기업과 댐 건설. '아마존 잔혹사'는 오히려 지금, 가장 광범위하고 심각하게 진행되고 있다.

심지어 세계 여기저기서 숲을 지키던 사람들이 목숨을 잃는 일까지 이어진다. 다이앤 포시는 르완다에서 마운틴고릴라를 연구하던 미국의 생물학자였다. 포시는 1985년 르완다의 비룽가Virunga 산악 지대에 있는 오두막에서 살해된 채 발견됐다. 자연보호구역을 지키겠다고 나선 것을 미워한 밀렵꾼들이 살해했으리라고 추정된다. 2016년 3월에는 온두라스를 대표하는 생태주의자이자 지역 원주민의 인권을 위해 평생 헌신한 활동가 베르타 카세레스가 괴한들의 총격에 숨졌다. 카세레스는 원주민 지역의 댐 건설을 막은 공로로 2015년 세계 최고 권위의 환경상인 골드만 환경상Goldman Environmental Prize을 받았다. 그는 늘 협박에 시달렸으며, 가족들은 채

◆ 존 헤밍, 『아마존』, 449쪽.

굴 업자들과 수력발전 회사들의 환경 파괴 행위에 맞서 싸웠기 때문에 암살되었다고 보고 있다.

브라질의 환경 운동가 치코 멘데스는 1988년 축산업자들을 고발하려다가 살해됐다. 멘데스는 고무나무 수액 채취 노동자였는데, 정부의 아마존 개발 정책 때문에 삶의 터전을 잃은 주민들의 권리를 보호하고자 나섰다. 멘데스처럼 아마존 보호 활동을 하던 미국인 도로시 스탱 수녀는 2005년 브라질 파라주에서 불법 벌목꾼들과 농장주들이 고용한 살인 청부업자들의 총탄에 목숨을 잃었다.

열대우림을 위기로 몰아넣는 것들

흔히 '아프리카'라고 하면 케냐의 푸른 초원과 사자, 숲속의 영장류, 울창한 숲을 떠올린다. 하지만 '아프리카의 밀림'이라는 이미지는 절반은 진실이고 절반은 허상이다. 이 대륙의 가운데 부분에는 열대우림이 드넓은 영역에 걸쳐 자리 잡고 있다. 대서양에 면한 서아프리카의 시에라리온과 라이베리아, 코트디부아르에서 상아해안의 나이지리아와 적도기니, 콩고민주공화국DRC을 지나 동부의 빅토리아호 일대 내륙으로 이어지는 거대한 숲 지대다. 넓은 지역에서는 이 우림의 남북 폭이 최대 4800킬로미터에 이른다.

이 지역에는 연중 석 달 정도의 건기를 빼면 수시로 비가 쏟아진다. 기온은 연평균 25~26도로 높다. 우림의 습도도 높아 식물이 자라기에 최적의 기후다. 이 울창한 숲에 사람들이 대규모로 거주하기는 힘들다. 15~20미터씩 자라는 나무 사이로는 햇빛도 잘 들지 않고, 사람에게 해를 입히는 동물이나 곤충, 질병도 많다. 이곳을 제외하면 아프리카에 거대한 숲은 많지 않다. 프랑스령 적도기니와 우간다, 케냐, 앙골라, 그리고 탄자니아의 일부 지역에 푸른 숲이 점점이 존재할 뿐이다.

아프리카 중부를 가로지르는 숲 지대의 위쪽에는 사하라 사막이 있다. 사막과 숲 사이의 중간 지대가 키 작은 관목 숲과 초원이 뒤섞인 사바나 지역이다. 숲을 에워싼 사바나는 토착민들이 오랫동안 터를 잡고 살고 있는 곳이다. 절반은 유목민이고 절반은 농민인 사바나 주민들은 숲의 경계선을 넘나들며 화전을 일군다.

칼리만탄의 숲을 찾아갔을 때 임학 연구원에게 들은 이야기가 있다. "온대 지방은 숲이 사라져도 땅속에 영양분이 남아 있지만 열대 지방은 숲이 한번 사라지고 나면 복원되지 않는다." 비가 많이 오고 날씨가 따뜻한 곳의 숲이 오히려 되살리기 힘들다니, 얼핏 생각하면 이해하기 힘든 얘기다. 열대 지방의 숲은 수천 년에 걸쳐 쌓이고 썩은 비옥한 표토 층에서 영양분을 얻는다. 숲이 불에 타 사라지거나 벌목을 해서 그 비옥한 흙을 뒤집어 버리고 나면 그 자리에는 번식력 강한 풀

사라진

과 관목이 나무를 대신해 자라난다는 것이다.

습도가 높고 **빽빽한** 원시림에서 자라는, 학자들이 '1차 식생'이라고 하는 나무들은 쉽게 불타지 않는다. 하지만 1차 식생이 사라지고 난 뒤 생겨난 2차 식생은 원래 있던 숲에 비해 화재에 매우 취약하다. 거대한 나무들이 사라지고 나서 그 땅에 얕게 뿌리내린 초목은 덩치도 작고 연약하기 때문이다. 반쯤 불에 탄 채 쓰러진 나무 사이로 키 작은 나무와 풀이 자라지만 원래의 숲과는 밀도와 강도에서 비교가 되지 않는다.

화전과 벌목이 숲의 가장자리에서부터 조금씩 침식해 가면서 숲의 크기가 줄어든다. 현대에 이르기 전에는 숲 주변에 사는 사람들이 적어서 생태계가 어느 정도 균형을 이룰 수 있었다. 하지만 아프리카 국가들의 도시화와 개발이 진행되고 대규모 기업 형태의 플랜테이션 농지가 생겨나면서 사바나와 밀림이 견딜 수준을 넘어선 침식이 진행되고 있다.* 기후변화의 영향으로 사하라사막이 커지고, 사바나의 식생도, 주민들도 숲으로 파고든다. 열대우림의 울창한 숲이 극도로 복잡하게 얽혀 서로 공생하는 생명체들로 가득 차있는 것과 달리 사바나의 생태계는 단순하다. 사바나의 관목들과 공생하는 생물 종은 열대우림의 나무들과 비교하면 매우 적다. 사바나의 생태계가 우림의 생태계를 위협하고 있다.

인도네시아처럼 아프리카도 우림이 위축되면서 토양 침식이 큰 문제가 되고 있다. 숲의 밀도가 낮아지고 초지대로 바뀌는 순간, 우기의 폭우는 자연의 벗이 아니라 적이 된다. 표토가 깎인 땅은 건조한 바람에 노출된다. 사하라에서 불어오는 바람을 하르마탄이라고 한다. 예전에는 열대우림이 북쪽에서 아프리카 중부 지대로 부는 모래바람을 막는 역할을 했다. 거대한 호수나 해협처럼, 열대우림을 거친 바람은 습기를 품고 기세가 꺾였다. 하지만 이제 숲이 그 역할을 못 하면서

◆ FAO, "The disappearance of the tropical forests of Africa", http://www.fao.org/docrep/x5339e/x5339e04.htm

사라진

아프리카의 적도 지대까지 하르마탄의 영향을 받는다. 나무가 사라지고 폭우에 표토가 씻긴 땅은 갈수록 건조해진다. 적도기니를 비롯한 중부 아프리카 몇몇 지역은 우기에 비가 쏟아짐에도 이렇게 토양이 건조해지는 피해를 겪고 있다.

기업형 농장, 벌목, 인간 거주 지역 확대 같은 요인들이 열대우림을 위기로 몰아넣고 있지만 근래에 더해진 요인이 있다. 중국이 아프리카 각국 정부와 협력해 대규모 개발에 나선 것이다(댐을 지어 전력을 생산하려는 아프리카 국가들이 중국에 공사를 맡길 뿐이니 중국만 탓할 수는 없다). 중국은 댐과 도로와 공장을 지어 주고, 나무와 자원을 가져간다. 프랑스 저널리스트들이 쓴 『차이나프리카』는 아프리카를 '수탈'하는 중국 기업들의 문제를 지적한 책이다. 아프리카를 착취하고 수탈한 옛 식민 지배국인 프랑스 사람들이 이제 와서 '중국의 신식민주의적 야심'을 고발한다는 것은 씁쓸하기도 하고 우습기도 하지만, 어쨌든 이런 고발에는 일말의 진실이 담겨 있다. 저자들이 전하는 풍경 중 하나다.

콩고공화국 시코포르Sino Congo Forest, SICOFOR의 벌목꾼들이 22미터 높이의 모아비moabi 나무를 베는 모습이 보였다. 나무는 트럭에 실려 푸앵트누아르로 운반되고, 배에 선적되어 몇 주 후에 상하이 근처 장자항張家港에 도착했다. 장자항은 전 세계에서 열대 목재가 가장 많이 거래되는 항구도시다. 단단한 고급 목재인 모아비 나무는 상판용으로 영국에 대량 수출되고 이케아 가구에도 사용된다. 중국은 이케아의 가장 큰 공급처이다.◆

비슷한 일이 대륙 곳곳에서 벌어지고 있다. 남아프리카공화국은 2014년에 중국 허베이철강과 철강 수백만 톤을 생산할 수 있는 공장 신축 계약을 체결했다. 남아공 정부는 일자리가 생긴다고 선전했으나 환경에 치명적인 영향을 미칠 것이라는 비판이 쏟아졌다. 중국 기업들이 아프리카에서 일으키는 환경 파괴가 심각하다는 비판이 잇따르자, 2013년 중국 정부는 해외에 진출한 자국 기업들에게 '환경 가이드라인'을 제시했다. 하지만 어디까지나 자발적인 참여를 요구하는 지침일 뿐, 이를 어기는 기업을 제재할 수단은 포함되지 않았다.◆◆ 이와 비슷한 유엔의 글로벌 협약에도 중국의 200여 개 기업이 서명했으나 강제 규정이 없는 약속에 불과했다.

◆ 세르주 미셸·미셸 뵈레 지음, 이희정 옮김, 파올로 우즈 사진, 『차이나프리카』(에코리브르, 2009), 75~76쪽.

◆◆ 여기에는 현지의 환경 법규를 준수하고, 대규모 프로젝트를 시작하기 전에 환경영향평가를 하고, 현지의 자연과 문화유산에 미치는 피해를 최소화하고, 폐기물을 관리하고, 국제 환경기준을 따르고, 환경 관련 긴급 사안을 처리할 매뉴얼을 만들라는 내용 등이 담겼다. *International Policy Digest*, "The environmental impact of China's investment in Africa"(2015/04/08).

숲을 잃지 않는 나라

　세계야생생물기금(세계자연기금)이 2016년 4월 발표한 보고서에 따르면 유네스코 세계자연유산의 절반이 난개발로 위협받고 있다. 세계자연유산 229개 중 114개는 화석 연료 개발이나 채굴, 벌목, 어류 남획 등 해로운 산업 활동으로 위협에 처했다. 유네스코 산하 세계유산위원회는 파괴될 위험이 있어 특별한 관리가 필요한 유산을 '위험에 처한 세계유산'으로 분류하는데, 이 목록에 들어 있는 자연유산은 18개뿐이다. 하지만 실제로 조사해 보니 그보다 훨씬 많은 자연유산이 위기를 맞고 있다는 사실이 드러난 것이다.◆

　위험에 처한 세계유산으로 분류된 114개를 지역별로 보면 아시아·태평양과 사하라 이남 아프리카가 각각 30개로 가장 많았다. 이어 라틴아메리카와 카리브해 지역에 22개, 유럽·중앙아시아에 16개가 분포했다. 세계야생생물기금은 이 중 인도네시아 수마트라섬 열대우림 지역에 속한 국립공원 세 곳이 인구 밀도가 높을 뿐만 아니라, 벌목 등으로 직접적인 위협에 처했다고 지적했다. 또한 지구촌 인구 100만 명이 이

◆ WWF International, "Protecting people through nature"(2016/04/05), https://
www.worldwildlife.org

위험 지역에 살고 있으며, 주변 지역까지 합하면 약 1100만 명이 그 영향권에 있다고 밝혔다. 이 자연유산들은 주변 주민들에게는 물과 식량의 원천인 곳이다.

숲과 호수가 사라지면 사람들은 갈 곳이 없다. 국제임업연구센터는 2005년부터 2010년 사이에 아프리카와 아시아, 남미의 233개 열대 지역 촌락을 조사해 숲이 파괴되면서 생긴 피해를 연구했다. 대부분 숲에 기대 살아가는 작은 마을이었다. 주민들은 숲에서 장작과 목재, 식량, 가축의 먹이를 구하며 살고 있었다. 연구 팀이 조사한 마을들의 90퍼센트에 이르는 209곳 주민들은 숲에서 얻어 온 생활 자원이 줄고 있다고 답했다. 집을 짓고 보수할 목재를 구하기도, 숲에서 동물을 풀어 키우거나 사료를 구하기도 어려워졌다고 답했다. 숲에 의지해 살아가기가 '지속 불가능'해지고 있다고 연구 팀은 결론 내렸다. 이유는 분명했다. 조사 대상 마을들의 90퍼센트가 넘는 곳에서 10년 새 인구가 불어났다. 기업들의 벌목이 늘어난 것도 숲에 의지하는 주민들에게는 큰 위협이었다.◆

숲이 줄면 작게는 주변 마을부터 크게는 지구 전체에 영향을 미친다. 그동안 산림자원을 서방 기업들에 내준 빈국들은 환경을 망치면서도 정작 개발 혜택을 얻지 못하는 악순환을

◆ *Science Daily*, "Forest degradation in the tropics"(2017/03/01).

사라진

겪었다. 특히 빈국 내에서도 약자인 우림 원주민들은 삶의 터전을 잃고 외지로 밀려나는 일이 많았다. 브라질·인도네시아·말레이시아·파푸아뉴기니·가봉·카메룬·코스타리카·콩고민주공화국 등 8개국은 세계 열대우림의 80퍼센트를 보유해 '포리스트 8'로 불린다. 이들과 환경 단체들은 숲 파괴를 막을 보상책을 줄곧 요구해 왔다.

2009년 미국 버락 오바마 정부가 출범하고 첫 기후변화협약 회의가 덴마크 코펜하겐에서 열렸을 때 숲 문제가 유엔의 화두가 됐다. 당시 코펜하겐에 모인 200여 개국의 장관급 대표들은 '삼림 파괴로 인한 온실가스 감축'REDD이라는 역사적인 프로그램에 합의했다. 열대우림이 있는 나라들이 임업 자원 개발을 포기하고 숲을 보전하면 금전적 보상을 해주는 내용을 담았다. 우림에 사는 원주민들의 권리를 보장하고, 피해를 보상하며, 열대우림이 잘 보전되고 있는지를 평가할 방법 등 세부 사항에 대해서는 추후 논의를 계속하기로 했다.*

지역 차원에서 성과를 거둔 나라들은 있었다. 코스타리카

◆ 이 약속은 열대의 숲을 살리기 위한 '지구 공동 책임제'에 합의했다는 의미가 컸다. 국제자연보호연맹IUCN 같은 환경 단체들은 "이산화탄소 1톤당 10달러를 보상할 수 있다면 브라질과 인도네시아의 열대우림을 보존할 수 있다."는 보고서를 냈고, 습지와 바다와 생물 종 다양성을 보전하기 위해 여러 분야에서 보상 제도를 확대할 수 있으리라고 기대했다. 하지만 숲 살리기와 기후변화 대응 논의는 크게 진전되지 못했다.

가 대표적이다. 코스타리카는 경제적으로는 중간 수준에 불과하다. 구매력 기준 실질 국내총생산은 2016년 1인당 1만 6100달러로 세계 102위에 그쳤다. 하지만 세계 금융 위기 이후에도 2010~12년 연평균 4.5퍼센트씩 성장했다. 대부분의 카리브해 나라들이 미국 등에 이주한 노동자들로부터 송금받는 '송금 경제' 국가임에 반해, 코스타리카는 송금액이 경제에서 차지하는 비중이 낮다. 정치적으로 안정돼 있기 때문에 니카라과나 콜롬비아의 난민들과 이주 노동자들이 많이 몰려가는 나라이기도 하다. 40만~60만 명에 이르는 니카라과 노동자들이 코스타리카에 있는 것으로 추산된다.

마이크로칩 산업 등을 최근 키우고는 있지만, 이 나라의 성장 전략을 특징짓는 것은 '지속 가능성'이다. 이 단어는 코스타리카를 소개할 때 가장 많이 거론된다. 코스타리카는 바나나·커피·사탕수수 등을 수출하는 전형적인 열대 농업 국가였다. 하지만 일찌감치 생물 다양성을 자산 삼아 친환경 관광과 지속 가능한 성장 전략에 전념하면서 코스타리카의 도전이 시작됐다.

코스타리카의 강력한 환경보호 정책은 세계에서 유례가 드물다. 민간 토지도 환경보호에서 예외가 될 수 없다. 땅 주인이 숲을 보호하고 강물을 깨끗이 관리하면 정부가 보상한다. 아마존이나 보르네오를 휩쓰는 삼림 파괴 위험을 완전히 비켜갈 수는 없었지만, 벌목 광풍을 멈출 수는 있었다. 2005

년 이 나라는 '숲을 잃지 않는 나라'가 됐다. 『뉴욕 타임스』의 칼럼니스트 토머스 프리드먼Thomas Friedman은 2009년에 경제 활동이 생태계에 미치는 비용을 꼼꼼히 따져 개발과 환경의 공존을 추구하고 있는 코스타리카를 21세기형 경제성장 모델로 꼽은 바 있다.

코스타리카는 이미 1990년대부터 산업 활동에 환경 파괴의 비용을 매기는 경제 시스템을 갖추려 노력해 왔다. 환경을 희생하면서 국내총생산을 끌어올리지 않고, 환경 파괴가 불러올 사회적 비용까지 계산해 경제를 평가하는 것이다. 그뿐만 아니라 이 나라에는 보호구역들을 돌며 '악당들'을 잡아내는 환경행정법원이 따로 있다. 1995년 신설된 환경행정법원의 전문가들은 국토 전역을 돌아다니며 환경 파괴 범죄를 단속한다. 1997년에는 화석연료를 사용하는 모든 경제활동에 3.5퍼센트의 탄소세를 매기기 시작했다. 거둬들인 돈은 환경 파괴의 희생양이 되기 쉬운 빈민들을 위해 쓴다.

환경 담당 부서가 경제·산업 담당 부서에 밀리는 다른 나라들과 달리, 코스타리카에서는 환경부의 힘이 가장 세다. 환경부가 에너지·광업·수자원 등과 관련된 행정을 총괄하기 때문이다. 2004년 동부 해안에서 유전을 발견하고도 정부는 석유 채굴을 금지시켰다. 그 대신 재생가능에너지 개발에 투자해 전체 에너지 소비량의 95퍼센트를 재생에너지에서 얻고 있다. 재생에너지 사용 비율도 세계 1위다. 2007년 코스타리카 정부는 "2021년까지 세계 최초의 탄소 중립국이 되겠다."
고 선언했다. 탄소 배출량을 최소화하고, 탄소를 내보내는 양
만큼 흡수하도록 삼림을 늘려 기후변화에 미치는 영향을 모
두 상쇄하겠다는 것이다.[*]

　결과는 고무적이다. 지구 전체 땅의 0.25퍼센트에 불과한
코스타리카에 세계 생물 종의 5퍼센트가 살고 있다. 이 나라
국토의 25퍼센트는 국립공원이나 보호구역으로 묶여 있다.
면적 대비 자연보호구역의 비중은 세계 1위다. 코르코바도
국립공원에는 맥tapir과 흰머리카푸친(꼬리감는원숭이), 다람쥐
원숭이 등 희귀종이 서식한다. 토르투게로 국립공원은 이름
부터가 '거북이가 가득한 곳'이다. 몬테베르데 클라우드 삼림
보호구역은 풀과 나무, 새의 낙원으로 유명하다.

　아프리카 중부의 콩고민주공화국에서도 희망적인 소식이
들려올 수 있을까? 이 나라는 영토가 234만 제곱킬로미터나
되고, 숲 면적만 112만 제곱킬로미터에 이르는 삼림 대국이
다. 르완다와 부룬디 등과 인접한 동부의 밀림 지대는 아프리
카에서도 가장 울창하다. 하지만 자원 채취로 이득을 얻는 군
벌들이 분쟁을 일삼아 유혈 사태가 끝나지 않고 있다(ICT 산
업에 쓰이는 희토류가 많다는 사실은 축복이 아니라 저주였다). 한때

◆ Reuters, "Costa Rica aims to win 'carbon neutral' race"(2007/05/26).

자이르라고 불린 이 나라의 중앙정부는 힘겹게, 그러나 차근 차근 민주화 과정을 거치며 개발을 진행하고 있다.

콩고민주공화국은 천혜의 숲을 파괴하지 않기 위해 유엔과 '개발도상국 삼림 파괴로 인한 온실가스 감축' 프로그램에 함께하기로 합의했다. 2009년 코펜하겐에서 합의된 REDD(삼림 파괴로 인한 온실가스 감축)의 후속 조치 격인 프로젝트다. 통상 'REDD+'라고 불리는 이 프로젝트에 따라 콩고민주공화국은 노르웨이·독일·프랑스·영국 등의 자금을 지원받아 숲 살리기 사업을 펼치고 있다. 유엔과 잘사는 나라들이 이 나라 숲을 지키겠다며 돈을 내기로 한 것은, 콩고민주공화국의 숲이 파괴되면 지구 전체의 기온이 올라가기 때문이다. 숲을 가진 나라 입장에서는 밀림을 깎아 내고 농지나 주거 지역으로 개발하거나 공장을 짓고 싶어 하기 마련이다. 그 손실을 지속 가능한 개발로 보전할 수 있도록 부국들이 돈과 기술을 지원하자는 것이 REDD+ 프로젝트의 기본 얼개다.

이 나라의 숲을 망치는 데는 분쟁 같은 정치적 불안도 한몫했으나 근본 원인은 가난이다. 식량농업기구와 유엔환경계획, 여러 비정부기구들과 콩고민주공화국 정부 조사 팀이 분석한 결과, 숲이 파괴되는 원인으로 화전과 땔감 채취가 각각 40퍼센트씩 차지했다. 정부의 통제나 법의 규제가 제대로 미치지 않는 취약한 상황에서, 주민들은 숲을 태우고 땔감과 목재를 주워다 쓰며 살았다. 유엔과 콩고민주공화국 측은 주로 화전으로 생계를 이어 온 원주민들이 숲을 태우지 않고도 살아갈 수 있도록 주민 참여형 숲 보전 계획을 연구하고 있다.

REDD+ 프로젝트 팀은 화전을 줄일 시범 사업으로 2016년부터 7000만 달러를 들여 수도 킨샤사 북동쪽 마이-은돔베Maï-Ndombe 지역 주민들에게 화전이 아닌 다른 형태의 농업을 교육하고 있다. 커피·고무·팜 재배법을 가르치고 땔감의 효율을 높이기 위해 숯 생산을 늘리는 것이 목표다(장작을 땔 때보다 열효율이 훨씬 올라간다. 마이-은돔베 주민들은 숲에서 나무를 잘라 내 킨샤사 주민들에게 땔감으로 팔면서 살아왔다). 가장 중요한 것은 주민들의 협력이다. 숱한 '중앙 집권형' 혹은 '외부 지원형' 환경 보전 노력이 막대한 예산만 퍼부은 채 실패로 끝나곤 했다. 유엔과 유럽의 연구자들은 콩고민주공화국의 프로젝트가 지구의 숲을 살릴 시험대가 될 것으로 보고 있다.◆

◆ Mongabay, "Successful forest protection in DRC hinges on community participation"(2017/03/12), https://news.mongabay.com

사라진

줄어드는
땅

녹아내리는 마을

아시아와 북미 사이, 베링해협 북쪽에 있는 미국 알래스카의 시시마레프는 주민이 650여 명에 불과한 작은 섬마을이다. 미국에서 처음으로 '기후변화 난민'이 생겨날지도 모를, 운명의 기로에 놓인 마을이기도 하다. 얼어붙은 땅이 녹아내리고 해수면이 올라가면서 이제 마을이 그대로 존재하기가 힘들어졌기 때문이다.

당국은 이 마을 사람들을 이주시켜 다른 곳에 정착하게 하려 한다. 이주 비용이 1억 8000만 달러에 이른다는 계산도 나왔다. 하지만 살던 데서 뿌리 뽑혀 다른 곳으로 가기가 어디 쉬운가. '강제 이주'는 그저 단순하게 이사하는 것이 아니다. 수백 년 동안 적응해 살아온 환경, 그 마을에서 일군 공동체와 경제구조가 송두리째 무너진다는 뜻이다.

시시마레프의 바다 앞에는 원래 커다란 빙붕氷棚이 있었다. 해안을 따라 길고 평평하게 형성된 얼음덩어리를 가리킨다. 그 얼음덩이가 천혜의 바람막이가 되었고, 이누이트(에스키모)라 불리는 이누피아트Inupiat 원주민 부족이 터를 잡고 살아왔다. 그런데 얼음이 녹고 있다. 파도가 해안으로 밀려오고, 서릿발이 지붕을 덮치고, 땅은 질척질척 녹고 있다.

원주민인 에사우 시녹은 2016년 8월 영국 『가디언』과의 인터뷰에서 "지난 35년간 해안선이 800~1000미터 안쪽으로 밀려들어 왔다."고 말했다. 바닷물이 녹은 땅을 삼키며 침식해 오는 것이다. 에사우는 1997년에 태어났다. 그가 자라는 동안 마을은 점점 작아졌다. 이미 마을 안에서도 '이주'가 일어나고 있었다. 주민들은 바닷가를 버리고 조금씩 안쪽으로 집을 옮겨야 했다. 전문가들은 20년 안에 섬 자체가 물에 가라앉을 것이라고 말한다.◆

알래스카 해안에 실낱처럼 붙어 있는 작은 섬 키발리나도 사정이 비슷하다. 앵커리지에서 북서쪽으로 1000킬로미터, 북극해의 일부인 추크치Chukchi해와 키발리나강 사이 얼음 둑 위에 자리 잡은 이 마을에는 미국 연방 정부가 '소수민족'으

◆ 미국 정부에 따르면 해안선이 물에 잠겨 이주할 마을은 31곳이다. 시시마레프를 포함해 2016년까지 12곳이 이주를 시작했다. *The Guardian*, "'There was just no snow': climate change puts Iditarod future in doubt"(2016/08/16).

로 인정한 이누피아트 에스키모 일족인 키발리나 부족 390명
이 살고 있다. 시시마레프보다 더 북쪽에 있는 이 마을 바닷
가에는 얼음이 제방처럼 둘러쳐 있다. 석호 안에 들어와 있는
아늑한 마을인 셈이다. 여름 한때를 빼면 얼어붙은 바다가 육
지와 이어져 다니기 좋았다. 이곳 사람들은 바다표범과 고래,
연어, 순록, 물개 따위를 사냥하며 전통적인 삶의 방식을 지
켜 왔다.

　그런데 최근 몇 년 새 육지로 이어지는 길이 끊겼다. 바다
가 녹아 버린 탓이다. 바다표범을 사냥하기도 어려워졌다. 섬
의 방파제 역할을 하던 해빙이 사라지고, 작은 섬은 거친 파

땅

도에 휩쓸리기 시작했다. 이 마을 사람들은 2008년 엑손모빌과 BP, 셰브론 등 거대 석유 회사 아홉 곳과 전력 회사 14곳, 그리고 석탄 회사 한 곳을 샌프란시스코 연방 법원에 제소했다. 마을 주민들을 대신해 소송대리인으로 활동하고 있는, 미국원주민권리기금를 비롯한 시민 단체들은 이 기업들에 "기후변화를 일으키는 온실가스를 방출해 마을의 존립을 위협한 책임"을 지라며 피해 보상을 요구했다.

얼음 둑이 무너지면서 마을이 가라앉고 있으니 주민들은 이제 내륙으로 이주해야 한다. 알래스카주 정부와 미군 공병대 보고서에도 이들의 기후변화 피해가 확인됐다. 주민들은 키발리나가 기후변화의 유일한 피해 사례가 아님을 강조하면서, 주요 에너지 회사들의 본사가 있는 캘리포니아주 연방 법원에도 별도의 소송을 냈다. 에너지 회사들이 원주민 마을 파괴에 책임져야 할 뿐만 아니라, 기후변화에 대한 '왜곡된 선전'으로 세간의 인식을 호도했다는 점도 소장에 명시됐다.

이 마을의 소송은 실패로 끝났다.◆ 그럼에도 기후변화 문제를 내건 소송들이 잇따르고 있다. 2003년 그린피스 등 국

◆ '키발리나 대 엑손모빌 사건'으로 알려진 소송에서 2013년 5월 연방 대법원은 기후변화의 책임을 물어 기업의 보상을 요구할 수 없다며, 원고들의 요구를 기각한 고등법원의 판결을 확정했다. Reuters, "U.S. Supreme Court declines to hear Alaska climate change case"(2013/05/20).

사라진

제 환경 단체들은 해수면이 상승해 유례없는 '자진 쇄국'의 길을 선택하게 된 태평양 섬나라 투발루 등을 대신해 미국과 오스트레일리아 법원에 양국 정부를 제소했다. 미국 코네티컷주 등은 연방 환경청이 온실가스 배출 규제에 실패해 지역 환경을 망쳤다며 같은 해 소송을 냈다. 캘리포니아주 정부는 2007년 4월 온실가스 배출 규제 의무에 소홀한 연방 정부를 제소해 승소 판결을 받기도 했다. 하지만 대부분의 소송은 원고들의 패배로 귀결됐다.

이미 들이닥친 미래

호수와 강, 숲만 사라지는 게 아니다. 기후변화로 해수면이 올라가면서 땅 자체가 사라진다. 인도양의 섬나라 몰디브에서는 2009년 10월 17일 세계 최초의 수중 각료 회의가 열렸다. 회의를 제안한 모하메드 나시드 대통령이 먼저 스쿠버 장비를 갖추고 기리푸시Girifushi섬 앞바다에 뛰어들자 부통령과 장관들이 뒤따랐다. 이들은 6미터 해저에 마련된 테이블에 둘러앉아 각국의 온실가스 감축을 촉구하는 결의안을 채택했다. 1200여 개 섬으로 이뤄진 몰디브는 평균 해발고도가 2미터 안팎에 불과하다. 해수면이 계속 올라가면 주민 40만 명 모두가 갈 곳을 잃는다.◆

2015년 11월 30일 프랑스 파리에서 유엔 기후변화협약 총회가 열렸다. 태평양 섬나라인 투발루의 에넬레 소포아가 총리는 개막 연설에서 "부자 나라들이 기후변화로 해를 입는 나라들에 보상해야 한다."고 말했다. 이어 연단에 오른 인도양 섬나라 코모로의 이킬릴루 도이닌 대통령도 "우리는 돈이 없다. 기후변화에 적응하고 피해를 완화하려면 돈이 필요하다."고 말했다. 두 나라 모두 지구가 더워져 해수면이 올라가면서 물속에 가라앉을 처지다. 부국들이 탁상공론을 벌이는 사이 생존의 위기를 맞은 나라들이다.

태평양 섬나라인 마셜제도, 키리바시, 통가, 카리브해의 앤티가 바부다, 세인트키츠 네비스, 인도양의 몰디브 등 대양의 섬나라들이 처한 사정은 모두 비슷하다. NASA는 이번 세기 안에 해수면이 적어도 1미터 가까이 올라가 섬나라들이 존폐의 기로에 서리라고 본다.♦♦ 누군가에겐 먼 미래의 일이겠지만 이들에겐 지금 당장 들이닥친 문제다.

미국 하와이와 오스트레일리아 사이에 있는 마셜제도는 인구가 7만 명 정도다. 해발고도가 2미터도 되지 않는 이 섬에서 주민들은 수시로 '홍수'를 경험한다. 바닷물이 마을 위

♦ BBC, "Maldives cabinet makes a splash"(2009/10/17).

♦♦ weather.com, "The 9 most endangered islands in the world"(2016/02/18), https://weather.com

사라진

로 올라오는 것이다. 침수 때문에 묘지가 파헤쳐지고 관들이 둥둥 떠다니는 일까지 있었다. 10만 3000명이 살고 있는 키리바시의 높이도 마셜제도와 비슷하다. 몇 해 전 키리바시 정부는 걸프(페르시아만 일대)의 석유 부국 아랍에미리트에 '이주 비용'을 지원해 달라고 요구했다. 인공 섬을 만들어 옮겨 가겠다는 구상이었으나 진전을 보지 못했다. 투발루는 2000년대 초반부터 이주를 받아 달라고 오스트레일리아 정부에 요구했다. 그중 일부만 받아들여졌을 뿐, 나머지는 '불법체류자'가 되어 오스트레일리아에 머물거나 살 곳을 찾아 떠날 궁리를 하고 있다. 투발루는 50년 안에 아예 사라질 테고, 또 얼마 안 있어 사람이 거주하지 못하는 암초로 변할 것이다. 인구 9만 명의 통가나 미크로네시아, 15개 섬으로 이뤄진 쿡제도에서도 기후 난민이 생겨나고 있다.

작은 섬나라만 해를 입는 것도 아니다. 오스트레일리아의 저지대, 스리랑카와 방글라데시의 해안 저지대도 해수면 상승에 따른 직접적인 영향을 받는다. 국제사회가 이 문제의 심각성을 깨닫고 위성사진 등으로 관측하기 시작한 것은 1993년이었다. 해수면이 어느 정도 기간에 얼마나 올라갈지를 놓고 과학자들의 예측은 엇갈렸다. 그런데 바닷물 높이가 예상보다 훨씬 빨리 올라가고 있다는 연구 결과가 줄을 잇는다. 남극과 그린란드의 빙하가 녹아 무너지는 속도가 빠르기 때문이다.◆

그런 미래를 엿보게 하는 사진이 있다. 미국 뉴욕에 있는 자유의 여신상이 물에 잠기고, 워싱턴의 토머스 제퍼슨 기념관도 절반은 가라앉았다. 멀리 이집트에서 가져온 오벨리스크, 여름 휴양지로 유명한 플로리다주 마이애미의 사우스비치도 바닷속에 잠겼다. 마이애미 바닷가에 있는 '오션 드라이브'의 화려한 건물들도 바다 밑 도시처럼 돼버렸다.

실제로 벌어진 일은 아니고, 해수면이 지금보다 7.6미터쯤 올라갔을 때 일어날 일을 상상하며 니컬레이 램이라는 미국 작가가 '만든' 합성사진이다. 램은 〈스토리지 프런트〉에 사진들을 공개하며 이렇게 말했다. "사람들이 이 이미지들을 보고, 자신들이 소중히 여긴 것들을 미래 세대들에게 물려줄 수 없게 될지도 모른다는 사실을 깨달으면 좋겠다."

해수면이 7.6미터나 올라갈 가능성이 과연 있을까? 앞서 언급한 왓슨 팀의 연구 결과에 따르면 1993년 이후 세계의

◆ 위성사진 데이터 등을 이용해 해수면 상승을 예측한 연구 결과가 2015년 과학 전문지 『사이언스』에 실렸다. 오스트레일리아 태즈메이니아 대학교 지질학자 크리스토퍼 왓슨Christopher Watson에 따르면 해수면이 올라가는 속도는 지하수 침출, 지각 변동 같은 다른 지질 현상과도 연관돼 있다. 이런 지질학적 작용이 해수면 상승을 부추기거나, 혹은 그 반대의 결과가 일어날 가능성도 있다. 왓슨이 이끈 연구 팀은 GPS 측정 데이터와 컴퓨터 시뮬레이션 작업을 통해 해수면 상승에 관한 기존 관측 자료를 보강했고, 두터운 얼음층이 사라지면 땅을 물리적으로 '가라앉히는' 효과도 낸다는 사실을 밝혀냈다.

사라진

해수면은 해마다 2.6~2.9밀리미터 상승했다. 1년에 3밀리미터도 안 되게 바닷물 높이가 올라간다고 생각하면 그리 경각심이 생기지 않는다. 하지만 인류가 의식적으로 노력하지 않으면 기후변화는 더 빨라질 테고, 빙하와 얼음 땅은 점점 더 빨리 녹아내릴 것이다. 해수면이 몇 미터가 아니라 수십 센티미터만 높아져도 지구 곳곳에 큰일이 벌어진다. 특히 태평양섬나라나 남아시아 저지대에 사는 수억 명에게는 재앙이 찾아올 것이다. 우리가 눈여겨보지 않고 있는 사이에, 가장 취약하고 가난한 이들이 이미 우리보다 먼저 우리가 저지른 짓의 피해를 입고 있다. 자유의 여신상이 가라앉는 것 따위는 '하찮은 피해'일 터다.

싱크 홀, 지구에 난 상처

한편 내륙에서는 땅이 푹푹 꺼지고, 곳곳에 거대한 구멍이 생긴다. 갑자기 도로가 내려앉고 자동차들과 사람들이 땅속으로 사라진다. 기후변화와 좀 다른 이야기이지만, 사람들이 지구에 낸 생채기 '싱크 홀'sinkhole을 들여다보자.

2015년 2월 이탈리아 나폴리 교외 주택가에 깊이 10미터가 넘는 대형 싱크 홀이 생겼다. 그 무렵 서울 용산역 주변 도로에서도 땅이 꺼져 행인 두 명이 추락했다. BBC방송을 비롯한 외신들은 길 가던 사람들이 누군가 끌어당기기라도 한 듯 땅속으로 사라지는 용산 사고 동영상을 사이트에 올렸다. 자유아시아방송RFA은 북한 양강도의 한 집단농장에서 2014년 10월에 땅이 내려앉아 11명이 사망했다고 보도했다.

지표면이 꺼지면서 구멍이 뚫리는 싱크 홀을 세계 여러 곳에서 찾아볼 수 있다. 지하수가 빠져나가 지반이 꺼지기도 하고, 땅속의 약한 바위층이 지하수에 녹아내려 생기기도 한다. 석회암층이 침식돼 생기는 카르스트지형도 비슷한 현상이다. 자연 싱크 홀은 인류의 생활공간이 되기도 했다. 남미 유카탄반도의 마야문명은 희생제 장소나 귀중품 보관소로 이런 구멍을 이용했다. 중앙아메리카 소국 벨리즈의 해저에 형성된 '그레이트 블루 홀'Great Blue Hole은 유명 관광지다.

뉴질랜드 석회암 지대에는 원주민들이 '토모'Tomo라 부르는 구멍들이 있다. 오만의 비마흐Bimmah 싱크 홀은 꺼진 땅속에 물이 괴어 명소가 됐다. 중국 충칭 주변에도 '톈컹'天坑이라는 대형 싱크 홀들이 있다. 파푸아뉴기니의 미녜Minyé 싱크 홀, 미국 켄터키주 매머드케이브 국립공원Mammoth Cave National Park의 시더 싱크Cedar Sink 등도 멋진 경관으로 유명하다.

이렇게 자연이 만들어 둔 흔적과 달리, 최근 세계 곳곳에서 행인들과 집들을 집어삼키는 싱크 홀에는 인재人災가 겹쳐 있다. 나폴리 사고는 지하 수도관이 터지면서 일어났다. 사고 닷새 전부터 길바닥이 갈라지고 있었는데 거기에 비가 쏟아지자 사고가 났다. 인명 피해는 없었으나 주민 380여 명이 대피해야 했다. 2014년 9월 러시아가 점령한 크림반도의 심페로폴에서는 어린이 두 명을 비롯해 여섯 명이 길 가운데 생긴 구멍에 추락사했다. 땅 밑에는 전기선과 수도관이 복잡하게 얽혀 있었다. 11월에는 러시아 우랄산맥 페름 지역의 광산에서 대형 땅 꺼짐이 발생했고, 12월에는 태국의 푸껫섬에서 픽업트럭이 싱크 홀에 빠졌다.

미국은 싱크 홀 사고가 잦다. 2011년 7월 유타주 솔트레이크시티에서 폭우가 온 뒤 고속도로가 내려앉아 달리던 승용차가 빠졌다. 15세 소녀가 숨지고 6중 추돌 사고가 났다. 캘리포니아에서는 같은 해 6월 유전에서 일하던 셰브런 노동자가 싱크 홀에 빠져 숨진 뒤 대책을 만들라는 목소리가 높아졌다. 이듬해 3월 플로리다주에서는 집 안에서 잠자던 남성이 갑자기 집 바닥이 꺼지면서 추락사했다. 2013년 4월에는 시카고 도로 복판에 초대형 싱크 홀이 생기면서 자동차 세 대가 빠졌다.

상당수 싱크 홀은 지하수를 빼내 쓰는 것과 관련된다. 미국 농업지대는 농업용수로 지하수를 끌어다 쓴다. 지하수 흐름이 인위적으로 바뀌자 땅 밑 물길 지도가 달라지고 싱크 홀이 자주 생기는 것으로 추정된다. 중동의 사해 연안에도 땅이 꺼진 곳이 많다. 이스라엘의 지하수 남용과 기후변화로 해수면이 낮아진 탓이다. 소금물이 빠진 곳에 담수가 스며들면서 암염층을 녹여 생긴 이 싱크 홀을 만든 것도 인간인 셈이다.

싱크 홀은 지하수가 빠져나간 자리가 국소적으로 가라앉는 것이라 할 수 있지만, 지하수를 너무 많이 빼내 쓰면서 훨씬 넓은 면적의 땅이 가라앉기도 한다. 2017년 4월 미국 스탠퍼드 대학교 로즈마리 나이트Rosemary Knight 교수가 이끄는 연구 팀은 캘리포니아의 센트럴 계곡 전체가 물 저장 능력을 잃으면서 점점 가라앉고 있다는 연구 결과를 발표했다. 산호아킨 계곡은 점토층의 물이 빠져나가면서 2007년부터 2010년 사이에 1미터 가까이 내려앉았다. 미국 서부에 극심한 가뭄이 들이닥쳐 지하수를 뽑아내던 시기였다. 땅이 꺼지면서 지표면 밑의 지하수층은 압박을 받게 되고, 지하수를 보관할 수 있는 땅속 공간이 줄어든다. 땅이 지하수를 품을 수 있는 용량 자체가 적어지는 것이다. 나이트 박사는 이렇게 되면 비가 왔을 때 땅이 물을 보관하는 양이 줄어들어 악순환이 이어진다고 경고했다. 미국 서부 캘리포니아 일대는 2012년부터 2016년 사이에도 엄청난 가뭄에 시달렸다. 이 시기에도 비슷한 현상이 되풀이됐으리라고 연구 팀은 추정했다. 기후변화와 가뭄과 지하수 고갈과 땅 꺼짐의 악순환이다.◆

◆ *Stanford Daily*, "Over-pumping groundwater sinks land, research shows"(2017/04/13).

그럼에도 미국에서는 (2017년 1월 취임한 도널드 트럼프 대통령을 포함해) 수많은 이들이 지구온난화와 기후변화라는 사실 자체를 부정한다. 루이지애나주 진 찰스 섬의 수상水上 마을에 살고 있는 빌록시-촉토Biloxi-Choctaw 원주민들이 바다에 잠길 위기를 맞아 엑손모빌 같은 에너지 기업과 기후변화를 부인하는 우파 싱크 탱크들을 상대로 낸 소송은 현재 진행형이다.

이제 만날 수 없는

생명

마지막 코뿔소가 숨졌다

수단. 아프리카 북동부의 거대한 나라를 가리키는 게 아니다. 세상에 단 하나, 이 종種으로서는 지구상에 마지막으로 남아 있던 수컷 북부흰코뿔소의 이름이 수단이었다. '야생에서 태어난' 마지막 북부흰코뿔소이기도 했다.

케냐의 사바나 지대, 라이키피아Laikipia주의 올페제타 보호구역에 살았던 이 코뿔소는 '멸종 위기 동물의 카운트다운'을 상징했다. 이 종은 2018년 현재 세계에 단 두 마리만 남아 있다. 올페제타에 수단과 함께 살았던 암컷 두 마리다. 수컷은 수단뿐이었다. 수단이 살아 있을 때 번식에 성공하지 못했으니, 이제 이 종은 지구상에서 영원히 사라질 것이다.

1900년대 아프리카와 아시아에는 코뿔소 약 50만 마리가 살았다. 1970년대에는 7만 마리로 줄어들었다. 몇 만 마리나

된다고 하니 꽤 많게 느껴지지만 그렇지 않다. 이 정도 숫자
면 멸종 위기에 인접한 것으로 봐야 한다고 전문가들은 말한
다. 2011년에는 서부검은코뿔소가 멸종했다. 500만 년 동안
초원을 어슬렁거리던 종이 이 행성에서 사라진 것이다. 코뿔
소를 살리려는 노력이 없지는 않았다. 지금 현재 세계 곳곳의
보호구역에 약 2만 9000마리의 코뿔소가 살아 있다. 하지만
그들 중 몇몇 종은 서부검은코뿔소를 뒤따를 듯하다. '세이브

더 리노'라는 동물 보호 단체에 따르면 인도네시아에 남아 있는 자바코뿔소는 2018년 7월 현재 67마리뿐이다. 수마트라 코뿔소도 80마리가 채 못 된다.◆ 그러나 가장 유력한 '멸종 후보'는 수단의 죽음으로 자연 번식이 아예 불가능해진 북부 흰코뿔소다.

북부흰코뿔소의 생김새는 검은코뿔소와 확연히 구별된다. 북부흰코뿔소는 아프리카 중부의 콩고민주공화국과 중앙아프리카공화국, 그리고 수단에 주로 살아왔다(하나같이 극심한 정정 불안과 내전을 겪은 나라인 만큼 제대로 된 보호 체계가 작동했을 리 없다). 1960년대만 해도 콩고민주공화국의 가람바 국립공원Garamba National Park에 살던 북부흰코뿔소의 개체 수는 2000 마리에 이르렀다. 그런데 1984년에는 열다섯 마리만 남았고, 그러다가 완전히 사라졌다. 정확히 말하면 밀렵꾼들에게 모두 목숨을 잃었다.◆◆

코뿔소를 멸종 위기로 몰아간 것은 인간이다. 환경 파괴로 서식지가 줄어든 것 외에도, 밀렵이라는 직접적인 위협이 그

◆ https://www.savetherhino.org

◆◆ 소셜 미디어에서 널리 퍼진 '밀렵당한 코뿔소' 사진이 있었다. 뿔이 있던 얼굴 한복판을 도륙당한 코뿔소의 모습은 참혹했다. 코뿔소는 살아 있었다. 밀렵꾼은 이 거대한 생명체를 죽이지 않고 마취시킨 채 안면 부위를 도려내 갔다. 자기 영역을 철저히 지키는 이 예민한 동물의 고통은 얼마나 컸을까.

사라진

들을 절멸로 내몰고 있다. 특히 뿔을 채취하려는 사냥이 심각하다. 아무런 과학적 근거가 없지만 코뿔소의 뿔은 오래전부터 약재나 조각 재료로 진귀하게 여겨져 왔다. 사람들은 뿔을 가루로 만들어 먹으면 해열 및 최음 효능이 있다고 믿곤 했다. 고대 중국 등에서는 코뿔소 뿔에 조각한 술잔을 썼다.

코뿔소는 희귀 동물의 수출입을 규제한 1973년의 '야생 동식물의 국제무역에 관한 협약'(워싱턴조약)을 적용받는 거래 금지 대상이지만 밀렵이 사라지지 않는다. 영국 『가디언』 등에 따르면 코뿔소의 뿔은 1킬로그램당 7만 5000달러(약 8000만 원)에 팔리는 것으로 추정된다. 2014년 한 해에만 남아프리카공화국에서 코뿔소 1215마리가 밀렵꾼에게 희생됐다. 밀렵꾼들은 갈수록 더 기승을 부린다. 2007년 밀렵꾼에게 죽은 코뿔소는 열세 마리뿐이었는데 몇 년 새 저렇게 밀렵 건수가 늘어난 것이다.

이제 북부흰코뿔소는 두 마리만 남았다. 올페제타 보호구역에 있는 암컷 두 마리의 이름은 파투와 나진이다. 몇 년 전만 해도 이들에게는 머나먼 미국에 혈족이 있었다. 미국 샌디에이고 사파리 공원에 살던 암컷 북부흰코뿔소 놀라가 그중 한 마리였다. 특유의 흰 뿔을 가진 놀라는 수단에서 두 살 무렵 포획됐다. 체코의 동물원에 있다가 1989년부터 미국으로 옮겨졌으며 그 뒤 줄곧 이 공원에서 살았다.

놀라는 수컷 앙갈리푸, 암컷 노티와 함께 지냈다. 공원 측은 놀라와 앙갈리푸를 짝짓기 하게 하려고 갖은 애를 썼으나 실패했다. 노티는 2007년에 죽었고 앙갈리푸도 2014년 12월에 죽었다. 공원에는 놀라만 남았다. 그리고 이듬해 11월 놀라마저 박테리아에 감염돼 숨졌다.

2014년에는 올페제타의 수컷 북부흰코뿔소 수니가 숨진 채로 발견됐다. 1980년 체코의 한 동물원에서 태어난 수니는 희망의 상징이었다. 수니는 번식을 위해 2009년 올페제타로 옮겨져 보호받으며 살아왔다. 전문가들은 케냐의 기후 조건이 북부흰코뿔소 번식에 도움이 되리라고 기대했으나 수니마저 숨지면서 지구상에 수컷 북부흰코뿔소라고는 수단만 남았던 것이다.

1973년 수단은 그 이름처럼 수단 남부에서 태어났다. 생후 얼마 되지 않아 샴베Shambe 지역에서 포획됐고 당시 코뿔소들을 모으던, 체코 중부 크랄로베 지역의 드부르 크랄로베 동물원에 간 뒤 2009년 올페제타로 옮겨졌다. 코뿔소는 40~50년을 산다고 하니, 이때 이미 수단은 나이가 많은 편이었다. 케냐 측에서는 어떻게든 수단이 새끼를 가질 수 있게 하려 애썼다. 300헥타르 넓이의 보호구역에 사는, 몸무게 1.2톤의 수단 주위에는 밀렵을 막고자 24시간 무장 경호원을 뒀다. 관광객들이 너무 많이 찾아와 귀찮게 하는 걸 막기 위해서이기도 했다. 이들 외에 검은코뿔소 106마리가 살고 있는 올페제타는 아프리카에서 가장 큰 코뿔소 보호구역이다. 당국은 수단과 파투, 나진의 인공수정을 되풀이해 시도했으나 모두 실패했다.

수단은 결국 세상을 떠났다. 2018년 3월 올페제타 국립공원은 "마지막 북부흰코뿔소 수컷이 숨졌다."고 세계에 알렸다. "올페제타 국립공원과 드부르 크랄로베 동물원은 마지막으로 남아 있던 북부흰코뿔소 수단이 어제, 3월 19일 45세로 숨을 거뒀다는 소식을 깊은 슬픔과 함께 전합니다." 올페제타의 공식 발표문 첫 줄이다. 죽기 직전 수단은 '노환'으로 고통이 심했고, 24시간 전부터는 서있지도 못했다고 한다. 결국 의료진이 안락사를 시켰다.

올페제타 측은 "수단은 인간이 자연을 얼마나 경시했는지를 보여 주는 잔인한 상징"이며 "그의 기념할 만한 삶은 계속 기억될 것"이라고 애도했다.[*] 이제 '기억' 외에 인류가 이 종을 떠올릴 방법이 남아 있을까.

올페제타는 발표문에서 인공수정 기술을 총동원해 독일의 IZW베를린, 남아프리카공화국의 엠브리오플러스Embryo Plus, 드부르 크랄로베의 연구 팀과 함께 수단의 종을 살려 내겠다고 했다. 그리고 석 달 뒤, 이들이 남부흰코뿔소 난자에 북부흰코뿔소의 냉동 정자를 주입해 배아를 만들어 내는 데 성공

◆ Ol Pejeta Conservancy, "The last male northern white rhino dies"(2018/03/20).

했다고 밝혔다.[*] 하지만 이전의 숱한 인공수정 시도가 성공을 거두지 못했기에 아직 낙관하기는 이르다.

홀로 남아 버티는 시간

'외로운 조지'는 수단이 걷게 된 길을 먼저 걸었다. 2012년 마지막으로 숨진 핀타섬땅거북의 이름이 조지였다. 그 종 가운데 홀로 남아 오랜 세월을 버텨야 했기에 '외로운 조지'라는 별명이 생겼다.

1971년 갈라파고스제도의 핀타섬에서 발견된 조지는 이듬해 푸에르토 아요라Puerto Ayora에 있는 찰스 다윈 연구소로 옮겨졌다. 그 당시 이미 이 종은 모두 사라졌다고 여겨졌다. 과학자들은 한 마리 남은 거북을 어떻게든 번식시키려 애썼다. 2008년에는 실제로 조지와 '합방'을 한 거북 암컷 두 마리가 알을 낳았다. 그러나 모두 '불임된' 알이었다.

조지는 갈라파고스 국립공원에서 2012년 6월 24일 숨을 거뒀다. 오랫동안 그를 돌본 사육사이자 벗인 파우스토 예레

---

[*] Deutsche Welle, "Researchers create hybrid northern white rhino embryos"(2018/07/04).

나Fausto Llerena가 둥지에 쓰러져 숨져 있는 조지를 발견했다.
조지를 부검한 의사는 별다른 이상 증상이 없었으며 자연사
로 추정된다는 보고서를 내놨다.

조지가 죽었을 때 에콰도르의 라파엘 코레아Rafael Correa 대
통령이 애도 연설을 하면서 "언젠가는 과학기술이 그를 복제
해 되살려 내기를 바란다."고 했다. 지켜 주지 못한 동물에게
보내는 뒤늦은 애도였다.♦ 에콰도르는 조지가 죽기 4년 전인
2008년 세계에서 처음으로 헌법을 고쳐 자국 영토 안에 살고

♦ *Nature*, "The legacy of Lonesome George"(2012/07/18).

있는 사람들뿐만 아니라 자연과 동식물 등 모든 '거주자'들에게 기본권을 부여했다.

코레아 대통령의 바람처럼 언젠가 미래에 복제할 수 있도록, 과학자들은 조지의 세포조직을 채취해 액체질소에 담가 보관하고 있다. 하지만 조지를 연구 시설로 옮겨 부검하고 세포조직을 채취해 보관하기까지 여러 날이 걸렸기에, 복제 기술이 발달하더라도 성공할 수 있을지 알 수 없다. '조지의 부활'은 머나먼 미래의 꿈일 뿐이다.◆

거북은 오래 살기로 유명하다. 영국이 제국주의 국가로 위용을 떨치던 18세기의 선장 제임스 쿡은 왕립 해군 함장직에 올라 인도양에서 북대서양 뉴펀들랜드까지, 하와이와 오스트레일리아, 뉴질랜드까지 온 바다를 돌며 뱃길을 열고 지도를 만들었다. 개척자이자 모험가, 선원인 동시에 제국주의의 첨병이기도 했던 쿡은 한 가지 이색적인 '선물'을 후대에 남겼다. 바로 투이 말릴라라는 거북이었다.

세상에 많고 많은 거북들이 태어나 죽었겠지만 이 거북은 사람처럼 생몰 연도가 기록으로 남아 있다. 쿡이 1777년 남태평양 섬나라 통가의 왕실에서 선물로 받은 새끼 거북 투이

◆ 미국 샌디에이고 동물원에는 '냉동 동물원'이라 불리는 시설이 있다. 정식 명칭은 보존연구소다. 멸종 위기 동물의 인공수정을 위해 흰코뿔소 등 1000여 종의 정자와 난모세포 등 세포조직 9000여 개를 보관하고 있다.

사라진

말릴라는 마다가스카르 방사상거북이라는 희귀종이었다. 흑갈색 등갑에 노란색이나 오렌지색의 독특한 방사상 무늬가 있어 '세계에서 가장 아름다운 거북'이라 불리기도 한다. 육지에 살면서 풀이나 과일, 선인장을 먹는다.

이 거북들은 등갑 길이가 한 자가 넘고 보통은 40~50년을 산다. 하지만 투이 말릴라는 그 몇 배를 살았다. 영국으로 자기를 데려간 주인 쿡이 1779년 숨지고 세기가 두 번 바뀐 뒤까지 살면서 영국인들의 사랑을 받았다. 1953년 엘리자베스 2세가 통가를 국빈 방문하면서 우호의 상징으로 투이 말릴라를 데려가 통가 왕실에 보여 주기도 했다. 그 거북은 1965년 5월 19일 188세를 일기로 '타계'했다. 고향으로 되돌아간 투이 말릴라는 통가타푸Tongatapu의 국립박물관에 보존 처리해 안치됐다.

알다브라큰거북인 인도의 아드와이타는 콜카타의 알리포르 동물원에서 2006년 숨을 거뒀다. 1750년쯤 태어났다고 추정되니, 250년 넘게 산 셈이다(같은 해에 죽은 오스트레일리아의 갈라파고스거북 해리엇은 175년을 살았다). 동인도회사의 영국인 관리였던 로버트 클라이브가 아프리카 동쪽 세이셸 군도République des Seychelles를 다니던 영국 선원에게서 얻어 애완동물로 키웠는데, 영국인들이 떠난 뒤 동물원으로 보내졌다고 한다.

지중해거북인 티머시는 1892년까지 영국 해군 마스코트

노릇을 했다(당시만 해도 사람들이 거북의 암수를 구분할 줄 몰라 암 컷에 남자들이 많이 쓰는 이름을 붙였다고 한다). 1853년에 발발한 크림전쟁 때 영국 해군함 HMS퀸호가 크림반도의 세바스토 폴을 폭격할 때도 티머시가 함께했다. 2004년 시대를 풍미한 티머시가 죽었을 때의 나이는 160세였다.

인간보다 훨씬 오래 지구를 지켜 온 마다가스카르 방사상 거북, 알다브라큰거북, 갈라파고스거북 등은 이제 남획될뿐 더러 서식지까지 잃어 모두 멸종 위기에 처해 있다. 외로운 조지가 숨진 뒤로 갈라파고스제도의 거북 종은 10종만 남았 다. 생물의 유전자는 뛰어난 경제학자여서, 어느 한 부분에 자원을 많이 투입하면 다른 부분에는 투입량을 줄이곤 한다. 오래 사는 거북은 대량 번식하기 힘들다. 거북 한 마리가 태 어나 번식할 수 있는 성체가 되려면 20~30년이 걸린다. 게다 가 인류는 아직도 거북에 대해 많이 알지 못한다. "갈라파고 스제도를 방문하는 여행자들 눈에는 모든 거북이 똑같아 보 이겠지만 찰스 다윈이 1835년 여행 뒤에 기록했듯이 이 외딴 화산섬들에 사는 거북은 제각기 분화하고 진화해 다른 종으 로 갈라졌다." 조지가 숨진 뒤 『내셔널 지오그래픽』에 실린 기사의 구절이다. 바로 그 이유에서 갈라파고스제도는 다윈 에게 종의 분기分岐를 보여 주는 진화론의 연구 무대가 됐다. 조지가 속해 있는 핀타섬땅거북만 해도, 상대적으로 가까운 히스파니올라섬에서 30만 년 전쯤 건너와 친척들과 갈라진

사라진

것으로 추정된다. 유전자의 차이는 거북들 간의 통혼을 막고
번식을 힘들게 한다.

레드 리스트

국제자연보존연맹은 레드 리스트를 만들어 멸종 위기 생
물 종을 기록·감시한다. 리스트에는 조지처럼 멸종되었거나
멸종을 앞둔 동식물 명단이 빼곡히 적혀 있다.[*] 그중 피레네
아이벡스(학명은 카프라 피레나이카 피레나이카*Capra pyrenaica pyrenaica*)
의 운명을 살펴보자. 이름에서 짐작하듯 스페인 북부 피레네
산맥에 살던 야생 염소다. 스페인 사람들은 부카르도bucardo라
고 불렀다고 한다(이베리아 염소, 스페인 염소라 불리기도 했다).
피레네 산지와 프랑스 남부에 걸친 칸타브리아 산악 지대에
살던 흔한 종이었는데 2000년 1월 6일 '멸종'으로 기록됐다.
스페인의 황량한 산지에 많이 사는 염소들 중에는 아직 그레
도스 아이벡스나 베세이테 염소 같은 친척들이 남아 있지만
이웃한 포르투갈의 아이벡스는 멸종됐다. 과학자들은 피레네
아이벡스를 복제하고자 2003년 아종亞種 유전자를 복제해 새

[*] http://www.iucnredlist.org

끼를 탄생시키는 데 성공했지만 태어난 지 몇 분 만에 폐 감염증으로 죽고 말았다.

중국 양쯔강에는 바이즈라고 불리는 돌고래가 살았다. 돌고래는 대부분 바다에 살지만 아마존강이나 메콩강 등에 일부 민물 돌고래가 살고 있다. 양쯔강에도 돌고래가 있었다. 같은 민물 돌고래라 해도 종은 모두 다르다. 양쯔강돌고래는 한때 '양쯔강의 여신'이라 불릴 만큼 사랑받았다. 그러나 중국이 산업화하고 양쯔강 어업과 수송, 수력발전이 늘면서 서식지가 파괴됐다. 이미 1980년대부터 양쯔강돌고래가 멸종되리라는 우려가 있었다. 인간이 멸종시킨 사실이 확인된 첫 돌고래종이 되리라고들 했다.

결국 2007년 8월 19일 양쯔강돌고래는 레드 리스트에 '멸종'으로 기록됐다. 이미 과학자들은 그 전에 모두 사라졌을 것으로 봤다. 중국 정부가 2001년 보호 계획을 만들어 실행했으나 너무 늦었다. 2007년 8월 한 남성이 양쯔강에서 헤엄치는 거대한 흰 동물을 찍었다며 동영상을 공개했다. 어쩌면 바이즈가 살아남아 있을지 모른다는 희망이 되살아나기도 했으나 확인되지 않았다.* 마지막으로 생존이 확인된 양쯔강돌

◆ 그 뒤 바이즈를 봤다는 증언이 나오기는 했지만, 국제자연보존연맹은 비록 몇 마리가 살아 있을 가능성이 있더라도 '사실상 멸종'functionally extinct으로 본다.

사라진

고래는 세계야생생물기금의 바이즈 보호구역에 살다가 2002년에 죽은 치치였다.

중국에서 사라질 위험에 처한 또 다른 생물 종은 현지 주민들이 바이쉰이라고 부르는 차이니즈 주걱철갑상어다. 주걱철갑상어의 일종이고, 민물고기 중에서는 크기가 아주 큰 편에 속한다. 지구상에 이들의 친척은 많지 않다. 아메리카 대륙에 사는 아메리카 주걱철갑상어는 몇 년 안에 멸종될 것으로 보인다. 레드 리스트에 따르면 세계 상어 종의 약 20퍼센트가 위협받고 있다. 특히 멕시코 주변에 서식하는 상어 종 가운데 80퍼센트가 멸종 위기 종이다.

어디서 어떻게 살아 이토록 예쁜 이름이 붙었나 싶은 '낙원의 앵무새'(학명은 프세포텔루스 풀케리무스*Psephotellus pulcherrimus*)도 2014년 멸종 판정을 받았다. 오스트레일리아 동부에서 처음 발견되어 퀸즐랜드주 부근에 살았다. 19세기까지만 해도 흔했다고 한다. 하지만 1902년 극심한 가뭄을 겪은 뒤 마릿수가 크게 줄었고, 1918년 다시 목격됐다. 그다음에 이 새를 봤다는 기록이 나온 것은 1928년이었다. 1930년대와 1940년대에도 이 앵무새를 관찰했다는 기록이 있었다. 1990년에는 목격 증언이 다섯 차례나 나와 조류학자들이 큰 관심을 보였으나, 결국 레드 리스트에 '멸종' 도장을 찍었다.

세상에서 가장 큰 꽃, '시체 썩는 냄새'로 유명한 인도네시아의 라플레시아(학명은 라플레시아 아르놀디*Rafflesia arnoldii*)는 줄

기도, 뿌리도, 이파리도 없이 꽃잎으로만 존재한다. 지름이 3
미터에 이르는 이 거대한 꽃은 실제로는 기생식물이며 보르
네오섬과 수마트라섬에서 자란다. 위긴스아칼리파(학명은 아
칼리파 위긴시*Acalypha wigginsii*)는 분홍빛 털이 복슬복슬하게 난 꽃
을 피우는데, 갈라파고스제도에서 자라는 희귀 식물이다. 이
섬에 격리돼 살아온 고유종이라, 지구상에 친척이 별로 없다.
하나같이 멸종 위기 종들이다.

사라진

노을 속의 코끼리 가족

진귀한 동식물만이 멸종 위기에 처한 것은 아니다. 육상동물 중에서 빠르기로 유명한 치타도 사라질지 모른다. AP통신은 2016년 12월『미국국립과학원회보』최신호에 게재된 영국 런던동물학회Zoological Society of London 보고서를 인용해 치타가 주요 서식지인 아프리카에서 급격히 줄고 있고, 이제는 세계에 7100마리 정도만 남았다고 보도했다. 연구자들은 레드리스트에서 '취약 종'으로 분류돼 있는 치타를 '멸종 위기 종'으로 지정해 집중 관리해야 한다고 지적한다. 이미 아시아에서는 거의 씨가 말라, 50마리도 안 되는 야생 치타만이 이란에서 명맥을 유지할 뿐이다.

치타가 케냐의 초원을 달리는 모습은 경이로웠다. 멀리서도 날렵해 보이는 이 멋진 고양잇과 동물 두 마리가 앞에 있었다. 레인저ranger라고 불리는 가이드는 "둘 다 젊은 수컷"이라고 장담했다. 암수가 함께 다니거나, 암컷들끼리 함께 다니는 일은 없으며 주로 수컷들이 짝지어 사냥한다고 했다. 치타두 마리가 일순 움직이는가 싶더니 근처에 있던 얼룩말들이무리 지어 뛰기 시작했고 모래바람이 일었다. 치타들은 눈으로 쫓기 힘들 만큼 빨랐다.

과학자들에 따르면 치타는 사람들의 눈에 잘 띄지 않아 실태를 파악하기가 더 어렵다고 한다. 멸종 위기를 맞아도 방치되기 쉽다는 것이다. 치타가 위기를 맞은 것은 서식지가 마을과 농지에 잠식당하고 있기 때문이다. 야생 치타의 절반 이상이 나미비아, 보츠와나를 비롯한 사하라 이남 6개국에 산다. 치타는 육식동물 중에서도 활동 반경이 가장 넓은 종에 속한다. 치타가 살아가려면 약 800제곱킬로미터가 필요한데 사자 같은 맹수와 영역이 겹치지 않으려다 보니 보호구역 바깥으로 밀려나기 일쑤라고 한다. 치타의 77퍼센트가 보호구역 경계를 넘나들며 사는데, 보호구역 주변에 농지가 늘면서 서식지가 줄었다고 과학자들은 보고했다. 서식지 주변의 초식동물이 감소하자 먹이도 줄었다. 농민들은 가축을 해치는 치타가 보이면 사살한다. 짐바브웨에서는 2000년 이후 치타 수가 1200마리에서 170마리로 줄었다.

게다가 새끼 치타 밀매가 늘고 있다. 사우디아라비아, 쿠웨이트 등 걸프의 부국들에서 치타가 애완동물로 인기를 끄는 탓이다. 암시장에서 새끼 치타는 최고 1만 달러에 팔린다고 한다. 치타보존기금에 따르면 2006년 이후 10년 동안 아프리카에서 1200마리가 넘는 새끼 치타가 밀렵돼 해외로 팔려 나갔다. 새끼 치타의 몸값이 비싼 것은 운반이 어렵기 때문이다. 밀매되는 치타의 85퍼센트는 좁은 나무상자에 갇혀 운송되는 과정에서 죽는 것으로 추정된다.◆

케냐 남서쪽 나이로비에서 250킬로미터 떨어진 암보셀리 국립공원은 킬리만자로산(이 산은 탄자니아 영토에 있다)을 배경

으로 펼쳐져 있다. 면적은 390제곱킬로미터로 1974년 문을
열었다. 케냐에서는 마사이마라와 함께 가장 유명한 관광지
로 꼽힌다. 탄자니아 접경의 희고 너른 땅 암보셀리는 마사이
부족의 언어로 '마른 먼지', 혹은 '먼지가 이는 땅'을 뜻한다.
킬리만자로산에서 수만 년 전 쏟아져 내려온 용암과 화산석
이 암보셀리의 먼지를 만들었다. 해마다 4~6월 우기에는 수
심 1미터쯤 되는 넓은 호수가 되어 동물과 사람들을 먹여 살

◆ 『경향신문』, "7100마리만 남은 치타 … '한때 세상에서 제일 빨랐던' 동물 되
　나"(2016/12/27).

리고, 연중 대부분에 해당되는 건기에는 사막과 반半사막성 초원으로 변한다. 치타가 사냥하는 모습을 본 곳이 암보셀리였다.

국립공원 입구를 지나고 몇 분 만에 자동차는 먼지를 일으키며 마른 호수 바닥을 달리고 있었다. 흰 들판 곳곳에 먼지 기둥들이 솟아올랐다. 얼룩말보다, 솟과 초식동물인 누 떼보다 더 눈길을 끄는 것은 여기저기 눈을 가리는 흰 기둥들이었다. 넓은 평지가 만들어 내는 공기의 흐름은 이곳저곳에서 회오리바람을 형성해 기둥을 쌓아올린다. 그 아래는 신기루다. 눈을 돌리면 곳곳에 물웅덩이와 호수가 보였다. 신기루 위로 모래바람이 솟구치는 모습은, 내가 어디에 있나 싶을 만큼 초현실적이었다.

이곳에 서식하는 동물 450여 종은 사바나기후의 건기와 우기를 따라 탄자니아와 케냐에 걸쳐 있는 세렝게티 초원과 마사이마라 사이를 이동한다. 누 130만 마리와 얼룩말 40만 마리가 국경을 넘어 이동하는 모습은 장관으로 꼽힌다. 이들은 5월부터 7월 사이 마사이마라에 와서 살다가 10월 중순이 되면 세렝게티로 돌아간다.

가장 인상적인 풍경은 코끼리 가족이 '국경'을 넘어 킬리만자로의 보금자리로 돌아가는 모습이었다. 엄마 코끼리가 맨 앞에 서고 아이들이 뒤를 따른다. 가이드는 맨 뒤에 가는 것이 아빠 코끼리라고 귀띔했다. 레인저 차량을 타고 암보셀

사라진

리에 온 모든 관광객이 숨죽이고 멈춰 서서 노을 속 코끼리 가족의 귀가를 지켜봤다. 숙연한 느낌마저 들었다.

정연한 모계사회를 유지하며 지능과 교감 능력이 높다고 알려진 코끼리는 누구에게든 친숙하다. 코끼리가 살지 않는 나라에서도 동물원에 가면 늘 최고 인기 동물이고 어린이용 그림책이나 동물도감에도 빠지지 않는다. 하지만 코끼리가 안전하게 지낼 곳은 줄어들고 있다. 미국 동물 보호 단체 세이브더엘레펀츠Save the Elephants와 콜로라도 주립대학교 연구팀 등이 2017년 3월 공개한 자료는 코끼리 서식지가 세계에서 위협받고 있음을 보여 준다. 이들은 지난 10년 동안 코끼리의 주요 거처 중 한 곳인 서아프리카 가봉의 밍케베 국립공원에서 야생 코끼리 개체 수를 조사했다. 세계에서 코끼리들이 사는 곳은 대부분 국립공원 지역이다. 보호구역을 만들면 거기서 코끼리들이 공동체를 이뤄 마음껏 살아가고 번식할 수 있으리라고 각국 정부와 학자들은 믿었다. 그것은 보호구역의 존재 이유이기도 했다. 하지만 불행하게도, 밍케베의 조사 결과는 보호구역조차 안전하지 않다는 사실을 보여 줬다. 밀렵꾼들은 여전히 기승을 부리고 있을 뿐만 아니라 단속과 처벌을 피해 보호구역의 더 깊숙한 곳으로 옮겨 다니고 있었던 것이다.

밍케베 코끼리의 주류는 둥근귀코끼리다. 연구에 따르면 2004~14년에 밍케베에서만 이 코끼리 2만 5000여 마리가 살해당했다. 개체 수의 80퍼센트가 줄어든 것이다. 당국이 감시하기 어려운 오지에 보호구역이 있다 보니 밀렵꾼이 기승을 부렸다. 중부 아프리카 일대의 둥근귀코끼리는 10만 마리 정도인데, 학자들은 그다지 안심할 수 없는 마릿수라고 말한다. 2002년 세워진 밍케베 국립공원은 면적이 7570제곱킬로미터에 이르는 드넓은 보호구역이다. 중부 아프리카 둥근귀코끼리의 절반 가까이가 가봉에 산다.

숲이 사라지면 코끼리들은 살 수 없다. 코끼리들이 없으면 숲도 살 수 없다. 아프리카에서 사람들은 '소가 지나간 자리엔 풀이 자라지 않지만, 코끼리가 지나간 자리엔 숲이 생긴다.'고들 한다. 코끼리와 공생하며 살아가는 나무와 동물이

사라진

워낙 많아서다. 코끼리들은 드넓은 초원을 오가며 풀과 나뭇잎을 뜯어 먹고 똥을 눈다. 코끼리의 배설물을 통해 씨앗이 곳곳으로 퍼진다. 단단한 씨앗들은 코끼리의 위산을 통과하는 과정에서 부드럽게 변한다. 발아하기 쉽게 진화한 것이다. 아프리카와 함께 코끼리의 서식지인 태국의 열대우림을 대상으로, 코끼리와 숲의 관계를 연구한 학자들도 있다. 트레버 콜린Trevor Caughlin이 영국『왕립학회보 B』에 발표한 논문에 따르면 코끼리가 한때 10만 마리씩 살았던 태국의 숲 지대에서 코끼리 개체 수가 2000마리로 급감하자 나무의 씨앗이 퍼지는 속도가 급격히 느려졌다고 한다.◆

새들도 개구리도 벌레들도

아프리카의 코끼리, 인도의 호랑이, 바다의 제왕인 백상아리까지 온갖 동물들이 '인간이라는 위협'에 밀려나고 있다. 이런 거대 포유류나 어류는 멸종 사실이 관심을 끌기라도 하지만, 우리가 모르는 사이에 사라져 가는 동식물은 더 많다.

◆ One Green Planet, "Africa's forest elephant population has dropped 80 percent" (2017/03/13), https://www.onegreenplanet.org

탄광 속에 산소가 있는지 알아보려고 카나리아를 먼저 들여보냈다는 데서 유래한 '기후 카나리아'라는 용어가 있다. 환경이 파괴되고 기후가 달라지고 서식지가 줄어들 때 가장 먼저 타격받는 생물 종을 가리킨다. 주변 식생 등 환경 변화에 매우 민감하게 반응하는 양서류가 대표적이다. 2007년 2월 미국 애틀랜타에 여러 나라 과학자들이 모여 '양서류의 방주' 프로젝트를 시작하겠다고 선언했다. 성경에 나오는 '노아의 방주'에 착안해, 각국의 동물원과 수족관, 식물원에 개구리를 보내 멸종 위기에서 보호하려는 계획이다. 2009년 6월에는 미국과 영국 과학자들을 중심으로 양서류·파충류 보호 기금이 만들어졌다. 과학자들은 1990년대 후반 이래 양서류 약 6000종이 멸종 위기를 맞았다고 추정한다. 국제습지보호기구 등은 개구리가 사라지면 개구리를 잡아먹는 물새도 연쇄적으로 줄어든다고 경고한다.

2016년 세계야생생물기금과 런던동물학회가 『2016 지구 생명보고서』 *Living Planet Report 2016*를 발표했다. 이에 따르면 북극곰에서 뒤영벌까지 세계의 동물 종 절반은 40년 안에 멸종 위험에 처해 있다.♦ 남미에서는 1970년부터 2010년 사이

♦ 연구 팀은 3038개 야생 생물 종의 1만 380개 군집을 조사해 이런 결과를 얻었다. 이를 바탕으로 1970년 이후 이 행성에서 야생 생물의 숫자가 평균 52퍼센트씩 줄었다고 지적한다.

사라진

어류의 86퍼센트가 감소했다. 아메리카 대륙의 양서류는 이 기간에 73퍼센트가 사라졌다. 미국 근해의 백상아리는 20년 사이 절반으로 줄어들었다. 연안 석유 시추가 늘어났기 때문으로 분석됐다. 서식지가 줄고 취약해진 생명체들은 작은 위기에도 멸종될 처지를 맞는다. 작은갈색박쥐는 2006년에만 700만 마리가 죽었다. 겨울잠을 자는 박쥐에게 치명적인 해를 입히는 전염병이 돌았기 때문이다.♦

2000년대 들어 식물의 꽃가루를 옮기는 벌들도 사라지고 있다. '송전탑의 전자파 때문이다', '알 수 없는 전염병이다', '살충제 탓이다.' 등 여러 분석이 나왔지만 확실한 이유는 아직 모른다. 미국에서는 몇몇 꿀벌이 멸종 위기 종으로 지정되기도 했다. 2016년 10월 미국 정부는 하와이 토종 꿀벌 일곱 종을 멸종 위기 종 보호법에 따라 보호해야 할 종으로 정했다. 이 벌들은 1990년 이후 90퍼센트가 사라졌다.♦♦ CNN 등에 따르면 2007년 이후 겨울마다 미국의 꿀벌 떼가 평균 30퍼센트씩 폐사하고 있다. 캐나다에서는 2012년과 2013년 겨울을 거치며 꿀벌 떼가 29퍼센트 줄었고, 유럽에서는 같은 기

♦ WWF, "Living planet report 2016", https://wwf.panda.org/knowledge_hub/all_publications/lpr_2016

♦♦ *National Geographic*, "First U.S. bumblebee officially listed as endangered"(2017/03/22).

간 꿀벌의 20퍼센트가 사라졌다. 유엔 산하 생물 다양성 과학기구인 '생물다양성 및 생태계 서비스에 관한 정부 간 과학정책플랫폼'IPBES은 2016년 2월에 꿀벌 및 나비를 비롯한 곤충, 새, 박쥐 등 식물의 수분 활동을 돕는 꽃가루 매개 동물의 16퍼센트가 멸종 위기라는 보고서를 내놨다. 특히 벌 종류는 40퍼센트가 멸종 위기다.

나와 같은 종이 나뿐이라면

오랑우탄은 침팬지, 고릴라와 함께 인류와 가장 가까운 영장류다. 보르네오와 수마트라의 몇몇 지역에 오랑우탄이 살고 있지만 이들이 앞으로도 인류의 사촌으로 남아 있을지는 알 수 없다. 찰스 다윈과 거의 비슷한 시기에 진화론의 얼개를 구상한 영국의 탐험가이자 생물학자인 앨프리드 러셀 월리스는 1840년대에 오늘날의 인도네시아 일대를 탐사한 뒤『말레이 제도』라는 책을 썼다.

늙은 다야크족 촌장들이 내 정보통인데, 그들에게 들은 이야기가 하도 신기해서 그대로 옮긴다. "미아스(오랑우탄)를 다치게 할 만큼 힘센 동물은 하나도 없습니다. 유일하게 싸우는 동물은 악어입니다. 밀림에 열매가 하나도 없으면 미아스는

사라진

먹이를 찾아 강기슭에 가는데 이따금 악어가 미아스를 잡으려 들지만 오히려 미아스가 녀석을 올라타 손과 발로 때리고 찢어발겨 죽입니다." "미아스는 천적이 없습니다. 악어와 비단뱀 말고는 어떤 동물도 미아스를 감히 공격하지 못합니다. 미아스는 힘이 엄청나게 셉니다. 밀림에서 그만큼 힘센 동물은 아무것도 없습니다."◆

동아프리카에서 침팬지를 연구한 영국 생물학자 제인 구달, 동·중부 아프리카에서 고릴라를 지키다가 밀렵꾼으로 추정되는 이들에게 살해당한 미국 출신의 다이앤 포시와 함께 3대 영장류 학자로 불린 리투아니아 출신 여성 학자 비루테 갈디카스는 보르네오 오랑우탄들의 어머니다. 갈디카스가 오랑우탄을 관찰하고 연구하던 작은 오두막집은 이제 그의 이름을 딴 작은 박물관이 되었다. 여전히 보르네오에는 오랑우탄들이 살아가고 있으나, 낙엽이 산화된 검은 강물을 모터보트로 건너 숲속을 한참 거슬러 들어가야 높다란 나무 위에 올라가 있는 그들의 모습을 간신히 쳐다볼 수 있을 뿐이다. 늙은 촌장들이 월리스에게 천적이 없다며 무시무시한 위용을 묘사했던 그 오랑우탄들은 이제 사람들이 정해 둔 몇몇 보호

◆ 앨프리드 러셀 월리스 지음, 노승영 옮김, 『말레이 제도』(지오북, 2017), 96쪽.

구역에만 남아 있다.

앵무조개는 대단히 강하며, 10~15분간 물 밖에 내놓아도 견
딜 수 있다. 물속에서 진화한 것들 가운데 가장 크고 힘센 아
가미로 엄청난 양의 물을 걸러서 산소를 흡수하므로, 산소 농
도가 낮은 물에서도 산다. 칸칸이 나뉜 껍데기를 가진 앵무조
개는 대량 멸종의 총알을 뒤뚱거리면서 피한 동물이다.[♦]

앵무조개는 수족관에 갈 때마다 눈길이 가는 동물이다. 피
터 워드와 조 커슈빙크가 쓴 『새로운 생명의 역사』에는 거대
한 조개껍데기에 낙지 혹은 오징어의 발이 무더기로 달려 있
는 듯한 이 신기한 조개 이야기가 나온다. 5억 년 전 다양한
생물 종이 한꺼번에 등장한 '캄브리아기 대폭발' 때 출현한
유서 깊은 동물이라고 한다. 앵무조개들은 유성이 부딪치고
공룡이 사라져 가고 화산이 폭발하고 핵폭탄이 터지는 그 유
구한 세월 동안 바다를 지켰다. 그런데 저자들에 따르면 지금
이 앵무조개가 태평양 여러 곳에서 멸종 위기를 맞고 있다.
"껍데기를 원하는 수요 때문이다. 과거의 대량 멸종은 아름답

♦ 피터 워드·조 커슈빙크 지음, 이한음 옮김, 『새로운 생명의 역사』(까치,
  2015), 319쪽.

다는 이유로 생물을 죽이지는 않았다. 그러나 인류가 일으키는 대량 멸종은 다른 식으로 펼쳐진다. 2005년에서 2010년 사이에 미국으로 수입된 앵무조개 껍데기만 해도 50만 개나 된다."◆

아프리카 동쪽, 인도양의 섬나라 모리셔스에는 인류가 멸종시킨 것으로 기록된 최초의 동물인 도도가 살고 있었다. 거기서 멀지 않은 마다가스카르섬에는 지금은 멸종한 피그미하마가 살았으며, 몸길이가 2~3센티미터에 불과한 카멜레온이 지금도 살고 있다. 인도네시아의 코모도섬에는 티라노사우루스의 후예처럼 보이는 거대한 코모도왕도마뱀이 산다. 우리는 이미 도도를 비롯해 수많은 생물 종을 절멸로 내몰았다. 세상에 나와 같은 종이 나뿐이라면, 나를 비롯해 몇 명밖에 없다면 기분이 어떨까. 마지막 남은 수컷 북부흰코뿔소 수단은 숨이 다하던 순간, 어떤 눈길로 세상을 바라봤을까.

◆ 같은 책, 394쪽.

우리보다 먼저 없어진

우리

사자와 마사이, 누가 먼저 사라질까

서아프리카 토고 북부에는 전기나 전화 없이 흙집에서 생활하는 원주민 부족이 있다. 수도 로메에서 북쪽으로 500킬로미터쯤 떨어진 탐베르마Tamberma 계곡에 있는 오지 마을 바삼바다. 남단 해안의 로메에서 바삼바까지 뚫린 고속도로에는 표지판도, 차선도 없다. 『어린 왕자』에 나오는 바오밥 나무들이 스쳐 지나갈 뿐이다. 비포장도로를 한참 달려, 토고의 주요 수출품 가운데 하나인 티크를 기르는 재배장과 화전민이 시커멓게 태워 놓은 밭을 지나면 바삼바가 나온다.

17세기 서아프리카를 장악했던 아보메이Abomey 왕국의 노예사냥을 피해 들어온 주민들이 숨어 지내던 곳이다. 탐베르마에는 토고에서 유일하게 유네스코 세계문화유산으로 지정된 진흙 성채 '타타'Tata도 있지만 관광객들이 여기까지 찾아

사라진

가긴 힘들다. 시대가 여러 번 바뀌었어도 주민들은 오래된 흙집에서 오래전 삶의 방식대로 살고 있다. 200명 남짓까지 줄어든 사람들이 20여 가구를 이룬다. 동그란 원통 모양 흙집에 초가지붕을 얹고 사는데, 주민들은 이 집들도 '타타'라고 부른다. 집 안에는 염소가 자는 방과 사람이 자는 방이 있고, 부엌도 모두 이어져 있다. 볼록 솟은 원추형 지붕에는 곡식 창고가 있고 화장실도 지붕 위에 있다. 주민들은 벼와 잡곡을 재배하거나 관광객들에게 기념품을 팔아 생계를 유지한다.

이 마을 주민들은 토고 북쪽 부르키나파소에 기원을 둔 이들이다. 어느 부족인지 물어보니 '지타마리히 부족'이라는 대답이 돌아왔지만, 토고인들도 잘 모르는 극소수 부족이라고 했다. 배꼽이 볼록 튀어나온 아이들은 흙바닥에 뒹굴며 놀고, 젖가슴을 드러낸 여성들은 약간의 돈이라도 얻을 수 있을까 싶어 손을 벌린다. 이곳 주민들은 토고 관광 안내 책자에 나올 만큼 이 나라에서도 드물게 원시적인 생활을 하는 사람들이다. 인류학자 마거릿 미드를 그럴듯하게 속여 넘긴 사악한 원주민도, 서양의 생태론자들을 매혹시킨 '고상한 야만인'도 아니다. 그저 외진 곳에 외따로 떨어져 살아가는 사람들이다.

어릴 적에 본 소년 잡지의 동물 만화에는 마사이족이 곧잘 등장했다. 특유의 유선형 날이 달린 긴 창을 휘어잡고 사자를 좇는 마사이족은 야성의 상징이었다. 케냐의 동서 고원을 가르고 있는 거대한 협곡인 대지구대는 마사이족의 땅이다. 개발의 길을 택한 다른 부족들이 내륙의 나이로비나 인도양에 면한 몸바사 같은 대도시에서 번잡한 현대인의 생활에 적응한 반면, 마사이족들은 여전히 광활한 협곡의 초원에서 유목민으로 살아가고 있다.

마사이족은 소와 양, 염소, 당나귀를 키우고, 관광객에게 세공품을 팔고 집 구경을 시켜 주며 생계를 유지한다. 건조기후에 적응한 마사이의 소들은 낙타처럼 등에 혹이 달렸다. 전형적인 마사이 마을에서 남자들은 울타리를 치고 여자들은 집을 짓는다. 하루 식사는 아침저녁 두 끼. 우기와 건기에 맞춰 두 마을에 집을 지어 놓고 연중 절반씩 거주한다. 흙벽에 초가지붕을 얹은 마사이족의 집을 찾아가면 전기도 없고 수도도 없는 캄캄한 집 안에 손바닥만 한 창이 나있고, 소가죽 침상에서 여성들이 건기에 열리는 장터에서 기념품으로 팔 목걸이 구슬을 꿰고 있다. 병원조차 없는 곳에서 사람들은 중병에 걸려도 킬리만자로 숲의 약초에 의지해 살아간다. 말라리아에는 '에레미트'라 부르는 풀을 달여 먹이고, 산모에게는 '오르크콸라'라는 것을 먹인다. 남자들은 아까시나무(아카시아)와 백향목 줄기로 불을 피우고는 말린 코끼리 똥에 불붙이는 과정을 관광객들에게 보여 주며 푼돈을 번다.

케냐의 관광 가이드들은 "지금도 사자들은 마사이를 만나면 도망친다."며 허풍을 떨곤 한다. 설마 싶겠지만, 사자들도 마사이는 알아본다는 것이다(마사이의 빨간 옷 때문이라지만 사자

사라진

들이 색을 알아보고 구분할 리는 없다. 어쩌면 마사이족 남성들이 몸에 바르는 향료 때문일지도 모른다). 마사이 사내아이들은 어른이 되려면 통과의례로 수사자 한 마리를 잡아야 했다. 그러니 동물의 왕 사자들에게 마사이족은 그야말로 천적이었던 셈이다.

서양 식민 세력이 아프리카인을 마구잡이로 '사냥'하던 시절에도 마사이족을 노예로 삼지는 못했다. 노예 상인들이 붙잡기만 하면 '죽거나 죽이거나' 둘 중 하나를 택해 결국 끌고 갈 수 없었다고 한다. 시대가 바뀌어 마사이 전사들이 관광객들에게 문을 열고 춤을 보여 주며 돈을 벌지만, 국경도 국적도 그들에겐 여전히 의미가 없다. 킬리만자로산 일대 케냐와 탄자니아 국경은 군데군데 열려 있는데, 동물들과 마사이족을 위해서라고 했다. 철따라 그들은 자신들에게 아무런 의미도 없는 국경을 오간다.

마사이들은 서구 침략자들이 총을 들고 들어와 그어 놓은 국경을 지금도 인정하지 않는다. 마사이족에게는 모두 자신들의 땅일 뿐이다. 그런데 이 땅이 기후변화와 사막화로 변해가고 있다. 가뭄은 길어지고 목축지는 줄어든다. 코끼리를 비롯한 여러 동물들은 보호 대상이 됐다. 케냐와 탄자니아의 인구는 늘어나고 도시화가 가파르게 진행된다. 마사이족 남성들 중에도 초원을 달리는 트럭 운전사가 되거나 전통적인 삶의 방식을 버리는 이들이 생겨난다. 80만 명쯤으로 추산되는 마사이 인구 중 대부분은 여전히 유목을 하고 있지만 삶의 위협은 커져만 간다. 에이즈는 일부 마사이족에게까지 번졌다.

케냐 정부는 전통적인 삶의 방식을 버리지 않는 마사이들을 '현대화'하려 했지만 결국 내버려두기로 했다. 마사이는 관광 상품이 됐다. 정부는 그들 덕에 벌어들인 돈의 일부를 마사이에게 주고, 협곡의 야생동물 보호 단체들도 지원했다. 하지만 서식지가 줄어가는 동물들과 마사이 모두의 삶은 갈수록 힘들어지고 있다. 2015년 마사이들이 보호구역의 사자를 '독살'하면서 정부와 마찰이 빚어졌다.◆ 활동 공간이 좁아진 사자들이 마사이 목동들의 소를 잡아먹은 게 원인이었다. 목동들은 남서부 나로크Narok의 보호구역에 살던 사자들에게

사라진

독을 먹였다. 적어도 여덟 마리가 죽었는데, 그중에는 BBC방송 등에 소개된 적도 있고 관광객들에게 사랑받던 17세 암사자 비비도 있었다. 케냐를 찾는 관광객들 대부분은 초원의 동물들을 보러 가는 만큼, 정부는 마사이가 사자를 죽이지 못하게 하려고 즉각 대처에 나섰다. 하지만 살기 힘든 것은 사자만이 아니다. 마사이야말로 척박하게 살아간다. 땅과 숲이 위협받으면 그 안에 사는 사람들도 위협받는다. 이른바 미개발 지역의 '원주민들'은 세상에서 버림받고, 멸종 위기 동물들처럼 '절멸'을 향해 가고 있다.

아키 부족은 탄자니아에 살고 있다. 인구는 5200명이 좀 넘는다. 케냐와 탄자니아 일대의 다른 부족들처럼 이들도 사냥과 수렵, 채집으로 살아간다(현지에서는 이런 부족들을 스와힐리어로 도로보Dorobo나 완도로보Wandorobo 따위로 부른다. 자기네들 소를 키우지 못해 마사이에게 아첨하며 살아가는 사람들을 경멸적으로 일컫는 용어라고 한다). 이들의 사냥터는 나날이 줄어든다. 개발과 기후변화로 사냥감 자체가 줄어드는 것이 가장 큰 원인이지만, 아프리카 밖에서 온 밀렵꾼들이 판치는 탓도 있다.

키상카사도 탄자니아 북부에 사는 초원 부족이다. 1987년 무렵 약 4670명이 살고 있다고 파악됐으나 2000년대 이후 1

◆ BBC, "Maasai lions: two charged with Kenya poisoning"(2015/12/08).

만 명으로 늘었다고 추산된다. 그러나 고유한 문화와 언어를
지키며 살아남을지는 알 수 없다. 이크 부족의 숫자도 1만 명
쯤인데, 케냐와 우간다 국경 지대에 거주한다. 이들은 고향
땅이 키데포 국립공원으로 묶여 사실상 터전을 빼앗겼다. 원
래 살던 데서 쫓겨난 뒤 기근을 겪었고 '서서히 죽어 가고' 있
다. 1972년 영국계 미국인 인류학자 콜린 턴불Colin Turnbull이
『산의 사람들』The Mountain People에 이크 부족을 소개해 서방엔
제법 알려졌다는데, 이크족에게는 별반 도움이 되지 않은 모
양이다. 일부 부족민들은 키데포 국립공원에서 가이드로 일
하고, 일부는 공원 안팎에서 여전히 사냥을 하며 살아간다.

　에티오피아에는 무르시(혹은 문)라고 불리는 사람들이 있

　　　　　　　　　　　　　　　　　　　　사라진

다. 오모강 계곡에서 살아가는 농민들이다. 2007년 인구조사에서는 7500명으로 나타났다. 자신을 무르시라고 밝힌 이 인구 중 도시에 나가 있는 사람은 불과 448명이었고 90퍼센트 넘는 이들이 여전히 오모강 계곡에 머물고 있다. 얼굴과 온몸에 독특한 흰 칠을 하는 이 부족◆을 가리켜 서방의 사진작가나 언론은 "아프리카에서 가장 사진을 잘 받는 사람들"이라 부르기도 한다. 2005년 문을 연 오모 국립공원이 그들의 땅에 생겨나면서 삶터를 빼앗기고 있다. 무르시들은 땅을 도둑맞았다며 보상을 요구하지만 정부는 그들을 '불법점거자'로 여긴다. 나일강 상류에서 기원한 유서 깊은 나일계Nilotic 원주민 부족 가운데 하나인 이들의 운명은 밝지 않아 보인다.

보아 스르가 죽은 날

2010년 2월 4일 소수민족 보호 단체인 서바이벌 인터내셔널은 '현재까지 남아 있는 인류 최고最古의 언어' 중 하나를 구사할 수 있는 유일한 사람인 인도 여성 보아 스르가 노령으

◆ Uganda Radio Network, "Meet the Mursi-Ethiopia's tribe known for a unique culture"(2016/06/23).

로 사망했다고 발표했다. 보아가 85세를 일기로 사망하면서 그와 조상들이 사용한 언어는 지구상에서 사라졌다.

인도와 말레이반도 사이, 벵골만 남부에 위치한 안다만제도는 안다만Andaman섬과 니코바르Nicobar섬을 중심으로 한 군도로 구성돼 있다. 아프리카에 기원을 둔 소수민족들이 오래전부터 이곳에 거주하며 독자적인 문화를 형성해 왔다. 영국 식민지를 거쳐 지금은 인도령 자치 지역이다.

보아 스르는 북北안다만섬의 서부 해안에 살던 보 부족 사람이었다. 이들은 다른 부족과 구별되는, 자기들만의 토착 언어를 썼다. 부족 가운데 숲에 사는 사람들은 에렘타가eremtaga, 바닷가에 사는 사람들은 아리요토aryoto라며 자기들끼리 구분해 불렀다고 한다.

섬의 일부 지역에 고립돼 살던 사람들이라 공동체 규모가 크지는 않았다. 1858년에는 약 200명이었다고 한다. 영국 식민 통치 당국이 이 소수 부족의 존재를 알게 된 건 1901년 총조사에서였다. 토착민들 상당수가 그랬듯이, 보 부족 사람들도 식민 통치와 개발 시기를 거치면서 질병과 알코올의존증, 무력 분쟁에 휘말려 사라져 갔다. 이미 1901년 조사 당시 이 부족 사람은 48명에 불과했다. 당시 조사관들은 이웃한 부족들에게서 전염병이 옮아 보 부족에게 치명적인 타격을 입혔다고 적었다. 1911년에는 부족민 수가 조금 늘어 62명이 됐지만 1921년에는 다시 16명으로 줄었고, 1931년에는 여섯 명만 남았다고 한다.

1949년 보 부족민들은 그레이트 안다만Great Andamanese이라고 통칭되던, 다른 안다만제도 토착민과 함께 블러프Bluff섬의 보호구역으로 강제로 옮겨졌다. 20년 뒤에는 다시 스트레이트Strait섬의 보호소로 옮겨졌다. 1980년에 남아 있는 그레이트 안다만 부족민은 23명에 불과했다. 그 가운데 보 부족 사람은 세 명뿐이었다. 1994년에는 전체 그레이트 안다만 토착민은 40명, 그중 보 부족은 15명으로 늘어났다. 그제야 이런 소규모 토착민 공동체에 대한 관심이 일면서 보의 문화와 언어를 지키자는 목소리가 커졌지만, 이미 너무 늦었다.

안다만섬은 태평양의 뉴기니 지역과 함께 인류학자들과 언어학자들이 인류 문화의 보고로 여겨 온 곳이다. 하지만 근래 유입 인구가 증가하고 힌디어와 벵골 계통 언어 사용자가 늘면서 토착 언어들이 계속 사라지고 있다. 보아가 사용했던 보 언어는 약 6만 5000~7만 년 전 생성되었다고 추정되며 이때까지 남아 있던 세계 여러 언어들 가운데 가장 오래된 언어 중 하나로 손꼽혔다. 인도 언어학자로 보어를 연구해 온 안비타 아비Anvita Abbi는 "신석기 시대부터 사용해 온 언어가 사라진 것"이라고 말한다.

안다만제도의 전체 주민은 30만 명이 넘지만 그레이트 안다만 부족민은 보아가 숨질 당시 보아를 포함해 54명뿐이었다. 이미 보아는 숨지기 전 30년 동안 그 언어를 아는 '세상에

하나뿐인 사람'이었다. 나머지는 대부분 전통 언어와 문화를 모르는 아이와 청소년이었다.

영국 식민지와 태평양전쟁, 일본군의 점령, 2004년 아시아 쓰나미 등 온갖 풍파를 헤치고 살아온 보아는 생전에 대화를 나눌 사람이 줄어드는 것을 몹시 아쉬워했다. 마침내 자신만 남게 되자 힌디어를 배워 의사소통을 했지만, 할머니가 불러 주는 옛 노래들을 부족 아이들조차 알아듣지 못하는 모습을 보며 슬퍼했다고 한다.

보아를 통해 보어를 비롯한 그레이트 안다만 언어를 연구한 아비 박사는 토착민과 언어의 절멸을 계속 지켜보고 있다. 서바이벌 인터내셔널은 보아가 세상을 떠나고 2년 뒤, 보 부족과 똑같이 보호구역 강제 이주를 거쳐 '멸종'을 바라보고 있는 자라와 부족들 얘기를 소개했다. 당시 남아 있던 자라와 부족은 56명에 불과했고, 아비 박사는 자라와 언어를 연구하고 있었다.[*] 아비는 이 단체와 인터뷰하며 "자라와 부족도 그레이트 안다만과 같은 길을 걸을지는 알 수 없다."며 일말의 기대를 감추지 않았다. 하지만 자라와 부족민의 삶도 녹록하지는 않다. 이들이 살고 있는 보호구역은 관광객들이 들어

[*] Survival International, "Two years after Andaman tribe dies, another 'faces extinction'"(2012/01/26).

와 '인간 사파리' 관광을 하는 지역으로 변했다. 이 소수 부족을 구경하러 돈을 내고 들어온 사람들과 밀렵꾼들은 야생 동물을 사냥해 주민들의 삶을 피폐하게 만들고 있다. 얼마 안 남은 자라와 여성은 성적 학대까지 당하고 있다. 1999년과 2006년에는 외부인이 옮긴 홍역이 돌기도 했다. 자라와의 운명은 그레이트 안다만과 다를 수 있을까.

멸종된 부족, 사라진 언어

아시아·태평양의 섬들에는 보 부족이나 자라와 부족처럼 위기를 맞은 공동체들이 많다. 미국과 캐나다 북부의 이누이트 원주민도 마찬가지다. 브라질 등 아마존 삼림에서는 지금도 몇몇 부족이 '발견'되거나 사라지고 있다. 아이팟세, 바에난, 과라테가하, 이포테왓, 카나마리, 라야나. 모두 1900년부터 1957년 사이 브라질에서 사라진 부족들이다.

다르시 히베이루는 브라질의 인류학자이자 저술가다. 정치가로서 교육장관을 지내기도 했다. 하지만 인생은 순탄치 않았다. 1964년 쿠데타로 군부가 정권을 잡은 뒤로는 칠레·페루·베네수엘라·멕시코·우루과이 등 이웃나라들을 떠돌며 강의를 하는 망명객 처지가 됐다. 그를 세계적인 학자로 만든 업적은 1900년부터 1957년 사이에 사라져 간 '멸종 부족들'

을 확인해 목록을 만든 것이었다. 앞서 언급한 이름이 히베이루가 파악한 부족들이다. 그는 사실상 사라진 부족들과 함께, 위험에 처한 38개 부족의 목록도 만들었다.

유럽 제국 세력이 도착할 무렵 오늘날의 브라질에는 독립적인 원주민 '나라' 2000여 개와 수천 개의 부족이 있던 것으로 추정된다. 하지만 잘 알려진 대로 유럽인들의 학살과 전염병이 이어지면서 원주민 숫자는 급격히 줄었다. 그럼에도 브라질에는 아직 200개 가까운 원주민 공동체와 790여 부족이 있다고 한다. 아마존 밀림에 고립된 채 살아가는 원주민 중에는 여전히 세상에 알려지지 않은 부족이 여럿 있다.

이와 비슷하게 러시아 내륙에도 주변 사회에 동화·흡수됨에 따라 고유한 문화와 언어를 가진 원주민으로 존재할 수 없게 된 여러 부족과 민족이 살고 있다. 러시아 땅이 워낙 넓고, 여러 세력이 명멸해 간 곳이니 예사로 이 민족, 저 민족이 섞이고 사라졌을 것이다. 근대 이전에도 숱한 민족이 나타났다 합쳐지고 사라졌다. 그 오랜 역사 속에서도 남아 있던 소수민족들은 지금도 계속 '멸종 위기'를 맞고 있다.

2010년 러시아 인구조사는 극소수밖에 남지 않은 여러 부족의 실태를 보여 줬다. 카마신이라고 불리는 사람들은 당시 조사에서 두 명만 남은 것으로 나타났다. 원래 이들은 사모예드라 불리는 극지방 부족의 일부였다. 동토 지대에서 사냥하고 순록을 키우고 물고기를 잡으며 살던 타이가 카마신Taiga

사라진

Kamasin 집단과 좀 더 남쪽에 있는 초원에서 목축과 농경을 하는 스텝 카마신Steppe Kamasin으로 갈래가 나뉘었다고 한다. 하지만 20세기 들어 러시아로 동화됐고, 인구학자들은 이들이 '공동체 집단'으로서는 이미 1989년 절멸했다고 보고 있다.

잉그리아Ingria는 러시아 북서부 핀란드만 남쪽에 있는 지역이다. 한쪽은 라도가Ladoga 호수에, 한쪽은 나르바Narva강을 통해 에스토니아에 면해 있다. 이곳에서 살아온 이조라라 불리는 소규모 민족이 있다. 그리스정교를 믿는 토착민 집단이다. 오늘날 우크라이나의 모태가 된 키예프대공국 등이 북쪽으로 세력을 확장해 오면서 이들도 정교권에 편입됐다. 한때 스웨덴에 속했다가, 18세기 초 러시아가 잉그리아를 점령했다. 이조라는 러시아 문화에 동화됐고 1940년대가 되자 이들의 고유문화를 거의 찾아볼 수 없는 지경이 됐다. 제2차 세계대전 당시 소련은 레닌그라드(현재의 상트페테르부르크) 봉쇄를 풀 부대를 구성했는데 이 부대의 별칭이 '이조라 부대'였다. 전투는 격렬했고 참전한 이조라 병사들의 피해는 컸다. 기록에 따르면, 1848년에 이들 공동체의 인구는 약 1만 7800명이었고, 1926년에는 2만 6137명까지 늘었다. 하지만 1959년 총조사에서는 1100명만 남은 것으로 조사됐다. 1989년에는 820명으로 줄었는데 그들 중 잉그리아 고유의 말을 하는 사람은 302명뿐이었다. 2002년 조사에서는 327명이 있었고 그들 중 177명이 상트페테르부르크에 살았다. 2010년 조사에서는 이마저 266명으로 줄어들었다. 우크라이나와 에스토니아에 각각 약 800명, 300명이 살고 있다고 한다. 이제는 민족이라 하기엔 너무 작은 집단이 되었다.

보트도 잉그리아에 살던 사람들이다. 잉그리아의 보티아에 살면서 핀란드어와 비슷한 보트어를 써왔다. 2010년 조사에 따르면, 이 지역 세 개 마을에 이 언어를 쓰는 보트인 64명이 있었다. 이듬해 에스토니아 총조사에서는 단 네 명의 보트인이 등록됐다. 이들과 반대편, 유라시아 북동쪽 끝 캄차카반도와 추크치Chukchi반도에 살고 있는 알류토르 부족은 25명만 남았다. 러시아 전역에 고유 언어를 쓰지 않는 알류토르 후손 2000~3000명이 있다고 추정되지만 민족 집단으로서 이 부족은 사라진 셈이다. 같은 지역에 살던 케레크 부족은 네 명, 예니세이강 유역에 살던 유그 부족 출신은 2010년 단 한 명만 남았다.

볼리비아의 안데스 고산지대에 사는 칼라와야 부족 언어의 사용자는 100명 안팎에 불과하다. 이들은 외부인과 말할 때는 스페인어나 더 큰 부족 언어인 아이마라어Aymara를 쓰지만, 약초와 전통 의술을 이야기할 때는 칼라와야 말만 쓴다. 이들의 약초 지식은 유명하다. 칼라와야 언어가 소멸하면 그들의 지식도 사라진다.

현재 세계의 언어는 6700여 종으로 알려져 있지만 그중 약 30퍼센트가 1000명 미만이 사용하는 '멸종 위기 언어'다.

사라진

대부분 오지나 대륙의 변두리, 외진 섬에서 통용되는 부족 언어들이다(기후변화로 생활 패턴이 파괴되기 쉬운 곳들의 언어이기도 하다). 언어학자들은 2주마다 소수 언어 하나가 사라지고 있으며, 지금 속도라면 2100년 전체 언어의 절반인 3500종이 없어질 것으로 본다.

언어를 잃는다는 것은 조상과의 연계를 잃는 것과 다름없다. 러시아 시베리아 중부 예니세리 계곡에 사는 켓족은 독특한 언어를 구사한다. 이를 연구한 미국 학자들은 북미 나바호 원주민의 언어와 비슷하다는 사실을 알아냈다. 이는 초창기 인류의 이동 경로를 시사했다. 언어가 절멸된다는 것은 인류의 과거와 현재를 이어 주는 끈들이 사라진다는 뜻이다.

영국 언어학자인 대니얼 네틀과 수잔 로메인은 공저 『사라져 가는 목소리들』에서 "토착민들은 세계 인구의 4퍼센트 정도밖에 되지 않지만, 세계 언어의 적어도 60퍼센트를 사용하고 있으며 생물 다양성이 가장 풍부한 생태계들의 일부를 통제하거나 관리하고 있다."고 한다.◆ 그들의 지식을 단순히 '무시하는' 정도라면 차라리 양호한 수준인지 모른다. 서방의 과학자들과 기업들은 토착민들이 언어에 쌓아 놓은 지식을

◆ 대니얼 네틀·수잔 로메인 지음, 김정화 옮김, 『사라져 가는 목소리들』(이제이 북스, 2003), 33쪽.

훔친 뒤 '지적재산권'이라는 이름을 붙여 가로채기도 한다.

2008년 1월 미국 알래스카 지역 에야크 이누이트Eyak Inuit 족의 '나-데네'Na-Dene 언어를 유일하게 말할 줄 알던 마리 스미스 존스가 사망했다. 2003년 12월에는 러시아 북부 콜라반도에 사는 사미 원주민의 언어 '아칼라 사미'Akkala Sami를 말하는 마지막 사람인 마리야 세르지나가 세상을 떴다. 이들과 함께 언어도 사멸했다. 미국 비정부기구 '위험에 처한 언어를 위한 기금'에 따르면 파푸아뉴기니와 솔로몬제도에는 사용자가 한 명뿐이라 사실상 수명이 끝난 언어가 상당수다.

이례적으로, 죽어 가는 언어를 살린 일도 있다. BBC방송에는 2017년 3월 싱가포르의 언어학도인 케빈 웡의 사례가 보도됐다.◆ 그는 대학에 들어가기 전까지만 해도 자기 조상들이 쓰던 언어를 말해 보기는커녕 들어본 적도 없었다고 했다. 그 언어의 이름은 크리스탕이다. 말레이반도에 살던 아시아계 주민들이 포르투갈계와 섞이며 생겨난 언어이다. 이처럼 흔히 제국주의 시절에 유럽 언어를 받아들여 만들어진 말들을 크레올이라고 부른다. 크리스탕도 일종의 크레올이다.

웡은 외가 쪽 선조들이 크리스탕을 쓴 사실을 알아냈지만 조부모조차 거의 잊어서 더듬더듬 말할 수 있을 뿐이었다. 어

◆ BBC, "How to revive a 500-year-old dying language"(2017/03/19).

사라진

머니는 크리스탕을 전혀 못 했다. 윙은 어릴 적 중국 표준어인 만다린과 영어를 학교에서 배웠고, 집에서는 영어만 썼다. 16세기에 탄생한 크리스탕은 수백 년이 흐르면서 거의 사라진 상태였다. 포르투갈어와 말레이어에 중국어 방언인 민난어Hokkien, 만다린이 뒤섞인 크리스탕은 그 자체로 여러 언어가 합쳐진 역사 유산이었으나 사용자가 2000명에 불과했다. 싱가포르에서 그 언어를 유창하게 쓰는 사람은 50명 정도였다. 싱가포르가 영국 지배를 받을 때 포르투갈계 '유라시안' 주민들이 대거 식민 통치 당국에 고용되면서 영어 사용자로 바뀌었고, 아이들도 자연스럽게 영어를 가까이했기 때문이다. 그러다가 중국의 영향력이 강해지면서 만다린이 세를 불렸고, 소수 언어들은 사멸해 갔다.

이 사실을 알게 된 윙은 '코드라 크리스탕', 즉 '깨어 있는 크리스탕'이라는 연구 모임을 만들어 언어를 부활시켰다. 매주 200명 넘는 포르투갈계 싱가포르인 학생들이 모여, 잊혀가던 조부모 이전 세대의 언어를 연구하고 배운다. 쉽지 않은 일이었다. 무엇보다 크리스탕은 일상생활에 주로 쓰이던 구어口語였기에 문서 기록이 거의 없었다. 표준화된 발음과 철자도 없었고, 온갖 다양한 변형이 존재했다. 그 말이 주로 쓰이던 시대에 사용되지 않은 단어들, 예를 들면 카메라나 기차역 따위를 뜻하는 단어가 없는 것도 문제였다. 윙과 동료들은 옛 단어를 조합해 새로운 단어를 만들고, 말레이반도의 포르투갈계 마을들을 찾아다니며 언어를 모으고 있다. 온라인 무료 크리스탕 강좌를 열고 유튜브 동영상을 올려 언어를 공유한다. "우리의 역사가 담긴 직물이자 유산이기 때문"이다.

멸종 위기 동식물을 적은 '레드 리스트'처럼 사라져 가는 언어를 조사한 목록도 있다. 유네스코가 만든 '레드 북'인데, 공식 명칭은 '세계의 위기 언어 아틀라스'다. 1992년 캐나다 퀘벡에서 열린 국제언어학자회의가 계기였다. 학자들의 노력으로 1993년 일본 도쿄 대학에 '위험에 처한 언어를 위한 국제 연구소'가 문을 열어 레드 북 편찬 작업을 맡기로 했다.◆

나와 같은 말을 쓰는, 내 조상의 말을 쓰는 이가 한 명도 남지 않는다면? 앞서 소개한 알래스카 에야크 이누이트족 여성인 마리 스미스 존스는 에야크어를 사용하는 유일한 사람

◆ 2010년 발간된 '레드 북'에는 위기 상황을 맞은 2465개 언어가 올라와 있다. 이 언어들은 5단계로 구분된다. 대부분의 아이들이 사용할 수 있지만 모든 일상생활이 아닌 특정 부문에만 쓰이는 '취약vulnerable 언어'가 594개, 아이들조차 가정에서 모어로 배우지 않는 '명백히 위험한definitely endangered 상태의 언어'가 640개다. 나이든 세대는 여전히 쓰고 있고 부모 세대는 알아듣지만 아이들은 쓰지 않는 '매우 위험한severely endangered 상태의 언어'는 537개다. 조부모 세대조차 부분적으로만 사용하거나 이해하는 '심각하게 위험한critically endangered 상태의 언어'는 574개다. 지금은 사용자가 남아 있지 않은, 1950년대 이래 '멸종된extinct 언어'는 229개가 기록됐다. 유네스코 아틀라스 사이트의 지도를 보면 인도네시아, 파푸아뉴기니, 오스트레일리아, 아프리카 중부, 미국 서부, 중미와 남미에는 '멸종'을 뜻하는 빨간 표시가 빼곡하다.

사라진

이 되었을 때의 느낌을 다음과 같이 이야기했다.

그게 왜 나인지, 그리고 왜 내가 그런 사람이 된 건지 나는 몰라요. 분명히 말하지만, 마음이 아파요. 정말 마음이 아파요.◆

그리고 지혜도 사라진다

영국 출신 물리학자인 프리먼 다이슨은 회고록 『20세기를 말하다』에서 젊은 시절 웨일스로 여행을 갔다가 다쳐서 란두드노라는 지역의 병원에 입원했을 때의 이야기를 들려준다.

내 상처를 꿰매 준 의사를 제외하고는 아무도 나에게 영어로 말하지 않았다. 환자나 간호사나 문병객은 모두 웨일스어만 썼고, 내가 영어로 말하면 알아듣지 못하는 척했다. 웨일스어는 아름다웠고, 나는 그들의 목소리에서 음악을 들었다. 그러나 그들의 메시지는 오해할 여지 없이 명료했다. 나는 이방인이고, 빨리 잉글랜드로 돌아가라는 것이었다. '잉글리시'와 '브리티시'가 동의어라고 생각한 잉글랜드 소년에게 이 일은

◆ 대니얼 네틀·수잔 로메인, 『사라져 가는 목소리들』, 35쪽.

정신이 번쩍 드는 경험이었다. 피정복민으로 300년이 지나고 70년 동안 정복자의 언어로 의무교육을 받은 뒤에도 란두드노의 웨일스인은 여전히 웨일스인이었다.

그는 이렇게 말한다.

나중에 나는 똑같은 일을 취리히에서 스위스 독일인이 고지 독일인에게, 폰트레시나에서 로만시 스위스인이 독일 스위스인에게, 예레반에서 아르메니아인이 러시아인에게, 뉴멕시코 예메즈 부락에서 푸에블로족이 미국인에게 하는 것을 보았다. 소수자의 규모가 작을수록, 정복자의 자긍심을 꺾고 민족으로서 자신들의 정체성을 유지할 유일한 무기는 고유한 언어뿐이다.◆

그러나 토착민들이 사라지면서 그들이 간직한 언어와 지혜도 사라진다. 언어가 생겨나고 변화하고 합쳐지고 사라지는 일은 인류가 태어난 이래 반복돼 왔다. 농경이 시작되고 '문명'이 탄생했을 때부터, 즉 인간 집단이 점점 더 큰 단위로

◆ 프리먼 다이슨 지음, 김희봉 옮김, 『프리먼 다이슨, 20세기를 말하다』(사이언스북스, 2009), 306~307쪽.

합쳐질 때마다 일어난 일이기도 하다. 학자들은 대략 기원전 3000년부터 기원후 1000년 사이, 국가가 형성됨에 따라 언어 다양성은 꾸준히 줄어들었다고 지적한다.

근대 이후에 유럽 세력이 세계의 거의 전역을 식민지로 만들면서 토착 언어의 말살은 가속화했다. 미국 태생으로 오스트레일리아 국립대학교 교수인 언어학자 니컬러스 에번스는 "오스트레일리아, 미국, 남아프리카공화국을 보면 영어의 강력한 영향하에 매우 빠른 속도로 언어가 사라져 갔음을 알 수 있다."면서 "포르투갈어 영향하에 놓인 브라질의 대다수 지역, 러시아어 영향하의 시베리아, 아랍어 영향하에 놓인 수단, 인도네시아어 영향하에 놓인 인도네시아 전역, 그리고 새롭게 국가 공용어로 발달한 톡피신Tok Pisin어 영향하에 놓인 파푸아뉴기니의 아주 외진 지역까지 세계 곳곳에서 동일한 현상이 일어나고 있다."고 지적한다.◆

부족 숫자가 줄어서, 혹은 주류 사회에 편입하기 위해 젊은 세대가 자기네 문화와 언어를 버리고 동화되면서 언어의 절멸이 일어난다. 때로는 기후변화가 직접적인 원인이 되기도 한다. 덴마크령 그린란드 북서쪽에 있는 시오라팔룩은 사

◆ 니컬러스 에번스 지음, 김기혁·호정은 옮김, 『아무도 모르는 사이에 죽다』(글항아리, 2012), 61쪽.

람 사는 곳 중 가장 북쪽에 있는 마을이다. 이곳에 이누구이트 70여 명이 살고 있다. 겨울이면 석 달씩 밤이 이어지고 기온이 영하 40도로 내려가는 혹독한 환경이지만 이들은 물개와 고래 등을 사냥하고 낚시를 하며 전통을 이어가고 있다.[◆]

1818년 스코틀랜드 탐험가 존 로스John Ross가 도착하기 전까지 이누구이트 부족은 자신들과 다르게 생기고 다른 말을 하는 사람들이 사는 '바깥세상'이 있다는 걸 알지 못했다. 그 뒤 200년이 흘러 그린란드 대부분 지역이 유럽화·기독교화 됐지만 이누구이트는 자기네 생활 방식과 무속 신앙을 유지해 왔다(서방 사람들은 한때 그들을 '북극 에스키모'Polar Eskimo라는 다소 경멸적인 표현으로 부르기도 했다).

'이누크툰'Inuktun이라 불리는 이들의 언어는 수많은 극지방 원주민 방언 중에서도 원형을 간직하고 있어 '언어의 화석'이라 불린다. 하지만 이들이 자기네 말과 문화를 지키며 살 수 있는 시간은 길어야 10~15년뿐이다.

이들의 삶의 기반은 얼음이다. 얼음 위에 천막집을 짓고, 얼음 위를 썰매로 돌아다니며 사냥한다. 그런데 기후변화로 얼음이 녹아내리고 있다. 녹지 않을 줄 알았던 '만년빙'이 얇아져 물개 수가 크게 줄었다. 개썰매를 타고 돌아다니기도 힘

◆ BBC, "The Inughuit tribe of Northern Greenland"(2010/12/06).

들어졌다. 이대로라면 머잖아 고향을 버리고 남쪽 도시로 내려가 정착해야 한다. '주류 사회'에 들어가려면 토착 언어는 버릴 수밖에 없다. 영국『가디언』은 2010년 8월 13일 기후변화로 위기를 맞은 이누구이트족 언어를 소개하는 기사를 실었다.[◆] 비록 문자 기록은 없지만 이누구이트는 태곳적 지혜를 담은 풍성한 구전 문화를 갖고 있다. 이 언어가 사라지면 그 안의 지혜도 모두 사라진다.

사실 이누구이트에게는 아픈 역사가 있다. 미국의 진보 사학자 마이크 데이비스의『제국에 반대하고 야만인을 예찬하다』에는 미군 기지 때문에 쫓겨난 극지방 원주민 이누이트 이야기가 나온다.

1953년 신형 나이키 미사일 배터리를 저장할 땅을 확보하기 위해, 미군 지휘관은 그린란드 북서부 툴레 사람들에게 나흘의 시간을 주면서 고향을 떠나라고 했다. 그들은 그곳에서 200킬로미터 떨어진 새로운 마을(몇몇 사람의 의견에 비추면 '즉석 슬럼')로 강제로 추방되었다. 덴마크와 미국 정부의 관료들은 이것이 '자발적인' 이주였다고 전 세계에 거짓말을 했다. 이

◆ *The Guardian*, "The disappearing world of the last of the Arctic hunters"(2010/08/13).

제 그로부터 반세기가 흐른 지금, 다수가 사회주의 성향의 이
누이트형제당IA 소속인 그 손자들은, 전 지구적인 전지전능의
군사력을 꿈꾸는 미국 정부의 '스타워즈' 판타지를 실현하는
데 최대 걸림돌이 되고 있다.

　2002년 12월 선거에서 대다수의 그린란드인은 사회민주
주의 성향의 전진당과 급진 성향의 이누이트형제당에 표를
던졌다. 두 정당 후보들은 덴마크 정부가 툴레를 놓고 일방적
인 거래를 하는 데 반대하고, 완전한 독립을 위한 전진에 박
차를 가하겠다고 약속했다.◆

이 글의 '툴레Thule 사람들'이 바로 이누구이트이다. 이들은 1953년 미군 '툴레 공군기지'에 고향 땅을 내주고 시오라팔룩으로 밀려났다. 그런데 미국 등 개발된 나라들이 주범이 되어 발생한 기후변화에 또다시 밀려날 처지가 된 셈이다.

기후변화가 가져오는 것은 기상이변과 홍수만이 아니다. 지구 북단에서는 얼음 땅에 살던 토착민들이 생활 터전을 잃으면서 고유 언어가 멸종 위기를 맞고 있다. 아시아·태평양 지역에서는 해수면이 올라가면서 섬에 사는 원주민들의 이동과 언어의 소멸이 일어나고 있다.

토착민 힘바의 절규

에스파냐 제국이 라틴아메리카를 점령할 때처럼 마구잡이로 학살하고 전염병을 퍼뜨려 토착민을 절멸하는 시대는 지나갔다. 하지만 이제 자본주의와 개발, 세계화가 지역 토착민의 고유한 문화와 언어를 없애고 있다. 그들의 물리적인 생명이 사라지는 것이 아니라, 부족 혹은 원주민으로서 정체성이

◆ 마이크 데이비스 지음, 유나영 옮김, 『제국에 반대하고 야만인을 예찬하다』 (이후, 2008), 136~137쪽.

사라지는 것이다. 그렇게 부족들은 없어진다.

이에 맞서 토착민들의 힘겨운 저항이 이어진다. 아프리카 남부 나미비아와 앙골라 일대에 사는 힘바 부족은 염소와 양, 소를 키우며 살아가는 반半유목민이다. 카오코란드라 통칭하는 지역에 거주하는 힘바의 인구는 5만 명으로 추산된다. 남성 1인당 소 한 마리를 갖고 있다고 할 만큼 소를 많이 키우는 '부자 부족'으로도 알려져 있다. 여성들은 건조한 기후에서 머리와 피부를 보호하기 위해 동물 기름을 바르는 독특한 문화를 갖고 있다. 하지만 앙골라가 석유 자원을 파내면서 개발에 박차를 가하고 나미비아는 관광 국가로 발돋움하면서, 이들의 문화는 점점 더 세계 공용의 것과 비슷해져 가고 있다. 아프리카의 여러 토착민이 그렇듯이, 힘바 자체가 일종의 관광 상품이 되고 있기도 하다.

노르웨이를 비롯한 유럽의 부자 나라들은 힘바 아이들을 위해 개발원조 사업의 일환으로 이동식 학교를 세웠다. 아이들을 교육한다는 좋은 의도였지만 영어로 교육하다 보니 아이들이 고유어를 잊고, 옷차림과 생활양식도 '세계화' 흐름을 좇는다는 지적이 일었다. 2010년에는 나미비아 정부가 힘바 아이들을 위해 학교를 여러 채 지었지만 부족 지도자들은 오히려 이 때문에 더 화가 났다. 미래 세대들이 부족 문화를 잃고 주류에 동화되리라는 걱정에서였다. 이듬해에는 이들 땅에 있는 쿠네네강에 정부가 수력발전용 댐을 짓기 시작했다.

상당한 면적의 힘바 부족 땅이 수몰될 판이었다. 그런데 몇몇 부패한 부족장은 외지인에게 땅을 팔았다.

성난 힘바인들은 땅을 매각한 부족장들을 쫓아내고 정부에 항의하는 시위를 벌였다. 2012년 1월 20일 이들은 나미비아 정부와 아프리카연합African Union, 유엔 등에 댐 건설을 중단하라는 선언문을 두 차례 보냈다. 힘바 지도자들은 자신들을 위해 마련됐다는 교육 체계가 문화적으로 적절하지 않으며 고유한 정체성과 생활양식을 깨뜨릴 것이라고 경고했다. "우리, 토착민 힘바는 조상 대대로 내려온 카오코란드의 원주민이자 이 땅을 돌보는 사람이자 진정한 소유주다."라는 말로 시작하는 힘바의 두 번째 선언은 비단 이 부족을 넘어 위기를 맞는 세계 모든 원주민의 절규였다.◆

같은 해 9월 유엔의 '원주민권리를 위한 특별 보고관'Special Rapporteur on the Rights of Indigenous Peoples이 힘바 공동체를 방문해 조사했고, 나미비아의 법에 토착 부족들에 대한 이해가 결여돼 있다는 결론을 냈다. 특히 땅에 대한 권리에서 토착민들의 목소리를 제대로 받아들이지 않고 있다는 것이었다. 댐 건설은 물론이고 곳곳에서 광산 개발로 땅이 파헤쳐지자 힘바의

◆ Earth Peoples, "Declaration by the traditional Himba leaders of Kaokoland in Namibia"(2012/01/20). http://earthpeoples.org

시위는 갈수록 커졌다. 2013년 3월에는 나미비아에서 지속
돼 온 인권침해 전체를 문제 삼았다. 원주민 부족장들을 지역
의 자치적인 통치 기구로 인정하고, 댐을 건설하려면 힘바와
논의해 그 의견을 받아들여 달라고 요구했다. 외지에서 들어
온 기업들이 부족민을 고용한 뒤 착취하는 현실도 국제사회
에 알려졌다. 하지만 여전히 문제는 해결되지 않았고, 힘바의
싸움은 계속되고 있다.

  '부시맨'bushmen으로 알려진 아프리카 남부의 산 부족도 개
발 바람에 터전을 잃고 떠돌다가 법정 투쟁에 나선 적이 있
다. 〈부시맨〉이라는 영화 속 명랑한 원주민으로만 세계에 알
려져 있으나, 이들의 현실은 참혹하다.

보츠와나 법원은 2006년 12월 칼라하리사막에 살다 쫓겨난 산족에게 '고향에서 자기들 방식대로 살아갈 권리'를 인정해야 한다는 판결을 내렸다. 재판부는 산족이 칼라하리 자연보호구역에 거주할 권리가 있으며, 정부의 강제 이주 정책은 불법이라고 판시했다. 또 "정부가 산족에게 사냥 허가조차 내주지 않은 것은 굶어 죽으라는 것이나 마찬가지"라면서 산족의 전통적 생활 방식을 보호해야 한다고 밝혔다. 이는 원주민들의 권리가 인정되지 않던 아프리카에서 예외적인 판결로, 절멸 위험에 처한 소수 토착민들의 전통적 생활양식을 법으로 보장해야 한다는 점에서 의미가 컸다.

산족은 아프리카 남부에서 대대로 살아온 '세계에서 가장 오래된 인류'다. 정식 명칭은 산족 혹은 코이산족이며 쿵이라고도 부르고 때로는 쿵산이라고도 한다. 이들은 보츠와나와 나미비아에 걸친 칼라하리사막에서 2만 년 넘게 살아왔으며, 학자들은 이들이 인류의 조상에 가장 가깝다고 보고 있다. 오랜 역사에도 불구하고 현대화된 생활 방식을 택하지 않아 서양인들의 구경거리가 되곤 했다. 산족은 아프리카에서도 반투족 등 대규모 흑인 집단에 밀리고 서양인들에게까지 쫓겨 현재 보츠와나와 남아프리카공화국, 앙골라 등지에 10만 명 정도만 남아 있다.

넓이 5만 8000제곱킬로미터(한국의 절반 크기)에 이르는 칼라하리 자연보호구역은 보츠와나가 영국으로부터 독립하기

5년 전인 1961년에 만들어졌다. 당초 목적은 이 지역의 산족을 주변 농장주들로부터 보호한다는 것이었으나, 개발 붐이 일면서 오히려 산족을 핍박하는 장치가 되고 말았다. 정부는 1990년대부터 산족의 사냥을 금지시켜 살길을 막았으며, 무장 경찰을 동원해 쫓아내기도 했다. 1997년, 2002년, 그리고 2005년에 반복적으로 '산족 추방 작전'이 벌어졌다. 뿌리 뽑힌 산족은 보호구역 밖 캠프에서 난민처럼 살았고, 알코올의 존중과 에이즈가 판쳤다. 쫓겨난 주민 239명이 소송을 냈고 결국 승리를 거둔 것이었다.

보츠와나는 아프리카에서 민주주의가 성공적으로 정착한 나라로 손꼽히며, 경제 개발이 착착 진행 중이다. 그러나 그 이면에는 산족 같은 소수 부족의 아픔이 있다. 보츠와나 정부가 칼라하리 일대의 관광 수익과 다이아몬드 광산 때문에 산족을 쫓아냈다는 의혹이 많다. 정부는 아예 산족을 자국 내 공식 부족으로 인정하지도 않고 있다. 그래서 2006년 법원이 산족의 손을 들어준 뒤에도 상황은 크게 달라지지 않았다. 정부는 법을 피해 가며 이들의 보호구역 귀환을 막고 있다. 보호구역에서 사냥하려면 정부 허가를 받게 해놓고 정작 허가를 내주지 않거나, '불법 사냥'을 했다는 이유로 체포하거나, 떨어져 사는 가족들을 방문할 수 있는 기간을 한 달로 제한하는 등 온갖 방법이 동원됐다. 심지어 산족이 물을 얻을 수 없도록 우물들을 시멘트로 봉하기도 했다. 산족은 마실 물조차

사라진

구하기 힘들지만, 관광객들이 묵는 고급 숙박 시설에는 수영
장이 갖춰져 있다. 정부로부터 땅을 임대받아 운영하는 '사파
리 관광' 숙박업소들이다. 산족은 '돌아갈 권리'를 얻고도 돌
아가지 못한 채 '물을 얻을 권리'를 놓고 다시 싸워야 했다.
2011년 1월 법원은 이들이 기존 우물을 사용할 수 있음은 물
론이며 새 우물을 팔 권리도 있다고 판결했다. 그러나 여전히
법을 무시하는 정부는 이들의 권리를 묵살하고 있다.[*]

◆ Survival International, "The Bushmen", https://www.survivalinternational.org/
tribes/bushmen

보이지 않는

세상에서 가장 많이 쓰이고
또 버려지는 상품.

어디에도 속하지 못한

인간

검은 아이들

그는 베이징에서 태어나 내내 거기서 살았다. 하지만 '한 자녀 정책'이 낳은 수백만 명의 다른 '위반자'들과 마찬가지로, 리쉬에에게 '국가'는 존재하지 않는다.◆

헤이하이즈. 중국의 한 자녀 정책을 위반하고 '더 낳은 아이들'에게는 후커우ғㅁ, 즉 호적이 없다. 우리 식으로 말하면 주민등록을 하지 못하는, 존재하지만 법적으로 존재하지 않는 아이들이다. 리쉬에는 학교에 다니지도 못하고 의료보장을 받지도 못한다. 직장은? 결혼은? 앞으로의 인생은? 출생

◆ AFP, "Dark lives of China's 'black children'"(2015/11/01).

보이지 않는

증명서를 비롯해 어떤 종류의 신분 증명도 없는 헤이하이즈에게 인생은 막막한 어둠이다. 공공 도서관에 가거나, 합법적으로 결혼하거나, 하다못해 기차를 탈 수도 없다. 리쉬에는 이렇게 말한다. "여기서 태어났지만 중국인이라면 당연히 갖는 권리가 내겐 아무것도 없다. 무엇을 하든 막히거나 어려움에 부딪친다. 중국에 내가 존재한다는 사실을 입증할 그 무엇도 없으니까."

한 자녀 정책이 시행되는 동안 몇몇 예외적인 경우를 제외하고 중국에서 대부분의 가정은 아이를 한 명만 낳아야 했다. 강제 낙태 시술이나 불임 수술이 행해졌다. 하지만 그 이면에 검은 아이들이 있었다. 리쉬에의 부모에게는 이미 딸이 있었다. 그런데 공장 노동자로 일하던 어머니에게 덜컥 둘째 아이가 생겼다. 계획에 없던 아이였다. 게다가 몸이 약한 어머니는 인공 유산조차 할 수 없었다. 둘째에게 후커우를 만들어주려면 벌금을 내야 한다. 리쉬에 가족이 낼 돈은 5000위안이었다. 한 달에 100위안을 버는 부모가 감당할 수 없는 금액이었다. 그래서 리쉬에는 어둠 속의 아이로 자라났다.

그가 스물두 살이던 2015년 10월 29일 중국은 한 자녀 정책을 없애기로 했다. 중국 공산당은 제18기 중앙위원회 제5차 전체회의(18기 5중전회) 마지막 날에 모든 부부에게 두 자녀 출산을 허용하기로 결정했다. 홍콩 『사우스 차이나 모닝 포스트』에 따르면, "공산당이 가족의 생활까지 개입한 인기

없는 정책을 버리기로 한 것"이었다.

한 자녀 정책이 시행된 것은 1980년부터였다. 1960~70년대 2퍼센트를 웃돌던 중국의 인구 증가율은 크게 떨어졌다. 1990년대 중반 1.5퍼센트 아래로 내려갔고 2000년대 중반부터는 1퍼센트를 밑돈다. 현재 인구 규모를 유지하기 위한 출산율(여성 한 명이 평생 낳는 자녀 수)은 2.4명이지만 2015년 당시 중국의 출산율은 1.18명에 불과했다.* 인구 증가는 늦췄지만 인구구조가 문제였다. 중국 인구 13억 7000만 명의 48퍼센트가 경제활동이 왕성한 25~54세이다. 15~24세 인구는 14퍼센트, 그 아래는 17퍼센트인 다이아몬드 구조다. 급속한 고령화 때문에 머지않아 노동인구 부족과 노인층 부양 부담이 성장의 발목을 잡을 것으로 관측됐다. 그래서 중국 정부는 2013년 11월 부모 모두에게 형제자매가 없을 경우 두 아이를 가질 수 있게 했다. 하지만 이조차 충분치 않다는 판단 아래 두 자녀를 전면 허용하는 정책으로 바꾼 것이었다.

하지만 리쉬에가 겪은 고통은 얼마나 컸을까. 어머니는 이렇게 회상했다. "여섯 살이 됐을 때 아이가 울었어요. 자기도

◆ 국가가 가족 구성에 인위적으로 개입한다는 논란이 많았으나 어쨌든 강력한 인구 통제 조치는 성공을 거뒀고, 세계는 '중국 인구 폭발'이라는 짐을 지지 않아도 됐다. 한편 이 시기 태어난 외동아이들은 가정 안에서 황제처럼 군림한다는 뜻에서 '소황제'라고 불렸다. 소황제의 그늘에 검은 아이들이 있었다.

보이지 않는

학교에 가고 싶다고. 아이가 아파도 병원에 갈 수 없어서, 이웃집을 찾아다니며 약을 나눠 달라고 애원했고요." 여덟 살터울 언니가 학교에 가지 못하는 동생에게 읽고 쓰는 법을 가르쳤다. 부모는 관공서 앞에서 공무원들을 붙잡고 수없이 하소연했다고 한다. 톈안먼 광장 앞에 피켓을 들고 서서 1인 시위를 한 적도 있었다. 아버지는 2014년 병으로 사망했다. "아버지는 희망을 잃지 말라고 가르쳤어요. 하지만 끝내 마음을 놓지 못한 채 돌아가셨지요." 이런 검은 아이들이 몇 명이나 될까? 2000년 총조사 뒤에 나온 추산치는 약 800만 명, 전체 인구의 0.65퍼센트였다.

국적이 없다는 것

세계에는 200개 가까운 나라가 있고, 사람이 거주하는 지구상의 모든 지역은 어느 나라에든 속해 있다. 그러나 동시에 세계에서 1000만 명이 어떤 국적도 없이 살아가며, 10분마다 한 명씩 국적 없는 아이가 태어난다. 국가의 탄압 속에 주민으로 인정받지 못해 '무국적자'가 된 이들도 있고, 난민의 자녀로 태어나 출생신고를 하지 못해 국적 없이 자라는 아이들도 있다. 국가로부터 시민임을 인정받지 못하는 여성들도 포함된다. 국적이 없다는 것, 어디에도 소속되지 않았다는 것

때문에 이들은 정부나 국가기구 혹은 사회가 주는 혜택과 보장을 누리지 못한 채 힘겹게 살아간다. 이들은 평범한 시민들이 누리는 기본적인 인권조차 부정당하는 경우가 허다하다.

유엔난민기구는 이들에게 '소속'을 제공하자는 '나는 소속돼 있습니다' 캠페인을 하고 있다. 안토니우 구테흐스 현 사무총장이 유엔난민기구 대표이던 2014년 11월 세계 각국 지도자들에게 보내는 공개서한을 발표하면서 캠페인을 출범시켰다. 구테흐스는 공개서한에서 "국적이 없는 상태statelessness는 교육받지 못하고 의학적인 도움을 받지 못하며 합법적으로 고용되지도 못하는 삶, 자유로이 이동할 수도 없고 미래에 대한 희망조차 가질 수 없는 삶을 뜻한다."며 "이제 이런 상태를 근절시킬 때"라고 했다.♦

리쉬에의 가족은 비록 메아리 없는 외침일지언정 톈안먼 광장에서 시위하고 관공서에 찾아가 하소연이라도 할 수 있었다. 하지만 세계 대부분의 무국적자들은 민족·종교·성별 때문에 차별받고 사회적으로 배제된 사람들이다. 유엔난민기구에 따르면 27개국이 여전히 여성을 시민·국민으로 인정하고 남성과 동등한 권리를 주는 것을 거부하고 있다. 유엔은 이미 1954년 '국적 없는 사람들의 지위에 대한 협약'을 채택

♦ http://www.unhcr.org/ibelong

했다. 그 뒤 수십 년에 걸쳐 배제돼 있던 사람들을 국민으로 받아들이는 각국의 조치가 잇따랐다. 2008년 방글라데시 법원이 파키스탄 출신 우르두어 사용자 30만 명에게 시민권을 준 것이 대표적인 예다. 2009년 중앙아시아의 키르기스는 소련이 붕괴된 뒤 무국적 상태로 남아 있던 6만 5000명을 국민으로 받아들였다. 2013년에는 서아프리카의 코트디부아르도 자국에 장기간 거주한 주변국 이주민들에게 국적을 줬다.

그러나 무국적 상태에 있는 사람들은 여전히 많다. 이유는 제각각이다. 대량 학살에 가까운 참사가 이어지고 있는 중앙아프리카공화국, 내전 때문에 국가 체계가 붕괴된 시리아에서는 전쟁이 원인이다. 분쟁 지역을 탈출한 부모에게 국적이 있었더라도 피란지에서 태어난 난민 자녀는 무국적 상태에 놓인다. 이 밖에도 여러 정치적·사회적 이유가 있다.

메흐란 카리미 나세리는 이란 출신 망명자였다. 프랑스 파리 샤를 드골 공항에서 18년 가까이 살았던 나세리의 사연은 1994년 프랑스에서 영화로 만들어졌고, 2004년 미국 영화 〈터미널〉의 모티프가 되기도 했다. 모스크바의 셰레메티예보 국제공항에 머문 이란 출신 자흐라 카말파르의 사정도 비슷했다. 나세리는 프랑스에, 카말파르는 캐나다에 망명하려다가 공항에 발이 묶였다. 박해를 피해 자기 나라를 떠나왔지만 가고 싶은 나라에 받아들여지지 않은 두 사람에게 '국가의 보호'는 없었다. 그들에게 이 지구는 정처 없는 행성이었다.

경계 안에 갇힌 삶

난민 심사를 기다리는 과정에서 무국적 상태가 되어 버린 사람들의 사연에 관심이 간다. 국적 없이 평생을 보낸 사람들은 자식들마저 그렇게 키우는 경우가 많다. 도미니카공화국(도미니카연방과 다른 나라다)은 중미 카리브해의 히스파니올라 섬에 있다. 섬의 서쪽 절반은 아이티, 동쪽 절반은 도미니카공화국이다. 도미니카공화국에는 가난과 독재를 피해 넘어온 아이티 사람 80만여 명이 살고 있다. 도미니카공화국은 미국처럼 속지주의 국적법을 채택하고 있다. 그 땅 안에서 태어난 사람은 누구든 시민이 되는 것이다. 그런데 2013년 6월 법원은 "이동 과정에서 태어난 아이들에게는 속지주의를 적용할 수 없다."는 판결을 내렸다. 이를테면 도미니카공화국에 살기 위해 온 것이 아니라 주재하러 온 외국 외교관 자녀들이나, 다른 나라로 이주하는 도중에 잠시 머물게 된 가정의 아이들에게는 국적을 줄 수 없다는 것이었다. 얼마 지나지 않아 이 법은 아이티 아이들을 배제하는 방향으로 확장됐다. 1929년 이후에 도미니카공화국으로 넘어온 아이티 이민자의 아이들에게는 국적을 부여하지 않는 것으로 법이 바뀌었다. 약 20만 명이 졸지에 무국적 신세가 됐다.

에스토니아와 라트비아는 이웃한 동유럽 나라다. 1940년부터 소련의 일부분이었다가 1991년 나란히 독립했다. 두 곳에 사는 사람들에게는 각기 그 나라 시민권이 주어져야 마땅했다. 하지만 두 나라는 소련에 합쳐진 시기를 일종의 '점령기'로 규정했다. 라트비아는 1940년 6월 18일, 에스토니아는 같은 해 6월 16일을 기준 삼아 그 이전부터 살아온 사람들과 후손들에게 우선적으로 국적을 부여했다. 그 뒤 51년 동안 '이주해 온' 사람들에게는 이민자로서 국적 취득 절차를 밟게 했다. 에스토니아어 혹은 라트비아어 시험도 치렀다. 독립 이후에 태어난 아이들의 경우, 부모 중 한 명이라도 국적이 있어야 시민권을 부여받을 수 있었다.

이 과정에서 '러시아인'은 배제됐다. 그들 중 일부는 국적 취득을 포기했다. 러시아는 국적 없는 옛 소련권 국가 국민들에게 비자 면제권을 줬기 때문에 이 사람들은 연고가 있는 러시아에 자유롭게 드나들 수 있었던 반면, 에스토니아나 라트비아 국적을 얻으면 러시아 입국 때마다 비자를 받아야 하기 때문이었다. 그래서 많은 이들이 무국적 상태로 남았다. 라트비아에 사는 사람의 12퍼센트, 에스토니아에 사는 사람의 6퍼센트가 지금도 국적이 없다. 법적 보호 대신 이동권을 택한 셈이다.

한때 그리스 민법에는 "그리스 민족 혈통이 아닌 사람이 귀환할 생각 없이 국가를 떠날 경우 국적을 잃을 수 있다."는 조항이 있었다(그리스계가 아닌 국민이 나라 밖으로 나가면서 귀환 의사를 어떤 형태로든 입증하지 않으면 국적을 빼앗는 식이었다). 이

법규 때문에 6만여 명이 국적을 잃었다. 키프로스에서 터키계와 그리스계 사이에 전쟁이 벌어지고 터키와 그리스 두 나라가 개입하면서 양쪽 관계는 매우 악화됐다. 당시 그리스는 터키계 자국민이 터키를 잠시 방문하러 가기만 해도 국적을 빼앗곤 했다. 그때 악용한 것이 바로 민법 제19조였다.

이 조항은 민족에 따라 시민권 규정을 다르게 적용한다는 비판 끝에 1998년 폐지됐다. 하지만 그리스에서는 민족주의 차별 정책이 이어졌고 여전히 300~1000명의 무국적자가 있다. 심지어 이들 중에는 외국에 나간 적 없는 사람들도 있다 (대부분 트라키아 지역에 살고 있는 터키계 사람들이다). 국적 없는 이들은 건강보험이나 교육 기회를 빼앗긴다. 정부는 이들에게 국적을 주겠다고 누차 약속했지만 지키지 않고 있다.

파키스탄에 소속되고자 하는 인도령 카슈미르주(잠무카슈미르) 사람들은 영토 분쟁에 끼여 툭하면 양국으로부터 스파이 취급을 받곤 한다. 인도는 분리 운동을 하는 이들을 가혹하게 탄압하고 고문·체포하기 일쑤다. 파키스탄으로 넘어갔다가 국경 통과 절차를 위반해 '인도 스파이'로 몰리는 사람들도 있다. 파키스탄령 카슈미르에 적을 두고 있지만 인도령 잠무카슈미르에 넘어가 사는 이들도 있다. 양국 경계는 불분명하고, 카슈미르 사람들은 국적에 관계없이 인척 관계로 엮여 있기 때문이다. 그런데 인도는 위협 수단으로 구금 중인 카슈미르인의 국적을 빼앗곤 한다. 파키스탄은 자국 대사관

보이지 않는

에 등록하지 않은 채 외국에 7년 이상 나가 있는 이들의 국적을 박탈한다. 그렇게 해서 카슈미르에는 무국적자들이 생겨나고 있다.

2012년 BBC방송은 무함마드 이드리스의 사연을 보도했다. 이드리스는 파키스탄 카라치에 살았다. 1999년 2박 3일 비자를 받아, 아내와 네 아들을 남겨 두고 혼자서 인도 칸푸르에 사는 병든 부모를 방문했다. 그랬다가 인도 당국에 체포되어 13년 동안 수감되었다. 중범죄를 저지른 것도 아닌데, 엉망인 사법 절차 탓에 심리를 한없이 기다리느라 장기수로 살아야 했다. 어처구니없는 '사법 실패'와 그 배경에 놓인 양국 간 외교 갈등이 한 사람의 인생 13년을 잡아먹었다.[*] 그의 인권은 묵살당했다. 이드리스의 파키스탄 여권은 2003년에 만료됐다. 그는 국적을 잃었다. 파키스탄도 그의 삶에 관심이 없기는 마찬가지였다. 인접한 네팔에는 무국적자가 10만 명에 이른다. 네팔에 사는 부탄계 10만 명은 네팔인도, 부탄인도 아닌 채로 살아간다.

---

[*] BBC, "Muhammad Idrees: abandoned by India and Pakistan"(2012/12/20).

존재를 증명할 방법

쿠웨이트의 사막 지대에는 베둔 또는 비둔이라 불리는 아랍계 유목민들이 있다. 2011년 국제 인권 단체 휴먼라이츠워치는 이들 중 약 10만 6000명이 쿠웨이트 시민으로 인정받지 못한 채 무국적자로 살아가고 있다는 63쪽 분량의 보고서를 냈다.[*]

당시 43세였던 움 왈리드는 "사망한 남편과의 관계를 입증할 서류가 전혀 없다."고 휴먼라이츠워치에 호소했다. 법적으로는 그가 결혼했는지, 누구와 했는지, 남편이 죽었는지, 죽은 남편의 재산을 물려받을 권리가 있는지 입증할 방법이 없는 것이다.

오늘날의 쿠웨이트가 왕국으로 성립된 것은 1613년이다. 하지만 유목민들은 아랍 전역에 흩어져 살아왔고 쿠웨이트 땅에도 그런 사람들이 있었다. 베둔은 아랍 전역에 흩어져 있는 베두인 유목민의 일부다. 1961년 영국 보호령에서 독립한 쿠웨이트는 석유 자원 덕에 세계 최고 부국 중 하나가 됐다. 그러나 정부는 베둔족을 합법적 기록이 없는 '불법체류자'로

---

[*] Human Rights Watch, "Prisoners of the past: Kuwaiti Bidun and the burden of statelessness"(2011/06/13).

규정하고 있으며, 베둔은 법적 보호를 받지 못한 채 빈곤 속에서 살아가고 있다.

이들이 보호받지 못하는 삶을 선택한 것이 아니다. 국적을 달라 해도 정부가 주지 않았다. 2016년 기준으로 이 나라에 거주하는 사람은 420만 명에 이른다. 그중 쿠웨이트 시민은 약 280만 명뿐이다. 나머지는 네팔 등지에서 온 이주 노동자나 주변 아랍국 출신을 비롯한 외국계 이주자다.

2011년 2월과 3월 베둔족이 정부에 시민권을 요구하며 시위했다. 이들은 출생·결혼·사망 증명서를 내주고 의료보장과 교육 및 고용 기회를 달라고 했다. 신분증이 없는 베둔족은 재산 소유권을 입증할 방법이 없거니와 거주이전의 자유도 제한된다. 살던 데서 쫓겨나 사막 곳곳으로 밀려다닌다. 정부는 국제사회의 압력에 밀려 '베둔 위원회'를 만들고 '불법체류자 해결 중앙 시스템'Central System to Resolve Illegal Residents' Affairs을 구축한 뒤 무국적 상태의 베둔족을 개별적으로 조사하겠다고 약속했다. 하지만 위원회는 베둔족의 국적 취득 신청을 대부분 거부했다. 이들에게 쿠웨이트가 아닌 다른 '진짜 국적'이 있다는 핑계로 심사 자체를 거부하기도 했다.

일부 베둔족은 자기네 공동체 안에서 통용되는 신분증을 발급받았지만, 그조차 없는 사람들은 존재 자체가 증명되지 않는다. 심지어 한 가족 내에서 신분이 달라지기도 한다. 휴먼라이츠워치가 소개한 움 압둘라라는 여성에게는 네 명의 손주가 있다. 그중 한 명은 정부의 교육 보조금을 지급받았지만, 나머지는 못 받았고 학교에도 가지 못했다. 합법적으로 취직할 기회가 없는 베둔족은 거리에서 채소를 팔거나 자동차 수리 업체, 세탁소 등에 '불법 고용'돼 일하는 일이 많다. 자기 가게를 열려면 신분증이 있는 친구나 친척의 이름으로 사업 허가를 받아야 한다.

1960~70년대 쿠웨이트 정부가 베둔족의 시민권을 일부 인정한 적도 있었지만 그때도 투표권은 주지 않았다. 1980년대에 테러 공격이 늘어나고 정치 상황이 불안해지자 테러와 무관한 베둔족이 배척되었다. 신분을 인정받았더라도 공립학교에 입학할 수 없었고 공무원이 될 길도 막혔다. 정부는 베둔족 대다수를 이웃나라에서 넘어온 불법체류자로 규정하고 기존 기록도 없앴다.

1991년 이라크가 쿠웨이트를 공격했고, 미국은 이에 대한 보복으로 이라크를 공격하며 걸프전을 일으켰다. 이 전쟁과 아무 상관 없던 베둔족의 처지는 또다시 악화됐다. 쿠웨이트는 베둔족이 이라크에 협력했다고 비난했으며 쿠웨이트 사회에 통합돼 있던 베둔족마저 다시 축출했다. 2010년 11월 정부는 "5년 안에 이 문제를 풀겠다."고 약속했지만 지켜지지 않았다.

보이지 않는

하늘만 뚫린 감옥

　팔레스타인은 1993년 오슬로 평화협정 이후 정부를 꾸리고 사실상 독립국으로 인정받고 있다. 하지만 이스라엘을 사이에 두고 동쪽의 요르단강 서안과 서쪽의 가자 지구로 나뉜 팔레스타인 땅에 사는 사람들에게, 현실은 여전히 '점령 치하'이다. 특히 인구가 200만 명에 이르는 가자 지구는 '세계 최대의 난민촌' 혹은 '하늘만 뚫린 감옥'으로 불린다. 여기 사는 사람들은 대부분 이동의 자유 없이 이스라엘과 이집트에 에워싸여 난민 수용소에 갇힌 것처럼 살아가고 있다(실제로 대부분의 인구가 1948년 이스라엘의 '국가 수립 전쟁'으로 터전을 잃고 난민이 된 이들과 그 후손이다. 이들은 유엔 등 국제기구의 원조를 받으며 난민촌 생활을 하고 있다).

　미국과 이스라엘은 팔레스타인이 독립국이라는 사실을 부정하면서 유엔 가입도 막고 있다. 그래서 여러 유엔 산하 기구에 가입했음에도 팔레스타인은 '옵서버' 자격으로만 유엔 총회에 참가할 수 있다. 미국 눈치를 보는 나라들은 팔레스타인 사람들의 '국적'을 인정하지 않는다. 이스라엘 땅에 남아 있는 팔레스타인계 주민들 중 상당수도 국적이 없다. 이스라엘 영토 안에 살고 있지만 이스라엘 정부가 이들에게 시민권을 주지 않기 때문이다.

　그런 문제가 가장 심각한 곳은 예루살렘이다. 이미 오래전에 동예루살렘은 팔레스타인, 서예루살렘은 이스라엘이 영유권을 갖는다고 유엔이 결정했지만, 이스라엘은 1967년 전쟁을 일으켜 동예루살렘마저 장악했다. 그러고는 이곳 주민들을 핍박해 몰아낸 자리에 유대인 마을을 만드는 방식으로 '땅따먹기' 점령을 하고 있다. 현실적으로 이스라엘 시민이 되지 않으면 살아가기 힘든 예루살렘에서, 1967년부터 2007년 사이 팔레스타인계 아랍인 25만여 명이 시민권을 신청했다. 그러나 이스라엘이 국적을 내준 사람은 약 1만 2000명에 그쳤다.❖ 나머지는 '무국적자'다.

이들보다 참혹한 처지에 놓인 이들도 있다. 미얀마의 로힝야라는 무슬림 소수민족 문제는 2010년대 들어 미얀마의 민주화가 진행되면서 세계적인 이슈로 부상했다. 로힝야는 벵골만에 면한 미얀마 서쪽 해안의 라카인주 등지에 많이 거주했다. 라카인은 아라칸산맥을 사이에 두고 버마족 거주 지역과 갈라져 있다(라카인은 과거에는 아라칸으로도 불렸다).❖❖

❖ *Haaretz*, "Israel reports jump in Jerusalem Arabs seeking Israeli citizenship"(2007/11/07).

❖❖ 인구의 대부분이 불교도인 미얀마에 왜 무슬림 공동체가 생겨났는지를 놓고 정부와 로힝야의 주장이 엇갈린다. 정부의 공식 입장은 이들이 1948년 인도와 파키스탄의 독립 시기, 1971년 동파키스탄(현재의 방글라데시)과 서파키스탄(현재의 파키스탄)의 내전 때 피란해 온 사람들이라는 것이다. 반면에 로힝야는 15세기부터 그 지역에서 살아왔다고 주장한다.

로힝야의 권리를 주장하는 사람들은 1799년의 문서에 로힝야를 가리키는 것으로 보이는 '루잉가'Rooinga라는 단어가 존재한다고 말한다. 학자들은 '루잉가'가 아라칸 지역에 사는 무슬림을 가리키는 용어였다고 본다. 1826년 영국은 버마(현재의 미얀마)와 전쟁한 뒤 아라칸을 병합했고, 인도의 벵골 사람들을 아라칸에 강제로 이주시켰다. 1860년대에 아라칸 주민의 약 5퍼센트가 무슬림으로 추정된다. 실상 '버마'를 나라 이름으로 공식 규정한 것도 영국이었다. 1896년 영국령 인도에 이 땅을 집어넣으면서 '버마'로 적은 것이다. 독립 뒤 식민 시절의 이름을 그대로 쓸지를 두고 논란이 벌어졌으나, 1988년 군부가 '미얀마 연방'The Union of Myanmar으로 국명을 바꾸기까지 이 이름이 그대로 쓰였다.

제2차 세계대전 때 영국은 버마 땅에서 병사들을 징집했다. 버마족 불교도들은 거세게 반발했고, 무슬림 로힝야가 많이 끌려갔다. 이런 역사가 두 민족 집단의 갈등을 극단으로 몰고 갔다고 분석하는 이가 적지 않다. 1948년 버마가 독립한 뒤 무자히딘mujahideen, 즉 무슬림 무장 전투원들은 동파키스탄에 편입되고자 했다. 라카인의 불교도들은 반대로 '아라칸 분리 독립 운동'을 벌였다. 서로에 대한 공격이 늘었고, 분열의 골은 깊어졌다.

건국 영웅인 아웅산 장군은 영국에서 독립한 뒤 여러 민족이 공존하는 연방 정부를 만들겠다는 구상 아래 샨족·친족·

카친족 등과 협정을 맺었다. 소수민족에게 광범한 자치를 허
용하되 군대는 통합해 운영한다는 내용이었다. 그러나 1947
년 아웅산이 암살된 뒤 오랜 세월 버마를 통치한 군부독재 정
권은 소수민족의 자치 요구와 종교 간 균열을 폭압적으로 억
눌렀다. 1962년 집권한 네윈Ne Win 장군의 군부 정권은 기독
교 성경을 금서로 만들고 무슬림 마을에 불교 사원과 파고다
(탑)를 지었다. 군부는 소수집단을 억압하고 '버마화'를 강요
했다(지금도 불교도가 아닌 이들은 관리가 될 수 없으며 군대에 들어가
지 못한다). 1982년 네윈 정권은 국적법을 바꿔 로힝야의 시민
권을 거부했다. 그렇게 로힝야는 국적 없는 자들이 되었다.

역사를 둘러싼 논란은 있을지 몰라도, 로힝야가 맞닥뜨린 현실이 참혹하다는 사실은 누구도 부인할 수 없다. 2013년 라카인주 정부는 무슬림 주민들을 대상으로 아이를 두 명까지만 갖게 하는 선별적 산아제한을 하겠다고 해 논란을 불러일으켰다. 주 정부는 방글라데시와 인접한 국경 마을 두 곳에만 해당되는 조치라고 했다. 둘 다 주민의 95퍼센트가 무슬림인 마을이었다.

종교에 따른 산아제한은 세계적으로도 유례가 드물다. 주 정부는 '종교 간 긴장을 줄이고자' 내놓은 조치라고 주장했다. 로힝야의 출산율이 높아 인구가 급증하면서 다른 주민들이 불안해한다는 것이었다. 하지만 나치도 선별적 산아제한 같은 우생학적 조치를 시행했다. 주 정부는 '종교 간 긴장'을 운운했지만 실제로는 소수민족에 대한 인종주의적 차별인 셈이다.

국제사회가 반발하자 미얀마 정부는 주 정부 탓으로 돌렸고 결국 이 조치는 유야무야됐다. 하지만 로힝야를 둘러싼 폭압의 기운은 높아져 갔다. 그해 정부의 탄압을 받아 온 로힝야 200여 명이 정부군에 살해됐다. 정부는 이미 1991년 폭동을 진압한다며 대대적인 군사작전을 벌였고, 20만 명 넘는 난민이 생겨났다. 2013년에도 12만 5000명 넘는 이들이 피란길에 올랐다.◆

국경을 넘어 방글라데시 등지로 떠나는 로힝야는 늘고 있다. 보트피플이 되는 이들도 많다. 2015년 5월 인도네시아와 말레이시아 사이 안다만해에서 인도네시아 어민들이 바다 위를 표류하던 난민 약 450명을 구출해 뭍으로 옮겼다. 미얀마는 이들이 자국민이 아니라며 나 몰라라 하고, 주변 나라들은 이미 난민을 받을 만큼 받았다며 입국을 거부한다. 유엔이 나서서 난민들의 기본권을 존중해 달라고 촉구하자 말레이시아와 인도네시아는 일시적으로 로힝야를 받아들이는 데 합의했다. 하지만 이 나라들은 로힝야 문제는 근본적으로 미얀마가 이들을 국민으로 인정해야만 풀리는 문제라고 지적한다.

바다를 떠도는 것도 끔찍한 일이지만, 방글라데시의 난민촌에 있는 로힝야의 실태 또한 처참하다. 미얀마를 떠나 국경을 넘어오는 로힝야가 늘자, 방글라데시 정부는 밀림에 난민촌을 만들어 수용했다. 먹을 것과 마실 것이 모자라는 건 물론이고, 성폭행과 살해가 빈발한다.♦♦

♦ 휴먼라이츠워치는 미얀마 정부의 로힝야 공격을 '인종 청소'genocide로 규정하며, 학살 사실을 보여 주는 대규모 매장지 네 곳을 확인했다고 발표했다.

♦♦ 2017년 3월, 로힝야 난민촌에서 지원 활동을 하다가 서울을 방문한 방글라데시 인권 단체 활동가를 만나 이야기를 들었다. 아프거나 다친 아이가 있는 가정에 먼저 긴급 구호 식량이 배급되는데, 음식을 받기 위해 아이 손에 화상을 입히는 부모도 있다고 했다. 시리아 난민은 세계의 눈길이라도 끌지만, 방글라데시 국경 지대에 방치된 로힝야 난민의 상황은 정말 심각하다면서, 세상의 무관심과 서방의 위선을 개탄했다.

유엔은 2016년 10월 미얀마 정부가 라카인에서 군사작전을 재개한 이후로 이듬해 4월까지 반년 남짓한 기간에만 로힝야 7만 4000명이 방글라데시로 피신했다고 추정한다. '미얀마 민주화의 상징'인 아웅산 수지조차 로힝야 문제가 얼마나 심각한지를 인정하지 않는 사이, 밀림과 바다에서 이 소수민족은 존재마저 부인당한 채 '조용한 위기'를 맞고 있다.◆

◆ CNN, "The 'silent crisis' of Rohingya refugees in Bangladesh"(2017/04/19).

인생

'더러운 전쟁'의 아이들

더러운 전쟁. 아르헨티나에는 이렇게 불리는 독재 정권의
잔혹한 범죄들이 있었다. 그러나 그 범죄를 겪은 이들 중에는
이 명칭을 거부하는 이들이 적지 않다. 1974년부터 1983년
사이, 주로 호르헤 라파엘 비델라 대통령이 재임하던 기간에
벌어진, 군부독재 정권의 시민 탄압과 납치, 구금, 살해를 가
리키는 명칭으로, 사실 '전쟁'이라는 말은 적합하지 않다. 대
등한 세력 간에 벌어진 전쟁이 아니라 군부 정권의 일방적인
범죄였으니 말이다.

그때 실종된 사람들 대부분은 끔찍한 고문을 당하고 살해
돼 어딘가에 묻혔을 가능성이 높지만, 모두 얼마나 되며 어디
로 갔는지는 아직도 완전히 밝혀지지 않았다. 희생자들 중에
는 몬토네로스Montoneros라 불리던 좌파 게릴라 조직의 투사들

도 있었고, 민주주의를 요구한 시민과 학자, 언론인도 있었다. 1979년 말 국제사면위원회(국제 앰네스티)는 1만 5000~2만 명이 납치 및 실종되었다고 추정했다. 비델라 시절뿐만 아니라 이사벨 페론 대통령 시절부터 반대 세력을 겨냥한 납치와 살해가 이뤄졌다고 보는 이들이 많다. 실종자가 3만 명에 이른다는 추측도 있었다. 실종자들Desaparecidos로만 불리는 이들은 아르헨티나 현대사의 가장 깊은 그늘이다. 부에노스아이레스 태생 작가인 엘사 오소리오의 『빛은 내 이름』(박선영 옮김, 북스캔, 2010)은 '더러운 전쟁' 당시의 '도둑맞은 아이들'을 주제로 한 소설이다. 소설에 나오는 군부 실력자는 딸(마리아나)이 사산하자 민주화 운동을 벌이다가 수감된 여성의 아기를 데려온다. 사산한 줄 모른 채 그 아기를 친딸로 키우던 마리아나는 딸아이가 아직 어릴 때 그 사실을 알았지만 꿈쩍도 않는다('원주민이 아닌 예쁜 백인 혈통의 아이를 가져다준 것은 나를 사랑하는 아버지의 배려였다.'고 생각할 뿐이다).

군부독재 정권이 정적이나 반대 세력을 학살하는 사례는 많다. 하지만 '아이 도둑질'을 보면 대체 무엇 때문에 그랬는지 의문이 생긴다. 반정부 세력으로 찍힌 이들을 붙잡아 고문하고 살해하면서, 그중 임신한 여성 수감자의 아이를 빼앗아 군인 가정이나 부유층 가정으로 넘긴 것이 아르헨티나의 '도둑맞은 아이들' 문제였다(수감자들은 아이를 낳은 뒤 살해당했다). 왜 이런 일이 벌어졌을까?

좌파 후안 페론 정부를 무너뜨리고 집권한 군부독재 정권은 여성 정치범이 낳은 아기들 수백 명을 빼앗아 주로 군인들에게 입양시켰다. 500명에 이른다고 추정되는 그 '아이들'의 사연이 지금도 현지 언론에 소개된다. 마리아 삼파요 바라한이라는 여성도 그런 사례다.

마리아는 2008년 부에노스아이레스 법원에 자신을 키워 준 양부모 오스발도 히바스Osvaldo Rivas 부부에게 징역 25년형을 언도할 것을 요구하는 청원을 했다. 과거사 진상 규명에 나선 검찰은 오스발도 부부를 아동 납치 혐의로 기소했다. 이 사연은 마리아가 태어날 당시로 거슬러 올라간다. 그는 1978년 2월 군부독재 정권의 비밀 고문실에서 태어났다. 아버지 레오나르도 삼파요Leonardo Rubén Sampallo와 어머니 미르타 바라한Mirta Mabel Barragán은 군부독재에 반대하며 싸우다 체포됐다. 고문실로 끌려올 당시 바라한은 임신 6개월이었다. 바라한은 고문실에서 출산했고, 고문실 장교에게 곧바로 아기를 빼앗겼다. 어미 손에서 떼진 아기는 오스발도 부부에게 건네졌다.

마리아가 '출생의 비밀'을 알게 된 것은 2001년이었다. 독재 정권에 의해 부모와 떨어져 자란 아이들의 가계를 확인하는 당국의 진상 조사가 진행되는 과정에서, 자신도 그런 아기들 중 한 명이었음을 알게 된 것이다. 유전자 검사를 통해 친부모가 누구인지 확인했으나 부모는 이미 30년 전에 실종 처리된 상태였다. 마리아는 친부모를 따라 자신의 성姓을 '삼파

보이지 않는

요 바라한'으로 바꾸고, 고문실 장교 엔리케 베르티에Enrique Berthier와 양부모를 처벌하려는 싸움을 시작했다.

오스발도 부부가 어떤 인물들이고 어떤 경위로 마리아를 맡게 됐는지는 공개되지 않았지만, 정치범 부부에게서 납치한 아기인 줄 알고서도 이 사실을 숨긴 채 키운 것으로 알려졌다. 『아르헨티나 인디펜던트』 보도에 따르면, 마리아의 양부모와 전직 장교 베르티에는 결국 유죄판결과 함께 징역 10년형을 선고받았다.◆

호르헬리나 몰리나 플라나스의 사연도 비슷하다. 호르헬리나는 '카롤리나 마리아 살라'Carolina María Sala라는 이름으로 어린 시절을 보냈다. 그 역시 '더러운 전쟁의 아이들'이었다. 건축학도였던 아버지 호세 마리아 몰리나José María Molina는 딸이 태어나고 1년 뒤인 1974년 8월 '카필라 델 로사리오Capilla del Rosario 학살'이라 불리는 군부의 학살 때 친동생을 비롯한 다른 15명과 함께 사살됐다. 호르헬리나의 출생증명서에 아버지 이름은 적히지 않았다. 좌파 게릴라 인민혁명군ERP 조직의 멤버였던 아버지의 이름을 적었다가는 아이가 피해를 볼지 모른다고 생각한 어머니 크리스티나 플라나스Cristina Isabel Planas가 아버지 이름을 적지 않았던 것이다. 하지만 어머니마

◆ *The Argentina Independent*, "Dirty war adoption couple convicted"(2008/04/25).

저 1977년 '실종자'가 됐다.

현실은 소설이나 영화보다 극적이었다. 호르헬리나의 친할머니인 아나 몰리나Ana Molina는 군부에 두 아들을 잃은 뒤 스웨덴으로 망명을 떠났다. 3년 뒤 며느리마저 실종된 사실을 안 아나 몰리나는 여생을 바쳐 손녀를 찾겠다고 결심했다. 국제 앰네스티를 포함한 여러 인권 단체에 아들과 며느리의 사진을 보내고, 스웨덴 정부에도 청원했다. 1980년 호르헬리나의 양부모가 살던 곳의 교구민 한 명이 그 사진들 중 한 장을 우연히 보게 됐다. 이 이웃은 아나 몰리나에게 연락했다. 아나 몰리나는 호르헬리나에게 편지를 보냈다.

그렇게 해서 호르헬리나는 부모의 진실을 알게 됐다. 그는 과거사 진상 규명 작업이 시작되자마자 신원이 드러난 아이들 중 하나였다. 1984년에 당국의 조사로 그의 어머니가 누구인지 확인됐다. 하지만 그때 호르헬리나는 겨우 열 살이었고, 양부모를 떠나 자신의 진짜 신원을 되찾은 건 2010년이 되어서였다. "할머니는 내가 어디에서 어떻게 자라고 있는지 알고 있었다. 하지만 내 양부모에게는 나를 합법적으로 입양했다는 서류가 있었다. 딸이 실종되자 두려움에 떨던 외할머니가 입양 서류에 서명했던 것이다. 내 출생증명서에 친아버지 이름은 없었고, 당시엔 유전자 검사 같은 것도 잘 알려져 있지 않았다. 친할머니에겐 내가 손녀임을 입증할 방법이 없었다."

그의 사연을 다룬 영국『가디언』기사를 보면, '다행히' 그의 양부모는 부모의 원수 격인 군부 관련 인사는 아니었다. 독실한 가톨릭교도였던 양부모는 교회 주선으로 입양했다. 군부가 빼앗은 아이들 중 상당수는 교회를 통해 '건실한 가톨릭 가정'들에 건네졌다.✦

왜 이런 일이 일어났는지 지금의 눈으로 이해하기 어렵지만 '인종 개량' 망상이 널리 퍼진 1940년대 유럽을 생각하면 실마리가 잡힌다. 1930년대 후반 스페인 내전에서 프란시스코 프랑코가 이끄는 '국민 진영'이 승리한 뒤, 마드리드 대학교 정신의학 교수였던 안토니오 바예호 나헤라 소령은 1938년 여름 마르크스주의자들을 정신질환자로 규정하고 14개 클리닉을 둔 심리학 연구 센터를 열었다. 우익 군부독재 정권은 볼셰비즘을 '정신적 오염'으로 취급하려 했다. 이들의 논리대로라면 스페인 민족의 오염을 막을 길은 "사상이 의심스러운 부모로부터 아이들을 떼어 적당한 기관에 맡겨 국민 진영이 추구하는 가치를 교육하는 것"이었다. 그에 따라 1943년에 1만 2043명의 아이들을 엄마 품에서 억지로 떼어 프랑코의 팔랑헤당이 운영하는 사회구호소Falangist Aukilio Social와 고아원, 종교 시설로 보냈다.『스페인 내전』의 저자 앤터니 비

✦ *The Guardian*, "I'm a child of Argentina's 'disappeared'"(2014/12/27).

버는 "이 방식이 30년 후 아르헨티나 군사 독재 체제에서 되풀이됐다."고 지적한다.◆

도둑맞은 세대

아르헨티나의 이 아이들처럼 누군가에게 삶을 저당 잡히거나 뿌리를 잃고 존재가 가려진 아이들이 세계 곳곳에 숨어 있다. '도둑맞은 세대'라고도 불리는 오스트레일리아의 원주민 아이들이 대표적이다.

'도둑맞은 세대'는 원주민 피가 흐른다는 이유만으로 가족을 잃고 강제 위탁 속에 자라난 사람들이다. 오스트레일리아 정부는 원주민들을 백인 문화 속에서 키워야 한다며 이들을 가족과 부족사회로부터 억지로 떼어 위탁 시설이나 백인 위탁 가정에 맡겼다. 백인 정부가 격리시킨 것은 토착민인 애버리지니 아이들과 토레스 해협 원주민 아이들이었다.◆◆ 애버리지니는 오스트레일리아 본토에 살던 원주민인데, 20세기

◆ 앤터니 비버 지음, 김원중 옮김, 『스페인 내전』(교양인, 2009), 699~700쪽.
◆◆ 애버리지니는 크게 태즈메이니안 애버리지니와 빅토리안 애버리지니로 나뉜다. 이들 말고도 오스트레일리아 대륙과 뉴기니섬 사이 토레스 해협에 있는 섬 거주민들을 구분해 '토레스 해협 원주민'이라 부른다.

전까지 진행된 백인 식민 정부의 절멸 정책과 그 뒤로 지속된 '백인 문화 동화정책' 때문에 숫자가 크게 줄었다. 지금은 오스트레일리아 전체 인구의 2퍼센트에 불과한 60만 명가량에 그치고 있다.

영국과 오스트레일리아 정부는 1970년대까지 100년 넘게 애버리지니와 토레스 해협 원주민 아이들을 전통 사회와 가족으로부터 조직적으로 떼어 놓았다. 이른바 '문명화 정책'이라는 미명하에 수천 명의 아이들을 부모에게서 떼었고, 부모들은 영문도 모른 채 아이들과 생이별했다. 한 민족의 뿌리를 잘라 내는 무자비한 제국주의 프로젝트인 동시에, 한 인간을 혈육에게서 잘라 내는 극악한 인권침해였다. 이 정책은 원주민의 '번식'을 막기 위해서였음이 훗날 조사들에서 명백하게 드러났다. 원주민들은 세대가 거듭되도록 이 정책의 후유증으로 고통 받았고, 그 비극적인 경험은 뼈에 사무친 아픔이 됐다.

1995년이 되어서야 폴 키팅 총리의 노동당 정부가 원주민 단체들의 요구를 받아들여 분리 정책에 대한 청문회를 열었다. 청문회는 '도둑맞은 세대'의 범위를 결정하고 피해 사례와 청원을 수집했으며, 이를 바탕으로 1997년 "그들을 집으로 데려오며"라는 보고서가 만들어졌다.* 연방의회에 제출된 700쪽 분량 보고서의 추산에 따르면, 1910년에서 1970년 사이 전체 원주민 아동의 10~30퍼센트가 가족과 떨어져 강제 수용되었다. 개별 주와 자치령에서는 보고서의 권고에 따라 '도둑맞은 세대'에 공식적으로 사과했으며, 일부 주는 배상 기금을 만들었다. 2007년에는 법원이 원주민 배상 판결을 내리기도 했다.

하지만 우파인 자유당 정권이 거부한 탓에 '정부의 공식 사과'는 이뤄지지 않았다. 1996년부터 무려 11년을 집권한 자유당의 존 하워드 총리는 '사과'apology 대신 '유감'regret만을 표명했다. 자유당 정부는 막대한 보상금 요구에 부딪칠까 두려워했고, '도둑맞은 세대' 문제를 잘 모르는 젊은 백인 중산층에게 이 문제를 꺼내길 꺼렸다. 그뿐만 아니라 하워드는 유럽 이주자들이 오스트레일리아 대륙에 유입되면서 빚어진 역사의 부정적 측면을 강조하는 해석에 반대하면서 '과거의 부정에 대해서는 사과하지 않을 것'이라는 뜻을 밝혔다.

2007년 케빈 러드가 노동당을 이끌고 총선에서 승리해 정권 교체를 이뤘다. 이듬해 2월 러드는 "집권 전에 한 약속을 실천에 옮기겠다."고 발표했다. 원주민들에게 사과하겠다는 약속이었다. 2012년 2월 13일 하원 회의장에서 러드는 화해의 메시지를 전했다.

♦ Australian Human Rights Commission, "Bringing them home: the 'Stolen Children' report"(1997).

우리는 그들을 학대한 과거를 반성합니다. 특히 도둑맞은 세대였던 분들에 대한 학대, 우리나라의 역사에서 오점으로 기록될 과거를 반성합니다. 이제 과거의 잘못을 바로잡아 오스트레일리아 역사의 새 장을 열고, 자신감을 가지고 미래로 나아갈 때가 왔습니다. 우리 동료 오스트레일리아인들에게 깊은 슬픔과 고통, 상실감을 안긴, 이전 정부 및 의회의 법과 정책에 대해 사과합니다. 특히 애버리지니와 토레스 해협 원주민 아이들을 가족과 지역사회, 국가로부터 떼어 낸 것을 사과합니다. 도둑맞은 세대와 그 후손들이 겪었을 고통과 상처에 대해, 그들과 남은 가족들에게 사과합니다. 그리고 자랑스러운 종족과 자랑스러운 문화에 모욕과 멸시를 가한 것을 우리는 사과합니다.

러드는 국가 화해를 향한 첫걸음을 내딛으면서 오스트레일리아 역사의 중요한 장을 넘긴 총리가 됐다. 그의 공식 사과와 28분에 걸친 연설을 듣고 원주민들은 기쁨의 눈물을 흘렸다. 시드니 부근 애버리지니 마을에서는 폭우 속에서 수백 명이 모여 러드가 "사과합니다."라고 외칠 때마다 환호했다.

다만 러드는 '도둑맞은 세대'에 정부 차원의 보상은 하지 않겠다는 방침을 밝혔다. 사과를 거부한 보수당의 찬성을 이끌어 내려는 타협안이었다. 그 대신 원주민의 생활수준과 건강을 개선하겠다고 약속했다. 러드는 또 1901년 연방 출범

이후 최초로 연방의회 개원식에 느거나왈 원주민 부족을 초청했다. 느거나왈 부족은 '캄버라', 즉 오늘날 오스트레일리아의 행정수도 캔버라에 원래부터 살고 있던 주민들이었다.

물론 오스트레일리아의 과거사 청산과 원주민들의 처우 개선은 여전히 상징적인 수준에 머물러 있다. 2000년 시드니 올림픽 때 애버리지니 출신 육상선수 캐시 프리먼이 성화 봉송 최종 주자로 나서고 400미터 종목에서 금메달을 따면서 반짝 관심이 쏟아졌지만, 정작 그 올림픽을 앞두고 오스트레일리아 당국은 시드니를 비롯한 대도시에서 애버리지니 빈민들을 쫓아내는 '도시 미화'를 강행했다.

오랜 절멸 및 차별 정책 때문에 애버리지니들이 처한 삶의 조건은 형편없이 열악하다. 문맹률과 실업률도 높고 최하층 빈민이 대부분인 데다가, 평균 기대 수명은 백인 주민들보다 17년이나 짧다. '선진국'을 자처하는 오스트레일리아의 어두운 그늘이다.◆

◆ 론 버니의 동화『독수리의 눈』은 오스트레일리아 원주민 사촌 남매의 여행을 그린다. 오스트레일리아에 도착한 백인 '문명인'은 '마법을 부리는 막대기', 즉 총으로 원주민을 살해한다. 두 아이는 가까스로 탈출하지만 피난처를 찾는 여정에는 숱한 위험이 도사려 있다. 죽을 고비를 넘기며 도망친 끝에 결국 자신들의 종족을 만난다. 동화는 이렇게 끝나지만, 아이들의 눈은 이미 '독수리의 눈'이 되었다. 그 매서운 눈 앞에서 과연 누가 문명인이고, 누가 야만인일까. 론 버니 지음, 지혜연 옮김, 심우진 그림,『독수리의 눈』(우리교육, 2000).

보이지 않는

오스트레일리아의 도둑맞은 세대와 마치 거울처럼 똑같은 존재는 캐나다에도 있었다. 1840년대 프랑스인이 많이 살았던 퀘벡 등지의 백인 정부는 북미 원주민, 그들이 '인디언'이라 부르는 사람들을 위한 학교 체계를 만들었다. 인디언 거주학교는 교회가 운영하는 기숙학교를 근간으로 하는 교육제도였다.

지금은 이들이야말로 원래 그 땅에서 살아온 민족임을 인정해 '퍼스트 네이션'First Nation으로 부른다. 하지만 150여 년 전만 해도 백인 정부는 캐나다를 지배하는 '백인 문화'에 원주민들을 동화시키고자 강제로 아이들을 빼앗아 기숙학교에 집어넣었다. 이누이트라 불리는 북극 지방 원주민과 퍼스트 네이션, 초창기 백인 정착민과 원주민 사이에서 태어난 것으로 알려진 메티스Métis 아이들이 강제로 기숙학교에 '수용'됐다. 이 아이들은 모국어로 말하거나 토착 전통을 표현하면 벌을 받았다. 신체적·성적 학대와 차별도 극심했다. 극단적인 경우, 학생들을 의학 실험 대상으로 삼거나 교사 혹은 학교 당국이 불임 시술을 하기도 했다. 전통 문화를 말살하고 백인 문화를 주입하면 이들이 '문명화'되리라는 인종 개량 사고방식에, 열등한 유전자를 지녔다고 추정되는 집단을 강제로 단종시킨다는 우생학적 사고가 결합돼 나타난 일이었다.◆

인디언 거주학교가 폐지된 지도 불과 20년 남짓이다. 마지막 학교가 문을 닫은 때가 1996년이었다. 정부는 2008년에야 공식 사과를 했다. 그러고 나서 2009년부터 남아프리카공화국의 백인 정권 범죄들을 규명한 진실화해위원회 같은 기구가 캐나다에도 생겨나 이 문제를 조사했다. 머레이 싱클레어 판사가 이끈 캐나다 진실화해위원회는 6년 동안 원주민 아이들이 기숙학교에 어떻게 끌려갔으며 어떤 식으로 문화와 언어를 빼앗겼는지 조사해 숱한 학대 행위를 밝혔다. 정부는 '인디언 거주학교 해결협정'을 맺고 피해자들에게 보상했다. 진실화해위원회는 당시 가톨릭교회의 역할에 대해 바티칸이 사과할 것을 요구했고, 정부가 원주민 언어교육과 원주민 보호에 예산을 더 많이 투입할 것을 제안했다. 하지만 극도의 탄압을 겪은 상당수의 원주민들은 결국 자치를 늘려야 무너져 가는 공동체를 살릴 수 있다고 주장한다.♦♦

♦ 이런 정책이 실행되는 사이, 억압적인 교육제도 속에서 원주민 아이들 4000명이 숨진 것으로 추정된다. 이 시스템을 경험한 이들은 '문화적 제노사이드'(인종 말살)라 부르기도 한다. *Mashable*, "Lost generations: the dark past and hopeful future of Canada's indigenous populations"(2015/05/22).

♦♦ ABC, "Canada's stolen generations: the legacy of residential schools"(2015/07/07).

보이지 않는

'영혼을 구제한다'는 생각

독일에는 '레벤스보른 아이들'이라 불리는 역사의 희생자가 있었다. 나치는 아리안족이 인종적으로 우월하다고 선전하기 위해 몇몇 아이들을 뽑아 국가 차원에서 양육했다. 금발에 푸른 눈, 얼굴이 희고 창백한 아이들을 집단 양육한 프로그램을, 나치는 '레벤스보른'Lebensborn(생명의 샘)이라고 불렀다. 히틀러의 친위대Schutzstaffel, SS가 주도하고 국가가 지원한 이 계획에는 주로 미혼모가 낳은 아이들이 동원되었다. 아기들을 데려다 '인종적으로 순수하고 건강한' 부모에게 입양시켰는데, 특히 양부모 중에는 SS 대원이나 그 가족이 많았다. 아기를 내준 여성들에게는 '독일 어머니들을 위한 영예의 십자가'Ehrenkreuz der Deutschen Mutter라는 이름을 붙여 주기도 했다 (당시만 해도 낙태는 불법이었고, 미혼모들에게 달리 대안이 없었다). 나치는 순수 독일 '아리안 인종'에 대한 신화를 퍼뜨리면서 아리안 순혈로 판명된 가족에게는 다산을 장려하며 정부 보조금을 주고, 반대로 지적장애인이나 혼혈아, 유대인 등은 '생물학적으로 열등하다.'는 낙인을 찍어 강제 불임을 시키거나 학살했다.

1935년 개시된 레벤스보른 계획은 나치가 점령한 유럽 나라들로도 확대됐다. 미혼모의 아이들뿐만 아니라 나치 가정의 '아리안 아기'들도 나치의 자랑스러운 선전물이 됐다. 스웨덴 출신 그룹 아바ABBA의 멤버인 안니프리드 륑스타드도 그중 한 명이었음이 나중에 드러났다. 독일인 나치 아버지와 노르웨이인 어머니 사이에서 태어난 륑스타드는 레벤스보른 아이였다. 어머니는 제2차 세계대전에서 나치 정권이 패망하자 박해를 피하려 스웨덴으로 딸을 데리고 이주했다. 나치의 반인도적 행위를 단죄한 뉘른베르크재판을 통해 폴란드에서도 나치가 아기 납치를 자행했다는 사실이 폭로됐다. 프랑스·벨기에·네덜란드·룩셈부르크에도 레벤스보른 아이들을 선전하고 집단 양육 계획을 실행하기 위한 나치의 클리닉들이 있었다고 한다.

나치의 선전 도구로 쓰이며 격리된 채 자라난 아이들은 어떻게 됐을까? 나치 시절만 해도 대중들에게 선보인다며 '진열'되다시피 한 아이들은 전후에 그대로 방치됐다. 상당수는 노르웨이, 옛 소련과 동유럽 지역 등으로 흩어져 숨어 살아야 했다. 노르웨이 정부는 나치 점령기에 생겨난 자국 내 레벤스보른 아이들을 독일·브라질·오스트레일리아 등지로 추방할 계획도 세웠으나 실행하지는 않았다. 오히려 이 계획은 2008년 유럽인권재판소에 회부됐다. 레벤스보른 아이들이 노르웨이 정부의 추방에 맞서 제소했고, 결정에 따라 노르웨이 정부는 피해자들에게 8000유로씩 지급해야 했다.

타의로 가족과 떨어져 키워지고 버림받은 이들을 돕고 상처를 치유할 기회를 주기 위해 만들어진 레벤스푸렌(생명의 추

보이지 않는

적) 같은 비정부기구들 덕분에, 2006년 11월 독일 중부 베르니게로데Wernigerode라는 마을에서 레벤스보른 아이들이 수십년 만에 만났다. 모임에 참석한 35명 중 한 명인 폴커 하이니케는 당시 66세였다. 그는 독일 점령 때 고향인 우크라이나에서 히틀러 군대에 끌려가 독일인 부부에게 맡겨졌다고 했다. 당시 만남을 다룬 로이터통신 기사에서 하이니케는 "내 인생은 완전히 잘못됐다는 생각에서 평생 벗어날 수 없었다."고 말한다. 63세 남성인 한스 울리히 베슈는 "가족과 떨어져 처음엔 SS 멤버들과 살았고 그다음에는 캠프에 수용됐다."고 하면서, 그 뒤의 인생에 대해 말하길 피했다.◆

비슷한 일을 이스라엘이 저질렀다는 것 또한 역사의 비극이자 아이러니다. 2016년 8월 알자지라방송은 길 그룬바움이라는 남성의 이야기를 전했다. 당시 60세였던 그룬바움은 의류 공장을 운영하는 부유한 유대인 가정에서 자랐다. 가족들보다 얼굴빛이 좀 더 검기는 했지만, 그는 자신이 홀로코스트에서 살아남아 이스라엘 땅을 찾은 아슈케나지, 즉 동유럽 출신 백인 유대인 아버지에게서 태어난 유일한 자식이라고 믿고 살았다. 하지만 그에게는 갓난아이 시절 사진이 없었다. 3년 동안 관공서를 뒤진 끝에, 38세 되던 해에야 친부모가 튀

◆ Reuters, "Children of Nazi racial engineering meet in Germany"(2007/01/20).

니지 출신 유대인이라는 사실을 알 수 있었다. 그는 알자지라 방송 인터뷰에서 "내가 사랑한 가족들이 나를 수십 년간 속여 왔다."고 말했다.

이스라엘은 자국 내 아랍계를 차별하고 2등 국민으로 취급하면서 '유대 국가'를 지향한다. 이를 위해 세상 곳곳의 유대인을 불러들인다. 하지만 세계에 흩어져 살아온 유대인 집단이 현대 이스라엘에서 모두 동등한 취급을 받는 것은 아니다. 튀니지나 이라크, 예멘 등 중동이나 북아프리카에서 이스라엘로 이주해 온 이들은 미즈라히라고 불린다.

1948년 이스라엘이 건국된 이후 10여 년에 걸쳐 미즈라히 유대인 아기 수천 명이 사라졌다. 병원의 의사들과 간호사들은 부모에게 아기가 "출산 도중 사산됐다", "병으로 사망해 묻어 버렸다."고만 설명했다. 그 아기들도 '도둑맞은 아이들'이 됐다. 당시 이스라엘의 엘리트를 구성하고 있던 아슈케나지 가정들, 심지어 미국의 유대인 가정에까지 강제 입양되었다고 인권 단체들은 추정한다. 주로 예멘계 유대인 아이들이 많이 실종돼 '예멘 아동 대량 실종 사건'으로도 불린다.

그 이면에 숨겨진 이스라엘 국가의 사고방식은 레벤스보른을 기획한 나치, 원주민 절멸 정책을 편 오스트레일리아와 다를 바 없었다. 이스라엘이 세워지자 중동에 뿌리 내리고 오랫동안 살아온 유대인들도 대거 이스라엘로 이주했다. '백인' 아슈케나지들은 (자신들과 같은 유대인임에도) 무슬림 사회에 적

보이지 않는

응해 살아오느라 아랍계와 비슷한 문화를 지닌 미즈라히들을 열등한 존재로 봤다. 이스라엘의 '건국의 아버지'로 불리는 초대 총리 다비드 벤구리온은 아슈케나지였다. 폴란드 태생인 그의 원래 이름은 '히브리식'으로 바꾸기 전까지 다비드 그륀이었다. 벤구리온은 "사회를 타락시키는 레반트(중동)의 영혼들을 구제하는 것은 우리의 의무"라고 말했다고 한다.

20년간 아이들의 대량 실종을 취재해 온 이스라엘 기자 야엘 차독은 알자지라에 "산부인과 의사, 간호사, 사회복지사 등 강제 입양에 개입한 사람들은 미즈라히 아기들을 아슈케나지 가정에 입양해 키우면 시온주의 운동에 걸맞은 자질을 교육할 수 있다고 믿었을 것"이라고 말했다.

당시 이스라엘에는 입양 관련법이 없었고, 미즈라히 아기들의 강제 입양에 정부가 개입했는지 밝혀지지 않았다. 1964년 이후로 세 차례나 진상조사위원회가 열렸고 마지막으로 열린 조사위는 2001년 "4세 미만 어린이 1500~5000명이 사라졌다."고 밝혔다. 하지만 "대부분 병으로 죽었다."는 결론을 내는 데 그쳤다. 심지어 마지막 진상조사위원회가 수집한 자료 중 일부는 2071년까지 열람이 금지돼 있다. '반쪽짜리 조사'라는 비판이 높아지자 2016년 6월 베냐민 네타냐후 총리는 "이 사건은 많은 가족에게 상처를 입혔다."면서 재조사를 지시했다. 정부는 실종된 어린이들이 강제 입양됐을 수 있음을 처음으로 시사했다. ✦

『예루살렘 포스트』도 비슷한 사연을 소개했다. 즈비 아미리라는 남성은 이스라엘의 협동 농장인 키부츠에 살았다. 그 협동 농장을 설립한, 동유럽 출신 유대인 부부인 엘하난 캄핀스키Elhanan Kampinski와 치사 캄핀스키Tzisa Kampinski가 아미리의 부모였다.

아미리는 19세 때 이미 한 아이의 아버지가 됐고 지중해 해안 도시인 아크레Acre의 은행에 일자리를 얻었다. 1950년 대였다. 당시 그가 살던 데서 멀지 않은 지역에 튀니지에서 온 유대인들을 위한 정착촌이 있었다. 어느 날 그에게 은행 고객 한 명이 다가오더니, 가까운 곳에 사는 바이튼 집안에 대해 이야기하며 그 집안과 관련이 있는지 물었다. 모르는 집안이라고 대답했음에도 아미리가 바이튼 집안 사람이라는 소문이 동네에 퍼졌다. 그는 반년 뒤 은행을 나와 보험 영업 사원으로 직업을 바꿨다. 예멘에서 온 유대인 아기들, 미즈라히와 마찬가지로 아슈케나지들로부터 '열등한' 취급을 받던 남유럽 출신 세파르디 유대인 아기들이 병원에서 사라진 뒤 남의 집으로 갔다는 소문이 그때도 무성했다.

은행 고객의 말이 맞았다. 아미리는 튀니지계 유대인 가정에서 태어나 강제 입양된 아이였고, 매우 드물게 생물학적 친

◆ Al Jazeera, "The shocking story of Israel's disappeared babies"(2016/08/05).

부모의 신원이 확인된 사람이었다. 친부모는 1948년 튀니지에서 이스라엘로 옮겨 온 이들로, 건설 노동과 바느질로 생계를 꾸리는 가난한 정착촌 이주민이었다. 부부에게는 이미 3남매가 있었다. 어머니는 근처 병원에서 아기를 낳았는데, 다음 날 간호사가 "아기가 병으로 죽었다."고 말했다. 슬픔에 잠긴 어머니의 삶은 나락으로 떨어졌다. 일자리를 잃었고, 살림에 소홀해졌고, 온종일 울기만 했다. 남편마저 일찍 세상을 뜬 뒤에는 정신병원에서 오랜 시간을 보냈다.

아미리는 진실을 상대적으로 일찍 알았다. 친부모를 확인했고, 그들과 만나기도 했다. 하지만 몇 년 동안 그는 입을 다문 채 어두운 상처를 혼자만의 비밀로 간직했다고 한다. 역사란 개개인에게 때론 얼마나 잔혹한 것일까. 아미리는 "해마다 홀로코스트 추모일이 되면 내 가족이 겪은 고통을 생각하며 눈물을 흘린다."고 했다. 오랜 세월이 흐른 뒤에야 그는 자신에게 벌어진 일들을 차분히 들여다볼 수 있었고, 캄핀스키 부부와 함께 살았던 갈릴리 키부츠에서의 어린 시절을 '추억'으로 되새길 수 있었다.◆

◆ *The Jerusalem Post*, "The lost generation: the mystery of Israel's disappeared children"(2016/12/28).

값싸게 쓰이다 버려지는
노동

볼타 호수의 어린 어부들

아프리카 가나 중·동부 볼타 호수Lake Volta 근방에 있는 아베이메 마을 광장에서 전통 의상을 입은 여성들이 춤추고 있었다. 대형 스피커에서 음악이 흘러나왔다. 흰 티셔츠를 맞춰 입은 어린아이들이 색색 고무 슬리퍼를 신고 나란히 앉아 어른들의 춤을 지켜봤다.

정오를 넘긴 시각, 햇살은 따갑고 아까시나무 그늘에는 습기를 머금은 더운 바람이 오갔다. 아이들의 티셔츠에는 "어린이들을 자유롭게 하라"Free The Children, Let Them Go라는 문구가 쓰여 있었다. 국제이주기구IOM 재활 센터에서 심리 치료와 교육을 받고 있는 아이들이었다. 대여섯 살이나 될까 싶은 아이들도 있고, 열서너 살 먹었음 직한 아이들도 있었다.

오래전 가나에서 지켜본 그 풍경은 국제이주기구의 구출

보이지 않는

프로젝트 덕분에 강제노동에서 벗어난 아이들 30여 명이 부모와 상봉해 집으로 돌아가는 것을 기념하는 행사였다. 이들은 두어 달 남짓한 재활 센터 생활을 막 마친 뒤였다. 아베이메 부근에 살던 아이들은 '세계에서 가장 큰 인공 호수'로 알려진 볼타 호수의 어촌에 팔려 가 고기잡이 노동을 했었다.

1960년대 기니만의 상아해안 일대에 개발 붐이 일자 어부들은 내륙 호수인 볼타 주변으로 밀려 올라와 어촌을 형성했다. 일손이 부족한 어민들은 시골 마을에서 아이들을 '사와' 일을 시켰다. 팔려 온 아이들은 교육도 받지 못한 채 힘겨운 노동을 했다. 호수에 들어가 고사리손으로 고기를 잡아 올리는 일이었다. 나이에 걸맞지 않은 노동에 시달린 어린아이들은 유난히 체구가 작아 제 나이보다 두세 살은 어려 보였다.

가나에서 매매되는 아이들의 어머니는 대개 미혼모나 홀어머니다. 이 아이들의 빈곤은 아프리카에 남아 있는 일부다처제와 높은 출산율 같은 구조적인 문제와 결합돼 있다. 부모들은 인신매매나 아동노동에 대한 인식이 부족할뿐더러, 순진하게도 외지로 보내면 고향집에서보다는 나은 삶을 살 것이라고 믿고 있다.[*] 하지만 더 나은 생활이 아니라 힘겨운 노동이 아이들을 기다린다. 국제이주기구에 따르면 볼타 호수에서 일한 아이들 가운데 상당수가 말라리아를 비롯한 질병에 걸렸고, 비인간적인 처우에 따른 심리적 충격에 시달렸다. 호수에서 고기를 잡다 익사하는 일도 있었다.

그날 본 아이들의 무덤덤한 표정은 지금도 잊히지 않는다. 아이들은 하나씩 불려 나가 부모와 상봉하는 순간에도 그다지 들떠 보이지 않았다. 3~4년 만에 아이들을 만났으면서도 맘껏 기뻐할 수 없는 어른들의 지친 얼굴, 부모와의 만남이

---

[*] 근본적인 문제는 빈곤이지만 부모의 무지도 아동 매매와 아동노동을 근절하기 어렵게 한다. 국제기구에서는 부모들에게 "아이가 아프면 병원에 가라. 가방과 샌들을 줄 테니 배우고 싶어 하는 아이들을 학교에 보내고 정부에 도움을 요청하라."고 설득하느라 애를 먹는다. 부모들이 양육 책임을 새기지 않는 한 끝나지 않을 문제다.

보이지 않는

감격스럽지 않은 듯 대답을 피하는 아이들의 무표정한 얼굴에 '아프리카의 그늘'이 깊게 새겨진 듯했다.

사가르 쿠주르라는 소년은 인도 동부 자르칸드Jharkhand주의 람가르에 있는 탄광에서 일한다. 삽으로 땅을 판 뒤 끄집어낸 석탄을 수수깡 바구니에 담아 나른다. 땅굴에 들어갈 때도 있고, 노천광에 몸을 거의 파묻고 석탄을 주워 올릴 때도 있다. 등뼈가 부러지도록 일해 바구니를 채운 뒤 석탄을 지고 마을에 걸어가 파는 것이 그의 일이다.

자르칸드에는 1만 5000여 개의 탄광이 있는데, 광부 중 상당수가 아이들이다. 2013년 알자지라 방송은 "또래보다 훨씬 체구가 작은 이 아이들은 하루 200루피(약 4000원)를 받고 일주일에 엿새를 일한다."며 "이 어린 광부들은 인도 경제의 감춰진 치욕"이라고 보도했다.◆

AFP통신도 인도 북동부 메갈라야주의 탄광 어린이들이 처한 실태를 보도했다. 산자이 체트리는 땅굴이 무너져 산 채로 묻히는 악몽에 시달린다. 체트리가 일하는 탄광에는 그저 사다리뿐 어떤 시설도 없다. 일한 지 7개월밖에 안 된 체트리는 땅굴에 들어설 때 발을 헛디뎌 50미터 아래로 떨어지기 일쑤다. 여덟 남매 중 맏이인 체트리는 2년쯤 다니던 학교를 그

◆ Al Jazeera, "Child miners: India's crying shame"(2013/05/07).

만두고 제 발로 탄광에 왔다. 다른 도시에 일하러 간 부모 대신 가장 노릇을 하는 체트리가 동생들을 굶기지 않을 유일한 방법이었다.◆

이런 보도가 나올 당시 사가르는 14세, 산자이는 13세였다. 유니세프에 따르면 인도 내 아동노동자는 2800만 명에 이른다. 대부분 농업이나 가사노동에 종사하며 일부는 구걸이나 길거리 판매, 의류 및 실크 제작 등을 한다. 하지만 광산이나 폭죽 공장처럼 위험한 일터에서 일하는 아이들도 상당수다. 2000년대 초 국제노동기구ILO는 인도 어린이 중 35만 명가량을 사실상 '아동 노예'라고 추정하기도 했다.

인도 정부는 이미 1952년부터 18세 이하 어린이·청소년의 광산 노동을 금지했으며, 1986년에는 '위험 작업군'을 지정해 아동노동을 금했다. 2012년에도 15만 명이 아동노동 반대 청원을 했고, 정부도 위험 직업군에 어린이를 고용한 고용주 처벌을 강화했다. 아이들은 가난 탓에 위험한 일을 하고 부패는 이를 용인한다. 그럴 때 법은 서류에 불과하다.

◆ 인도 전역에 불법 탄광이 넘쳐 나지만, 특히 아이들이나 겨우 들어가는 열악한 땅굴을 현지인들은 '쥐구멍 탄광'이라 부른다. 몸집이 작고 임금도 싼 아이들을 고용해 가장 원시적인 장비와 방식으로 석탄을 캐내는 것이 탄광 주인들에겐 가장 많은 이익을 얻는 채굴법이다. AFP, "The children who work in India's rat-hole coal mines"(2013/02/21).

보이지 않는

그들의 여린 어깨

다른 세상의 아이들. 제3세계의 아동노동을 담은 제러미 시브룩의 책 제목이기도 하다. 눈먼 우리에겐 그들이 보이지 않는다. 하지만 지금 내가 걸친 흰색 블라우스, 검정 샌들, 웃고 떠들며 학교에 다니는 내 딸의 티셔츠와 바지가 '저 아이들'의 피땀으로 만들어지지 않았다고 보장할 수 있을까?

사실은 보지 않아도 안다. 너무 많은 것들이 세계화라는 이름으로, 그들의 피땀을 통해 내 곁에까지 와있다는 것을. 세상 누구도 저 아이들을 '다른' 세상의 아이들이라 할 수는 없다. 그들은 우리 세상의 아이들이고, 나와 내 아이의 검은 그림자다.

노동하며 사는 아이들. 작은 몸, 작은 손으로 목숨 걸고 일하며 간신히 살아가고, 그렇게 제 몸을 팔아 가족뿐만 아니라 지구 어딘가의 '부유한 사람들'까지 먹여 살리는 아이들. 그 아이들을 바라보는 것은 우리의 의무다. 하지만 그것을 넘어설 방법은 뭘까? 먹고살아야 하는 아이들 앞에서 우리는 무엇을 할 수 있을까?

시브룩은 세계화와 빈곤 문제에 천착해 온 저널리스트다. 그의 시선은 노동으로 얼룩진 방글라데시 아이들 하나하나의 얼굴을 들여다보는 데 그치지 않고, 산업화 시기 영국의 아동노동과 21세기 방글라데시의 아동노동이 닮았다는 점에 주목한다. 시기와 장소를 뛰어넘는 유사성이 우리에게 주는 메시지는 분명하다. 구미의 잘사는 나라들은 아이들의 노동을 착취해 산업혁명을 일으키고 그 힘으로 남의 땅을 점령해 부를 축적했다. 식민지였던 나라들은 이제 그들의 노선을 따르려 한다. 가난한 나라들은 여전히 가장 손쉬운 착취 대상인 아이들의 노동력을 이용하려 하지만, 이미 개발된 구미 국가들을 따라잡긴 힘들다. 이 나라들엔 '식민지'가 없기 때문이다. 결국 이 나라들은 선진국은 못 따라잡으면서 세계화가 만들어 낸 착취의 악순환에 빠져 반영구적으로 아이들 피땀을 빼먹는 꼴이 되고 만다.

그 아이들을 불쌍히 여기거나, 아동노동을 금지하자고 말해서는 빈곤 문제를 해결할 수 없다. 아동노동을 별스럽게 보는 행위 자체가 '근대 서구적 가치관의 산물'이라는 지적도 있다. 실제로 아이들은 언제나 부모를 도왔고, 산업화 이전 사회에서 '아동노동'은 삶의 당연한 일면이었다. 노동과 노동 아닌 것, 어린이와 어른의 명확한 구분은 최근에야 자리 잡은 서구적 가치관의 산물이다. 아동노동을 비난만 해서는 그 어린이들의 삶을 나아지게 할 수 없다. 시브룩뿐만 아니라 아동노동에 반대하는 단체들조차 기계적인 접근법으로는, 일해야만 먹고살 수 있는 아이들을 더 깊은 나락으로 내몰 뿐이라고 지적한다. 이 문제는 아이들을 둘러싼 어른들, 즉 가족들의 삶과도 연결돼 있다(게다가 방글라데시 같은 나라에서 아이들의 노

보이지 않는

동력을 이용해 고장 난 물건을 고쳐 새것으로 만들어 내는 일은 자원을 효과적으로 사용하는 방법이기도 하다). 그래서 문제는 원점으로 되돌아온다. 어째서 우리는 그들을 '다른 세상의 아이들'로 보는가.

> 필시 우리는 예전의 우리 아이들이 알았던 그 고통에 관한 모든 기억을 우리의 집단적인 경험에서 깨끗이 지워 버렸다. 세계 곳곳에서 계속되고 있는 동일한 경험으로부터 그 고통을 상기하지 않으려고 말이다. 이는 우리의 고통을 끝내기 위해 그 아픔을 다카의 어린 소녀들, 인도의 소몰이들, 인도네시아의 어린 공장노동자들의 여린 어깨 위로 옮겨 놓았기 때문은 아닐까? 어떤 공모된 건망증이 그들과 우리의 유사성을 없애 버린다. 아울러 그들이 가진 피부색, 다른 기후, 별개의 종교, 이질적인 언어가 우리를 이런 망각의 길로 세차게 이끈다.[♦]

18~19세기 영국을 살피지 않더라도, '한강의 기적'의 바탕이 된 어린 여공들을 기억한다. 이렇게 잘살게 된 지 얼마나 됐다고, 우리는 '그들의 여린 어깨'를 잊고 다른 세상의 일로 받아들이며 살아간다. 못살던 시절을 잊지 않는 것, 그들

♦ 제레미 시브룩 지음, 김윤창 옮김, 『다른 세상의 아이들』(산눈, 2007), 135쪽.

의 여린 어깨를 기억하는 것. 가장 먼저 해야 할 일은 다른 세상의 아이들, 보이지 않는 아이들을 '보는 것'이다.

인도의 소년 광부뿐일까. 세계의 어린이들은 지금 "멕시코 시티, 마닐라, 라고스의 쓰레기장에서 유리, 캔, 종이를 찾아 모으고 음식 찌꺼기를 놓고 까마귀와 싸움을 벌인다. 진주를 찾아 자바의 바닷속으로 뛰어든다. 콩고의 광산에서는 다이아몬드를 찾아 나선다. 페루의 광산 갱도에서 어린이들은 없어서는 안 될 두더지가 된다. 과테말라의 목화밭과 온두라스의 바나나 농장에서 살충제에 중독된다. 말레이시아에서는 새벽부터 별이 뜨는 밤까지 고무나무 수액을 채취한다. 미얀마에서는 철로를 놓는다. 아랍 왕족을 위해서는 낙타 경주를 하고, 아르헨티나와 우루과이 사이를 흐르는 라플라타강 유역의 농장에서는 말을 타고 소와 양을 모는 목동이 된다."

2015년 세상을 떠난, 우루과이의 좌파 지식인 에두아르도 갈레아노가 『거꾸로 된 세상의 학교』에 쓴 내용이다.◆ 콜롬비아의 보고타 시장에서는 과일을 팔고, 상파울루의 버스 안에서는 껌을 판다. 페루의 리마, 에콰도르의 키토, 엘살바도르의 산살바도르 길모퉁이에서는 자동차 앞 유리창을 청소한

◆ 에두아르도 갈레아노 지음, 조숙영 옮김, 『거꾸로 된 세상의 학교』(르네상스, 2004), 25~27쪽.

다. 태국에서는 옷 바느질을 하고, 베트남에서는 축구화에 바늘땀을 넣는다. 파키스탄에서는 축구공을 꿰매고, 온두라스와 아이티에서는 야구공을 꿰맨다. 갈레아노의 '목록'은 계속 이어진다. "스리랑카의 농장에서는 부모의 빚을 갚기 위해 차나 담배를 따고, 이집트에서는 프랑스 향수 제조소로 보낼 재스민을 딴다. 이란, 네팔, 인도의 어린이들은 동이 트기 전부터 자정이 넘을 때까지 카펫을 짠다. 부모가 100달러에 팔아넘긴 수단의 어린이들은 섹스 산업에서 일하거나 안 하는 일 없이 다 한다."

노동의 가격

세상에서 가장 많이 쓰이고 또 버려지는 상품은 뭘까? 21세기에 가장 싸고 가장 많이 쓰이다 버려지는 건 '사람'인 듯하다. 아이들은 특히 약하고 값싼 '생산 도구'이다. 〈리치스트〉라는 사이트가 있다. 진지한 뉴스나 분석을 다루는 곳은 아니고, 세계의 '슬프고도 웃긴' 이야기를 코믹하게 소개한 글을 모아 둔 곳이다. 여기에 각국의 저임금 노동자들이 얼마나 받으며 일하는지를 다소 냉소적으로 정리한 자료가 있다. 여러 언론 매체나 통계 기구에 실린 내용을 짜깁기했지만 세계의 값싼 노동력이 착취당하는 단면을 보여 준다.[◆]

이집트에서는 시간당 0.8달러로 사람을 부릴 수 있다. 인구 8000만 명이 넘는 이집트는 오래전부터 사우디아라비아를 비롯한 걸프 산유국들에 저임금 노동자를 송출해 왔다. '아랍의 봄' 혁명과 군사 쿠데타 등을 거치면서 가뜩이나 높던 실업률은 더 높아졌다. 스리랑카는 이 사이트에서 '영어를 말할 수 있는 노동자를 시간당 0.62달러에 구할 수 있는 곳'으로 분류됐다. 인도의 노동력은 더 싸다. 대학에서 엔지니어링이나 정보기술을 공부한 사람들도 콜센터에서 일한다. 시간당 임금이 0.48달러에 불과한 사람이 수두룩하다. 가나 역시 영어가 공용어인데, 시간당 임금은 0.32달러에 그친다.

방글라데시는? 한 시간 일해 0.23달러를 받는다는 이 나라의 이야기를 들으면 '라나 플라자'의 참상이 떠오른다. 무너진 건물 사이로 삐져나온 젊은 여성의 발, 살려 달라고 외쳤지만 끝내 구조되지 못한 여공, 언니·동생과 한 공장에서 일하다 변을 당할 뻔한, 어느 소작농의 딸. 2013년 4월에 일어난 다카 근교 의류 공장 붕괴는 '이윤이라는 이름의 살인'이자 글로벌 경제의 노동 착취 사슬이 만들어 낸 참극이었다. 파렴치한 고용자들과 부패한 정부, 아웃소싱으로 저가 제품을 팔아 온 외국 기업들, 노동자들의 현실을 외면한 세계의

◆ The Richest, "Countries with the cheapest labor"(2013/04/01).

소비자들 모두가 공범이었다.

인구는 1억 6000만 명이 넘지만 글 읽는 성인 비율이 60퍼센트에 못 미치는 방글라데시에서 못 배우고 돈 없는 여성들의 희망은 공장뿐이다. 다카 등지에 있는 5000여 개의 의류 공장에서 온종일 일해 한 달에 4만 원가량을 번다. 이 돈으로 가족들은 결혼 지참금을 마련하고, 오토바이를 사고, 장사 밑천을 삼는다. 이 나라에서는 해마다 30만~50만 명이 도시로 유입돼 값싼 노동력 공급원이 된다. 200억 달러 규모의 의류 및 섬유 산업은 방글라데시의 주요 외화 수입원이다. 벌집 같은 공장에서 여공들이 만드는 옷은 주로 미국과 유럽, 아시아 등지의 더 잘사는 나라들로 향한다.

〈리치스트〉의 씁쓸한 풍자가 '블랙 유머'에 그치지 않는 건 이런 현실이 있기 때문이다. 싸디싼 노동력이 넘쳐 나고, 쓰다 버려지는 이들이 많다는 것. 그 덕에 나머지 사람들이 살아가고 있다는 것. 그 '나머지 사람들'은 이 불편한 진실을 외면하기 일쑤라는 것.

2015년 4월 네팔에서 대지진이 일어났다. 규모 7.8의 강진과 뒤이은 여진에 8400명 넘게 숨진 것으로 추산된다. 유적들도, 농장들도, 집들도 무너졌다. 재난의 상흔이 가라앉기도 전에, 네팔 사람들이 겪는 또 다른 비극이 전해졌다. 인신매매였다. 인도 등지로 노예처럼 팔려 나가는 네팔 아이들이 구출됐다는 뉴스가 줄을 이었다. 구출된 사례들이 그렇다는 애기다. 구출되지 않은 사람들은 시야에서 사라진다.

지진이 일어나고 한 달 뒤, 네팔과 접경한 인도 북부 비하르주에서 인신매매 조직에 팔려 가던 아이들 26명이 구출됐다. 지진 뒤 가뜩이나 취약한 경제가 더 무너지고, 인신매매가 늘어나리라던 국제기구들의 경고가 사실로 드러났다. 지진으로 일자리를 잃거나 살기가 막막해진 빈농 부모들이 아이들을 인신매매 조직들에 넘기고 있는 것으로 추정됐다.

구출된 아이들의 부모는 대부분 인도 북부에서 이주 노동자로 일했다. 지진 탓에 인도 북부도 피해를 입자 이들의 일자리는 사라졌다. 부모들은 고향으로 돌아가 아이들을 데려온 뒤 "인도에서 아이들에게 일자리를 구해 주겠다."고 꾀는 인신매매범들에게 넘겼다. 8~14세 아이들은 인도 북부 락솔 Raxaul의 국경 경비소를 지나 입국하는 과정에서 당국에 구출되었다고 전해졌다. 아이들은 뭄바이의 가방 공장으로 끌려갈 예정이었다. 공장에 넘겨진 아이들은 노예처럼 착취당하는 불법 아동노동자가 되었을 것이다.

그 직전에도 인도 북서부 루디아나에서 시민 단체가 강제노동에 시달리던 어린이 28명을 구출했는데, 그중 여덟 명이 네팔 출신이었다. 이 아이들은 지진 발생 보름 전 인도에 와서 주급 150루피, 우리 돈으로 약 2600원을 받으며 티셔츠를 꿰맸다. 한 달 꼬박 일해도 1만 원 남짓 받는 전형적인 '스웨트숍'sweatshop(노동 착취 공장)이었다. ✦

인도와 네팔을 가르는 1751킬로미터 남짓한 국경의 경비는 느슨하다. 미 국무부도 네팔 당국이 인신매매를 근절하는 데 전력을 다하지 않는다고 비판해 왔다. 네팔 인권 단체인 환경보건·인구활동연구센터의 아난드 타망Anand Tamang은 로이터통신에 "지진으로 아이들의 인신매매와 조혼早婚이 두드러지게 늘었다."고 지적했다.

비극 뒤에 숨은 인신매매는 네팔에만 있는 게 아니다. 최근 미얀마를 떠나 말레이시아 등지로 가려던 소수민족 로힝야 난민 사태가 세계적인 인권 문제로 부상했다. 밀입국 브로커들에게 돈을 주고 낡아 빠진 배를 탔다가 표류하게 된 난민들뿐만 아니라, 인신매매범에게 속아 국경 지대를 떠돌거나 갇힌 채 죽임을 당하는 이들도 적지 않다.

태국과 말레이시아 국경은 인신매매되는 이들의 주요 이동 통로다. 미얀마·라오스·캄보디아 등에서 온 이주 희망자들이나 난민들의 주된 목적지는 소득수준이 높은 말레이시아다. 이들이 말레이시아로 가는 경로에 태국이 있다. 이 때문에 말레이시아 정부는 태국과의 국경 지대 경비를 강화해 왔으나, 여전히 감시망이 느슨한 곳이 적지 않다.

◆ *Hindustan Times*, "Post-quake trafficking attempt busted near India-Nepal border" (2015/05/25).

21세기 노예제

선한 의지를 가진 모든 남성들과 여성들, 멀리 있고 가까이 있는 모든 이들, 민간 기구의 고위층, 오늘날에도 이뤄지는 노예제의 채찍질을 목도하고 있는 모든 이들에게 호소합니다. 이 악의 공범이 되지 말아 주십시오. 자유와 존엄성을 빼앗긴 우리 형제자매들, 우리의 형제 인류가 겪는 고통에 등 돌리지 마십시오.

2015년 4월 14일 바티칸이 운영하는 사이트가 개설됐다. '노예제를 끝내자'라는 이름의 이 사이트는 프란치스코 교황이 줄곧 제기해 온 인신매매와 아동 노예, 성 노예 등이 21세기에도 더욱 늘어 가는 문제를 다루고 있다.◆

교황은 2014년 말 세계 종교 지도자들이 힘을 합해 2020년까지 인신매매를 종식하자고 호소했다. 영국 국교회인 성공회의 캔터베리 대주교, 그리스정교회 총대주교를 비롯해 유대교·이슬람교·힌두교·불교 지도자들과 바티칸에서 만나 인신매매와 강제노동, 성매매, 인체 조직·장기 밀매 같은 반인도적인 범죄에 맞서자는 '종교 지도자 공동선언'을 발표했다.

◆ http://www.endslavery.va

4개월 뒤에는 사이트를 열고, 트위터 계정(@nonservos)도 개설했다. 교황청 산하에 있는 과학·사회과학아카데미는 인신매매와 노예제 문제에 대해 잇달아 회의와 세미나를 열었다. 교황청 주재 스웨덴 대사관 등과 함께 인신매매의 '특수한 희생자'인 어린이 노예노동에 대해서도 논의했다.

21세기에 무슨 노예제냐 싶지만 현실은 다르다. 노예제는 사라지지 않았다. 미국 학자 케빈 베일스는 '① 자신의 선택이 아닌 강요나 사기에 의해, ② 생존에 필요한 것 이상의 보수를 받지 못한 채, ③ 강제로 노동에 종사하는 경우'를 '노예'로 규정했다.◆ 베일스와 조 트로드, 알렉스 켄트 윌리엄슨은 공저 『끊어지지 않는 사슬』에서 노예제 철폐 투쟁의 역사를 소개하고, 다양한 현대 노예제 형태를 살핀다. 이들에 따르면 가장 대표적인 노예노동 중 하나는 '성 노예'다. (소녀들을 포함해) 여성은 포주에 의해, 자신을 '산' 남성에 의해, 마을에 쳐들어온 점령자에 의해 노예가 된다. 이들에게 가해지는 폭력과 고통은 유달리 심하다.◆◆

E. 벤저민 스키너의 『보이지 않는 사람들』은 '더부살이'라

◆ E. 벤저민 스키너 지음, 유강은 옮김, 『보이지 않는 사람들』(난장이, 2009), 14쪽 참고.
◆◆ 케빈 베일스·조 트로드·알렉스 켄트 윌리엄슨 지음, 이병무 옮김, 『끊어지지 않는 사슬』(다반, 2012), 4장 참고.

불리며 주인집 종노릇을 하는 아이티의 어린 가내 노예, 냉전이 끝난 뒤 사회 안전망이 무너진 동유럽에서 서유럽을 거쳐 세계로 팔려 나가는 여성 성 노예, 무슬림 부족 집단에 조직적으로 학살당하고 노예로 전락한 수단 남부 아프리카계 기독교도 등의 사례를 추적한다. 『톰 아저씨의 오두막』이 무색할 만큼, 스키너가 뒤쫓은 사건들은 참혹하고 잔인하다.

2014년 11월 국제 노동 인권 단체인 워크프리 재단은 "세계 인구 가운데 0.5퍼센트에 해당하는 3580만 명이 노예 상태에 있다."고 봤다. 워크프리가 선정하는 세계노예지수에서 인신매매가 가장 심각한 10개국 중 7개국(인도·중국·파키스탄·우즈베키스탄·인도네시아·방글라데시·태국)이 아시아 나라들이다. 인도에서만 약 1400만 명이 사고 팔린다. 중국은 320만 명, 파키스탄은 210만 명이 노예로 매매된다.◆

미 국무부가 매해 발표하는 "인신매매 보고서"에도 여러 아시아 국가가 언급된다(미국 정부는 '노예'라는 말을 쓰지 않고 인신매매로 통칭한다). 2017년 보고서는 북한·중국·방글라데시 등을 인신매매 국가로 꼽았다. 아프리카의 말리와 콩고민주공화국, IS에 점령당해 여성 성 노예화가 기승을 부리던 이라크도 요주의 대상이었다.◆◆ 미국 정부가 적대적인 국가를 제

◆ https://www.walkfreefoundation.org

보이지 않는

재하는 데 이 리스트를 정치적으로 이용한다는 비판도 많지만, 미국의 노력이 세계의 인신매매 국가들을 압박하는 효과가 없다고 보기는 어렵다. 이 보고서를 통해 각국의 인신매매 근절 노력을 평가하고, 적절한 기준을 세워 이에 따라 대응하지 않는 나라들을 제재하기 때문이다.

워크프리가 발표한 세계노예지수에 따르면 노예가 가장 많은 나라는 인도이고, 인구 중 노예 비율이 가장 높은 나라는 아프리카 모리타니다. 모리타니는 무장한 부족 군벌 집단이 특정 지역 주민들을 예속시켜 착취하는 것으로 악명 높다. 그러나 노예는 머나먼 아프리카나 남아시아에만 있지 않다. 2014년 영국 내무부 보고서에 따르면 노예노동에 시달리는 사람이 영국에만 최대 1만 3000명이었다. 보고서에는 루마니아와 폴란드, 알바니아 출신 노예 사례가 여럿 포함됐다. 터키 등을 거쳐 성 노예로 팔려 가는 여성들, 스페인을 비롯한 남유럽에 예속 노동자로 팔리는 남성들 사례도 보고됐다. 루마니아 어린이들이 이탈리아 등지의 범죄 조직에 '구걸을 위한' 노동력으로 인신매매되기도 한다.

영국 정부가 현대의 노예에 대해 공식 보고서를 낸 것은

◆◆ U.S. Department of State, "Trafficking in persons report", https://www.state.gov/documents/organization/271339.pdf

그해가 처음이었다. 그동안 영국의 인권 및 노동 단체들은 불법으로 이주해 온 제3세계 출신들이 노예노동을 강요받고 있다며 정부 대응을 촉구해 왔다. 이에 영국 범죄수사국National Crime Agency, NCA은 2013년에 2744명 이상이 노예노동에 시달려 왔다고 밝힌 바 있다. 공식 보고서는 이보다 훨씬 많은 이들이 '숨겨진 노예들'임을 보였다.◆

사람들이 노예로 전락하는 이유는 여러 가지다. 동유럽처럼 갑작스러운 정치적·사회적 격변이 원인이 되기도 하고, 남수단이나 모리타니 등지에서는 오랜 계급·부족·종교 갈등이 조직적 노예사냥으로 변했다. 인도에서는 낮은 카스트의 못 배운 빈곤층이 노예가 되고, 미얀마에서는 군부 정권이 소수민족을 정글로 몰아 벌목과 댐 공사를 시키며 노예로 부렸다. 스키너의 책에는 한국도 동유럽 성 노예들의 기착지 중 한 곳으로 언급돼 있다.

가장 최근 사례는 이라크와 시리아다. 극단주의 무장 조직 IS는 소수 공동체 '야지디'Yazidis 남성들을 학살하고, 여성들은 잡아가 노예로 삼았다. 야지디뿐만 아니라 이라크의 젊은 여성 수백, 수천 명이 성폭행 및 집단 성폭행에 시달렸고 성 노

◆ 2017년에 발간된 보고서에 따르면, 노예 상태에 빠져 도움을 요청한 사람은 2013년 1745명에서 2016년 3805명으로 오히려 두 배로 늘었다. BBC, "UK slavery reports 'have doubled'"(2017/04/04).

예로 전락했다.

민간 기구와 학자들은 현재 노예 상태에 놓인 사람들의 수가 유사 이래 가장 많다고 지적한다. 물론 세계 인구 규모가 크기에, 노예노동을 하는 사람들의 '비율'은 과거보다 적다. 노예노동에 의존하는 경제의 규모가 세계 경제에서 차지하는 몫도 미미하다. 그럼에도 과거 어느 때보다 노예를 부리는 비용이 낮아진 탓에 노예노동이 횡행하고 있다. 18~19세기 미국의 백인 농장주들이 노예를 사고 먹이고 유지하는 데 쓴 비용에 비하면 지금은 유지비용이 거의 들지 않는다고 베일스 등은 지적한다. 이제는 노예를 먹이고 건강하게 유지할 필요조차 없어졌으며, 노예가 죽으면 얼마든지 새로 사들일 만큼 '사람값'이 싸졌다는 것이다.

이처럼 여러 정치적·사회적 현실과 결합돼 있기에 노예제와의 싸움은 지난하다. 세계는 그동안 이 문제를 거의 중시하지 않았다. 2013년 3월 프란치스코가 즉위하기 전까지만 해도 로마가톨릭교가, 그것도 교황이 직접 나서서 이 문제를 공개적으로 제기하고 선두에 서리라고 예상한 사람들은 없었을 것이다. 교황은 즉위 뒤 처음 바티칸 밖으로 나가는 외출 때 이탈리아 남부의 '난민 섬' 람페두사를 첫 행선지로 정했다. 북아프리카에서 지중해를 건너온 난민들이 타고 온 배가 침몰하기 직전에 구출돼 수용되는 곳이자 난민들의 첫 기착지가 되는 유럽의 섬이다. 교황은 거기서 난민들을 만났고, 그들 중 일부는 인신매매된 사람들이었을 것이다.

2015년 4월 지중해의 섬나라 몰타 부근에서 800명 넘게 탄 난민선이 전복됐다. 구조된 28명을 제외하고 모두 숨진 것으로 추정된다. 이 사건 이후 교황은 물론 유엔과 인권 단체들은 유럽에 대책 마련을 촉구했으며 유럽연합은 긴급회의를 열어 대책을 강구했다. 유럽의 책임은 '구조하지 못한' 것만이 아니다. 전복된 난민선에서 살아 나온 한 방글라데시인은 "약 300명은 밖에서 잠긴 지하 선실에 감금돼 있었다."고 말했다. 떼죽음당했을 그 300명은 인신매매로 팔려 가 노예가 되었을 가능성이 높다. ◆

◆ *The Guardian*, "UN says 800 migrants dead in boat disaster as Italy launches rescue of two more vessels"(2015/04/20).

그 무엇도 아닌

인간

난민 혹은 노예 혹은 이주자

세계의 남아도는 사람들. 노예 이야기만 하면 극단적인 일처럼 들릴지도 모른다. 하지만 난민과 이주 노동자, 혹은 그 모호한 경계선에 있는 사람들이 지구상에는 너무나 많다.

일회용 제품이 갈수록 빠른 속도로 확산되면서 상품은 쓰레기로 버려지고, 인간은 소외되거나 사용 후 해고된다. 실업자, 노숙자, 부랑자, 그 외 각종 '인간쓰레기'에서부터 최고경영자와 관리자들까지 예외는 없다. 윌리엄 모리스는 이런 현상을 예견했다. "모조품의 사회는 계속해서 당신을 기계처럼 사용하고, 기계처럼 연료를 공급하고, 기계처럼 감시하고, 기계처럼 일만 하도록 만들 것이다. 그리고 당신이 더 이상 작동하지 않게 되면 고장 난 기계처럼 내버릴 것이다."[◆]

프랑스의 경제학자이자 철학자 세르주 라투슈는 『낭비 사회를 넘어서』에 이렇게 썼다. 그가 말한 '기계 부품'들은 노예들이고, 난민들이고, 이주자들이다. 세계 곳곳에 이주 노동자들의 밀입국 루트가 있다. 조금이라도 잘사는 나라에 들어가는 사람들 입장에서는 밀입국 루트이고, 인신매매 업자들에게는 밀매 루트다. 거기서 유통되는 상품은 난민 혹은 노예 혹은 이주자다.

　2017년 7월 미국 텍사스주 남부 샌안토니오의 월마트 주차장에 세워진 트레일러에서 시신 여덟 구가 나왔다. 여름철 열기 탓에 차 안에서 숨진 것이다. 지역 경찰은 인신매매 범죄로 파악했고, 트레일러 운전자는 체포됐다. AP통신에 따르면 당시 늦은 밤 혹은 이른 새벽 트럭에서 나온 사람이 월마트 주차장 직원에게 물을 요구했다. 심상찮은 낌새를 챈 직원은 물을 준 뒤 바로 경찰에 신고했고, 경찰은 트레일러에서 시신 여덟 구와 반죽음된 생존자 28명을 발견했다. 모두 열사병과 탈수 증세를 보였다(그날 샌안토니오는 낮 최고기온이 38도까지 올랐고 트레일러에 에어컨은 없었다). 구출된 사람 중에는 15세 청소년도 두 명 있었다.

　샌안토니오는 멕시코 국경과 차로 몇 시간 거리다. 텍사스

◆ 세르주 라투슈, 『낭비 사회를 넘어서』, 86쪽.

　　　　　　　　　　　　　　　　보이지 않는

남부에서는 이런 '인신매매 트레일러'가 수시로 적발된다. 샌 안토니오 사건 한 달 전에는 멕시코와 과테말라 출신 44명을 실은 대형 트레일러가 경찰에 적발됐다. 곧이어 멕시코와 에 콰도르, 과테말라, 엘살바도르 출신 72명을 안에 집어넣고 문 을 걸어 잠근 트레일러가 같은 지역에서 발견됐다. 멕시코와 과테말라 출신 33명을 실은 트레일러가 국경 검문소에서 적 발되기도 했다. 샌안토니오 사건이 발생하고 얼마 지나지 않 아, 다시 텍사스의 불법 이주자들이 발견됐다. 17명이 여덟 시간 넘게 트레일러에 갇혀 있다가 구출됐다. 멕시코, 과테말 라, 온두라스 출신은 물론이고 멀리 동유럽의 루마니아에서 여러 나라를 거쳐 온 사람도 있었다.[*]

지중해를 건너려는 아프리카 사람들도 이런 인신매매 루 트를 통과한다. 가장 많이 알려진 것은 대륙 동부 소말리아나 지부티를 거쳐 중동으로 가는 길이다. 동·남부 아프리카인들 은 이 '아덴만 루트'를 통해 걸프 산유국으로 가서 하층 노동 자가 되거나, 중동에 몇 년 체류한 뒤 다시 유럽으로 이동한 다. 아프리카 대륙을 종단해, 사하라사막을 넘어 리비아나 모 로코에서 배를 타고 지중해를 건너는 사람들도 많다. 흔히 리 비아에서 몰타나 이탈리아의 섬들로 가는 경로로 이동하곤

---

[*] ABC, "17 immigrants found locked inside hot tractor-trailer in Texas"(2017/08/14).

한다.

사하라 이남 아프리카에서 북부로 가려면 죽음의 사막을 건너야 하지만 바닷길보다 이동 수수료가 싸다는 점 때문에 모험하는 이들이 늘고 있다. 서아프리카에서는 대서양 연안 스페인령 카나리아제도를 거쳐 지중해의 지브롤터로 이동한 뒤 유럽으로 들어가는 사람들이 많다. 2016년 5월에는 프랑스의 역외 영토인 아프리카 동쪽 인도양의 마요트섬에서 난민 사태가 벌어졌다. 프랑스 본토로 향하려는 이주 희망자들이 공항에 몰려든 것이다. 프랑스에서는 잇단 테러 뒤 이슬람 혐오증과 난민에 대한 반감이 커졌고, 이주자 수용도 크게 제한됐다. 프랑스 당국은 마요트에 집결한 이들이 현지 주민이 아니라 아프리카 곳곳에서 몰려든 '외국인'이라며 입국을 거부했다(반면에 그들 중 상당수는 다른 나라에서 태어난 '마요트 사람'이라며 자기들은 프랑스인이라 주장했다). 결국 700명 이상이 좁다란 공항이나 임시 수용소에 몇 달씩 갇혀 지내야 했다.◆

난민 및 노예 루트는 관련국들의 정치 상황 및 정책에 따라 수시로 바뀐다. 카자흐스탄·키르기스·우즈베키스탄 등에서 러시아를 거쳐 유럽으로 가는 '중앙아시아 루트'와 체코·우크라이나를 지나는 '발칸 루트'도 이주자들의 주요 이동 경

◆ Al Jazeera, "Mayotte: hundreds evicted in anti-refugee unrest"(2016/05/30).

보이지 않는

로다. 인도나 파키스탄, 네팔 사람들은 믈라카해협을 지나는 전통적인 '믈라카 루트'를 따라 유럽에 가거나, 인도네시아의 바탐Batam섬·발리섬·롬복섬을 통해 오스트레일리아 혹은 북미로 간다.

이런 노선들은 말 그대로 목숨을 걸고 가는 '피의 루트'다. 이주 희망자들은 대개 모든 재산을 팔아 밀입국 알선 조직들에 돈을 주고 불법 월경을 시도한다. 밀입국 조직들이 이들에게 제공하는 운송 수단은 낡고 위험하기 짝이 없다. 낡은 배에 정원의 몇 배나 되는 사람들이 탑승하니 종종 배가 가라앉기도 한다(지중해나 아덴만은 그런 밀항자들의 무덤이 되곤 한다). 그리고 살아남아 부유한 나라에 들어간 이들은 불법 입국자로 쫓겨 가며 일해 번 돈을 고향의 가족들에게 송금한다.

세상의 끝

하지만 송금조차 할 수 없는 사람들, 더 나은 삶을 찾아 길을 떠났지만 존재 자체가 부정당하는 이들은 어떤 모습을 하고 있을까? 2015년 남태평양의 섬나라 나우루에서 본 난민들이 그런 사람들일 듯하다. 면적이 21제곱킬로미터에 불과한 작은 섬, '내륙'이랄 것도 없는 섬의 안쪽에 오스트레일리아 정부가 운영하는 '역외 난민 수용소'가 있다. 트랜스필드

라는 회사가 정부를 대신해 수용소 운영을 도맡는다.◆

　나우루에 있는 식당들은 중국인이 운영한다. 식당 풍경은
거의 비슷하다. 작은 주방이 딸린 홀에 테이블 몇 개가 있고,
대개 광둥성에서 온 중국인 주인과 난민 점원이 서비스한다.
한 식당 앞에서 이란 출신 난민이 친구와 담배를 피우며 수다
를 떨고 있었다. 그는 식당에서 일하며 푼돈을 번다고 했다.
둘 다 식당에서 50미터쯤 떨어진 난민용 컨테이너 집에 산다.

　인산염 수출 외에 달리 소득이 없는 나우루는 오스트레일
리아의 원조를 받는다. 그 대신 오스트레일리아는 이 나라에
난민을 떠넘겼다. 작은 섬 복판에 난민 캠프를 만들고, 오스
트레일리아로 가고자 배에 몸을 실었던 이란·이라크·팔레스
타인 난민을 가뒀다. 심사를 통과한 난민들은 캠프 바깥 컨테
이너 집들로 거처를 옮기고 허드렛일을 하며 정착해 살아간
다. 캠프에 머무는 난민은 1000명을 웃돌 때도 있다. 인구가
1만 명이 채 안 되는 이 섬에서, 캠프를 벗어난 난민은 줄잡

◆ 오스트레일리아는 난민을 거부하기로 악명 높다. 특히 보트피플을 본토에 들
이지 않고 인도네시아 부근 자국령 섬들에 강제 수용하거나 나우루 및 파푸아
뉴기니 등에 떠넘긴다. 트랜스필드와 하청 경비 업체 윌슨시큐리티가 오스트
레일리아 정부로부터 받은 돈이 한 해 12억 오스트레일리아달러(약 1조 원)에
이른다는 보도도 있었다. *The Guardian*, "The Nauru files: cache of 2,000 leaked
reports reveal scale of abuse of children in Australian offshore detention"(2016/08/
10).

아 수천 명에 이른다.

캠프에서 나온 사람들은 '자유 난민'free refugee이라 불리지만 그들의 자유는 섬에 한정돼 있다. 넘을 수 있는 국경도, 빠져나갈 배도 없는 이 섬은 버림받은 난민들을 가둬 두는 천혜의 감옥이자 '세상의 끝'이다. 이라크에 살던 팔레스타인 사람 하니는 아내와 함께 나우루에 왔다. 섬의 두 개뿐인 호텔 중 한 곳이자 최대 관광시설인 메넨 호텔 옆 난민촌에서 그는 온종일 일 없이 앉아 있는 게 일이다. "일자리는 거의 없다. 나우루 정부로부터 매주 돈 몇 푼을 받아 먹고산다." 얼굴에 절망이 묻어났다. 누군가를 보며 죽음 같은 좌절감을 느낀 적은 처음이었다.

오스트레일리아의 난민 수용소에서 자행되는 인권침해도 심각하다. 2016년 8월 나우루 난민 수용소에서 성폭행과 아동 학대 등이 비일비재하게 일어났다는 보고서가 발표됐다. 직원들이나 활동가들의 입을 통해 수용소 실태가 전해지곤 했지만, 8000쪽 넘는 방대한 문서 자료로 공개되기는 처음이었다.

영국 『가디언』은 오스트레일리아 이민 당국의 보고서를 입수해 공개했다. 사회복지사와 인권 단체 활동가가 난민을 인터뷰해 작성한 이 보고서에는 2013년 5월부터 2015년 10월까지 난민들이 겪은 인권유린 사례 2116건이 담겼다. 특히 어린이 학대와 성범죄는 심각했다. 2016년 6월 기준으로 나우루에 수용된 난민 442명 중 어린이는 49명에 불과하지만, 보고서에 실린 사례의 과반수인 1086건이 아이들과 관련되었다. 여성들, 여자아이들이 겪은 성폭행은 부지기수다. 한 난민 여성은 "경비원들이 가족 없이 혼자 머무는 여성들 명단을 만들어 놓고 아무렇지 않게 성관계를 강요한다."고 증언하기도 했다.

난민들은 미래에 대한 불안감과 지옥 같은 수용소 생활로 피폐해진다. 트라우마는 심각했다. 연필을 뾰족하게 갈아 손목을 찌르거나 올가미에 목을 매는 등 자해 및 자살 시도가 300건이 넘었다. 2014년 9월 한 소녀가 자기 입술을 꿰매며 자해했는데 경비원들은 그 모습을 보며 조롱했다. 2016년 4월에는 이란 출신 난민 남성이 "이곳 생활을 견딜 수 없다."며 몸에 불을 붙여 목숨을 끊었다.

우리, 인간

유럽에 시리아 난민들이 몰려가던 2015년, 헝가리의 오르반 빅토르 총리는 난민들을 받을 수 없을 뿐만 아니라, 지나가게 해주는 것도 싫다고 목소리를 높였다. 그는 "저들은 난민이 아니라 이민자"라고 했다. 시리아에서 생존의 위협을 피해 떠난 난민이 아니라 독일식으로 살려는 이민자이며, 유럽의 '기독교 복지국가들'에 해가 될 존재라고 주장했다.

오르반처럼 생각하는 이들은 이리저리 떠도는 난민을 '망명지 쇼핑객'asylum shopper이라고 비아냥거린다. 1980년대·로널드 레이건이 "복지 수당을 받아 리무진을 굴리는 미혼모들이 있다."며 복지 예산을 삭감했다는 얘기가 떠오른다. 미국 보수 언론들이 '복지 여왕'이라고 부른 존재는 세상에 없었고, 이는 순전한 거짓말임이 드러났다. 반면에 터키 휴양지인 보드룸 해변에 떠밀려 온 시리아 소년 아일란 쿠르디의 모습은 세계에 충격을 줬고 실재하는 것이었음에도, '국경을 넘는 사람들'을 멸시하는 시선은 사라지지 않는다.

난민에게 방 한 칸을 내주자며 따뜻하게 맞으려는 이들도 있지만 유럽에서도 난민, 특히 무슬림 난민을 배척하는 기류가 적지 않다. 논쟁의 핵심은 저들이 '난민이냐, 이주자냐?'이다. 그나마 시리아 엑소더스에 대해서는 난민이라고 보는 공감대가 형성돼 있으나, 영국으로 가기 위해 프랑스 칼레의 유로터널 입구에 몰려든 중동·북아프리카 출신을 두고 유럽 언론들도 대부분 '이주자'라는 표현을 쓴다. 그 속에는 저들이 우리의 일자리를 가져가고, 우리 재정을 좀먹으리라는 경계심이 들어 있다.

그러나 난민과 이주자의 경계선은 원래 희미하다. 당장 생명의 위협을 느끼고 자기 나라를 떠났더라도 시간이 지나면 난민과 이주자의 구분은 없어진다. 아일랜드 대기근 때 미국에 간 사람들도 지금 기준으로는 난민일 수 있다. 존 F. 케네디도 아일랜드계 이민자 후손 중 한 명이었다. 『엄마 찾아 삼만리』의 마르코 엄마처럼 아르헨티나나 미국으로 간 이탈리아인도 많았다. 인종주의를 다룬 학자들의 글을 보면, 20세기 초반만 해도 미국에서 아일랜드인과 이탈리아인은 '백인'으로 여겨지지 않았다고 한다. 국경 넘는 이들을 인종주의의 눈으로 바라보는 사람이 많지만 그 잣대는 제멋대로다. 반만년 역사의 단일민족을 주장하지만 탈북자들과 중국 동포들에게까지 인종차별적 시선을 던지는 우리를 보며 이를 절감한다.

지그문트 바우만의 표현을 빌리면 "자본주의 시장이 정복한 새로운 전진기지마다 땅과 일터, 공동체적 안전망 등을 이미 박탈당한 사람들의 무리에 수많은 사람이 새로 추가되고" 있다. "자본주의가 세계를 정복함으로써 불필요해진 사람들의 수는 끊임없이 늘어나 지금은 지구의 관리 능력을 넘어설 지경"이다. 그들은 국적이 없고, 의지할 데 없으며 법 자체가 미치지 않는 곳에 존재하게 된다.◆

결국 난민은, 이주자는 누구인가. 지구적인 경쟁에서 내몰린 사람들이다. 나고 자란 곳에서 살 수 없어 다른 땅을 찾아

◆ 지그문트 바우만 지음, 한상석 옮김, 『모두스 비벤디』(후마니타스, 2010), 50~51쪽.

　　　　　　　　　　　　보이지 않는

가는 사람들이다. 그들을 미워하는 이유는 나의 경쟁자가 된다고 생각해서다. 만인 대 만인의 경쟁에 내몰린 사람들에게는 주변을 돌아볼 겨를이 없다. 난민을 받아들이지 못하는 사회, 나보다 형편이 못한 이들에게 돌을 던지고 빗장을 닫아거는 사회는 아귀다툼의 사회다. 세계는 그렇게 '잉여 인간'들을 내부의 수용소에 가두면서 사회의 외부로 밀어내고, 국경을 닫으면서 국경 너머 그들의 노동력으로 이익을 챙긴다. 언제 경쟁에서 밀려나 경제적·사회적 변경으로 떨어질지 모르는 우리는 알량한 국적을 무기로 저들을 밀어내려 한다. 하지만 변경은 유동적이며 한없이 확장되고 있다. 저임금 노동자들의 무한 경쟁만 남아 있는 세상에서, 우리는 모두 잠재적 난민이며 저들이 우리의 미래다.

에필로그

돈 훌리안은 소치밀코의 가장 외딴 섬에서 혼자 살고 있었다. 나뭇가지로 지은 그의 초가집은 인형과 개들이 지켰다.

쓰레기장에서 주운 망가진 인형들은 나무에 매달려 있었다. 인형들은 악령들로부터 그를 보호했다. 깡마른 개 네 마리는 사악한 사람들로부터 그를 지켜 주었다. 그러나 인형도 개들도 인어는 쫓아 버릴 줄 몰랐다.

깊은 바닷속에서 인어들이 그를 불렀다.

돈 훌리안은 그만의 주문을 알고 있었다. 인어들이 그를 데리러 와서 그의 이름을 몇 번이고 반복해서 노래할 때마다, 그는 맞받아 노래하며 인어들을 내쳤다.

"내 말이 그 말이야, 내 말이 그 말이야, 악마라 날 데려갔으면, 하느님이 날 데려갔으면, 하지만 넌 안 돼, 하지만 넌 안 돼."

또 이렇게 노래하기도 했다.

"여기서 꺼져, 여기서 꺼져, 너의 치명적인 입맞춤은 다른 입술에나 줘, 하지만 내 입술은 안 돼, 하지만 내 입술은 안 돼."

어느 날 오후, 밭에 호박씨를 뿌릴 준비를 마친 뒤, 돈 훌리안은 바닷가로 고기를 잡으러 갔다. 거대한 물고기를 한 마리 낚았는데, 이미 그의 손아귀에서 두 번이나 도망친 적이 있어 안면이 있는 물고기였다. 아가미에서 낚싯바늘을 뽑고 있을 때, 역시 귀에 익은 목소리가 들렸다.

"훌리안, 훌리안, 훌리안." 목소리들이 평소처럼 노래했다. 평소처럼 돈 훌리안은 침입자들의 불그레한 그림자가 넘실대는 바다 앞에서 몸을 숙이고 변함없는 답가를 부르기 위해 입을 열었다.

그러나 답가를 부를 수 없었다. 이번에는 노래할 수 없었다. 음악에 버림받은 그의 몸은 섬들 사이를 정처 없이 떠다녔다.

좋아하는 작가 에두아르도 갈레아노의 『시간의 목소리』에 나오는 한 토막이다.◆ '돈 훌리안의 섬'에 대해 처음 들은 것은 2013년 봄이었다. 멕시코시티를 흐르는 소치밀코 운하에 무네카스섬이 있다. '인형의 섬'이라는 뜻인데, 세계 관광객들이 꼽는 '괴기스러운 관광지' 순위에서 늘 상위권을 차지하는 곳이다. 오래전 이 부근에서 한 소녀가 물에 빠져 숨졌다.

◆ 에두아르도 갈레아노 지음, 김현균 옮김, 『시간의 목소리』(후마니타스, 2011), 184쪽.

돈 홀리안 산타나라는 남성이 이 섬에서 홀로 살고 있었는데, 숨진 소녀의 영혼이 자신을 찾아온다며 어느 날부터 혼령을 달래기 위한 인형들을 주렁주렁 매달기 시작했다. 산타나는 섬에 거주한 지 50년 만인 2001년 의문의 죽음을 맞았지만, 그가 남긴 인형들은 지금도 섬을 지키고 있어 '인형의 무덤'이라는 별명을 얻었다. 돈 홀리안의 섬은 갈레아노의 책에서 저렇게 스산한 표현으로 묘사됐다. 버려진 것들이 한데 모이고, 그것이 또 다른 이야기로 탄생한다.

생각해 보면 나는 어릴 때부터 뭔가 '마이너'한 것에 관심이 많았던 듯하다. 그 관심이 결국 '쓰레기에 대한 책'으로까지 이어졌다. 그 관심은 스스로 가졌다기보다는 우연한 일들이 겹치며 만들어졌는지도 모른다. '국민학교'에 다니던 시절 어린이용으로 각색된 『삼국유사』를 읽었다. 만파식적이며 무영탑 같은 이야기들이 몹시 재미있었다. "삼국시대에 태어났으면 좋았을 텐데."라는 나의 말에 엄마는 이렇게 응수하셨다. "노비로 태어났으면 어쩌려고." 돌아보니 그 말이 내 가치관을 형성하는 데 큰 영향을 미친 것도 같다. 화려한 것, 힘있는 것, 위쪽에 있는 것을 꿈꾸고 상상하기 쉽지만 현실은 그렇지 않다. 현실은 오히려 남루하고, 약하고, 밑으로 굴러떨어지는 것일 때가 적지 않다.

난지도도 기억난다. 지금은 공원으로 변모했지만 1980년대의 서울 난지도는 쓰레기 더미였다. 이 책에 묘사한 필리핀의 스모키 마운틴만 한 규모는 아니었을지 몰라도, 그곳에는 서울 시내에서 모여든 폐기물이 가득했고, 사이사이 마을에 사람들이 살았다. 봉사 활동을 하던 동네의 어느 분을 따라 난지도에 갔다. 곁에 두고 본 그림이나 사진처럼 생생하지는 않지만 그때 기억이 여전히 남아 있다.

후마니타스 출판사의 윤상훈 편집자와 '책을 써보자.'는 이야기를 한 뒤 벌써 몇 년이 흘렀다. 편집자는 내가 기자 생활을 하면서 많이 다룬 국제 뉴스를 쉽게 읽는 책을 한 권 써 보면 어떻겠냐 했고, 나는 '버려지고 잊히는 모든 것들'에 대한 글을 쓰고 싶다고 했다. 무척 마이너한 책이 될 것이고, 많이 팔리지 못할 것을 알았지만, 다행히 저자보다 더 마이너한 감성을 지닌 편집자와 출판사가 흔쾌히 응해 줬다. 우리끼리는 이 책을 '쓰레기 책'이라 불렀다. 세상에 어떤 도움이 될지 알지 못한 채, 베어지는 나무와 버려지는 종이를 더 만들어 낼지도 모를 책을 쓰는 건 아닌지 죄책감이 들기도 했다.

세상은 쓰레기로 넘쳐 난다. 만들어지는 것은 곧 버려지는 것이다. 만들어 내는 만큼, 파내는 만큼 버려진다.

2018년 11월의 신문 기사 한 토막. 필리핀 마닐라의 한국 대사관 앞에서 현지 환경 운동가들이 한국의 '쓰레기 수출'에 항의하는 시위를 했다고 한다. 한국에서 민다나오섬으로 보낸 컨테이너에 5100톤의 쓰레기가 들어 있었다는 것이다. 이미 캐나다를 비롯한 여러 나라들이 필리핀에 쓰레기를 보냈다가 외교 갈등을 빚었다. 더는 버릴 곳을 찾기 힘들어진 나라들이 가난한 나라에 쓰레기를 보내고, 우리도 예외는 아니다. 바닷가로 떠밀려 온 고래나 물새 뱃속에 쓰레기가 가득차있다거나, 전자 쓰레기들이 아프리카 빈국으로 향한다는 것은 이젠 새 소식도 아니다.

곁에 두고 쓰던 물건은 물론이고 시간과 공간도 사람들에게 버림받는다. 무덤이, 공원이, 때로는 도시 자체가 버려진다. 죽음도 역사도 버려진다. 시간이 흘러 잊히는 것도 있고, 누군가가 의도적으로 지우거나 감추는 것도 있다. 버려지는 것들 틈에서 살아가야 하는 사람들 또한 많다. 하지만 책을 쓰며 느낀 가장 큰 역설은 지구상에서 가장 많이 폐기되는 것 중 하나가 '사람'이라는 사실이다.

현대의 노예제를 다룬 책들은 '21세기에 노예가 존재하는 건 쓰고 버릴 수 있는 사람들이 그만큼 많기 때문'이라고 지적한다. 존재 자체가 지워지거나, 쓰이다 버려지는 사람들이 이 세상엔 너무나 많다. 노예, 난민, 이주민, 미등록자, 불법체류자, 무국적자 등 여러 이름으로 불리는 사람들. 버리고 지우고 폐기하는 존재인 우리, 버림받고 지워지고 폐기당하는 존재인 우리. 자료를 모아 읽고 정리하고 글을 다듬으면서 끊임없이 이런 우리에 대해 생각했다. 책을 쓰는 동안 마음의 벗이 돼준 가족에게 고맙다는 인사를 전하고 싶다. 몇 해 전 세상을 떠난 오빠에게도.

참고문헌

• 단행본

E. 벤저민 스키너 지음, 유강은 옮김. 2009. 『보이지 않는 사람들』. 난장이.

니컬러스 에번스 지음, 김기혁·호정은 옮김. 2012. 『아무도 모르는 사이에 죽다』. 글항아리.

니콜라우스 뉘첼 지음, 유영미 옮김. 2014. 『다리를 잃은 걸 기념합니다』. 서해문집.

대니얼 네틀·수잔 로메인 지음, 김정화 옮김. 2003. 『사라져 가는 목소리들』. 이제이북스.

론 버니 지음, 지혜연 옮김, 심우진 그림. 2000. 『독수리의 눈』. 우리교육.

루이스 드 베르니에 지음, 임경아 옮김. 2010. 『코렐리의 만돌린』. 루비박스.

마이크 데이비스 지음, 김정아 옮김. 2007. 『슬럼, 지구를 뒤덮다』. 돌베개.

마이크 데이비스 지음, 유나영 옮김. 2008. 『제국에 반대하고 야만인을 예찬하다』. 이후.

빌프리트 봄머트 지음, 김희상 옮김. 2015. 『빵과 벽돌』. 알마.

샐리 그린들리 지음, 이혜선 옮김, 문신기 그림. 2014. 『깨진 유리 조각』. 봄나무.

세르주 라투슈 지음, 정기헌 옮김. 2014. 『낭비 사회를 넘어서』. 민음사.

세르주 미셸·미셸 뵈레 지음, 이희정 옮김, 파올로 우즈 사진. 2009. 『차이나프리카』.
　　　　에코리브르.

앤터니 비버 지음, 김원중 옮김. 2009. 『스페인 내전』. 교양인.

앨런 와이즈먼 지음, 이한음 옮김. 2015. 『인구쇼크』. 알에이치코리아.

앨런 와이즈먼 지음, 이한중 옮김. 2007. 『인간 없는 세상』. 랜덤하우스코리아.

앨프리드 러셀 월리스 지음, 노승영 옮김. 2017. 『말레이 제도』. 지오북.

에두아르도 갈레아노 지음, 조숙영 옮김. 2004. 『거꾸로 된 세상의 학교』. 르네상스.

에두아르도 갈레아노 지음, 김현균 옮김. 2011. 『시간의 목소리』. 후마니타스.

엘사 오소리오 지음, 박선영 옮김. 2010. 『빛은 내 이름』(전 2권). 북스캔.

제레미[제러미] 시브룩 지음, 김윤창 옮김. 2007. 『다른 세상의 아이들』. 산눈.

조지 오웰 지음, 정영목 옮김. 2001. 『카탈로니아 찬가』. 민음사.

존 헤밍 지음, 최파일 옮김. 2013. 『아마존』. 미지북스.

지그문트 바우만 지음, 한상석 옮김. 2010. 『모두스 비벤디』. 후마니타스.

케빈 베일스·조 트로드·알렉스 켄트 윌리엄슨 지음, 이병무 옮김. 2012. 『끊어지지 않는 사슬』.
　　　　다반.

프리먼 다이슨 지음, 김희봉 옮김. 2009. 『프리먼 다이슨, 20세기를 말하다』. 사이언스북스.

피터 워드·조 커슈빙크 지음, 이한음 옮김. 2015. 『새로운 생명의 역사』. 까치.

• 정기간행물

『USA투데이』 *USA Today*

『가디언』 *The Guardian*

『경향신문』

『내셔널 지오그래픽』 *National Geographic*

『내셔널 포스트』 *National Post*

『노바야 가제타』 *Novaya Gazeta*

『뉴욕 타임스』 *The New York Times*

『데일리 메일』 *Daily Mail*

『디트로이트 프리 프레스』 *Detroit Free Press*

『로칼』 *The Local*

『미국국립과학원회보』 *PNAS*

『비즈니스 인사이더』 *Business Insider*

『사우스 차이나 모닝 포스트』 *South China Mornig Post*

『사이언스』 *Science*

『스미스소니언』 *Smithsonian*

『아르헨티나 인디펜던트』 *The Argentina Independent*

『아사히 신문』朝日新聞

『예루살렘 포스트』 *The Jerusalem Post*

『옵서버』 *Observer*

『왕립학회보 B』 *Proceedings of the Royal Society B*

『워싱턴 포스트』 *The Washington Post*

『인콰이어러』 *Inquirer*

『토론토 스타』 *The Toronto Star*

『포브스』 *Forbes*

『힌두』 *The Hindu*

• 사이트

〈기즈모도〉Gizmodo, https://gizmodo.com

〈리치스트〉The Richest, https://www.therichest.com

〈스터프 인 스페이스〉stuff in space, http://stuffin.space

〈스토리지 프런트〉Storage front, https://www.storagefront.com

〈월드 카운츠〉The World Counts, http://www.theworldcounts.com

찾아보기

• 인간(부족 포함)

사진 일람

10. 공중 정원 유적 (이라크, 2017년)

Al-Hamza Ahmad (위키미디어 공용, CC BY-SA 4.0) 제공

23. 타프롬 (캄보디아, 2016년)

Marcin Konsek (위키미디어 공용, CC BY-SA 4.0) 제공

21. 바미얀 계곡 유적 (아프가니스탄, 2017년)

UNESCO (위키미디어 공용, CC BY-SA 3.0 IGO) 제공

40. 오라두르 쉬르 글란 (프랑스, 2009년)

AlfvanBeem 제공

47. 파마구스타 완충지대 (키프로스, 2012년)

Dickelbers (위키미디어 공용, CC BY-SA 3.0) 제공

58. 벨치테 (스페인, 2009년)

Tamorlan (위키미디어 공용, CC BY 3.0) 제공

50. 비무장지대 (한반도, 2008년)

stephan (위키미디어 공용, CC BY-SA 2.0) 제공

61. 카불 외곽 지대 (아프가니스탄, 2008년)

Todd Huffman (위키미디어 공용, CC BY 2.0) 제공

53. 죽음의 도로 (쿠웨이트, 1991년)

JOE COLEMAN 제공

72. 군칸지마 (일본, 2009년)

mahlervv (위키미디어 공용, CC BY 3.0) 제공

74. 체르노빌 (우크라이나, 2006년)

Xopc (위키미디어 공용, CC BY-SA 2.5) 제공

89. 치타공 (방글라데시, 2008년)

Stéphane M. Grueso (위키미디어 공용, CC BY-SA 2.0) 제공

80. 그랑바상 (코트디부아르, 2014년)

Zak Le Messager (위키미디어 공용, CC BY 2.0) 제공

91. 배들의 무덤 (모리타니, 2004년)

Sebastián Losada (위키미디어 공용, CC BY-SA 2.0) 제공

83. 데이비스몬선 공군기지 (미국, 2015년)

Petty Officer 3rd Class A P 제공

92. 닻들의 묘지 (포르투갈, 2014년)

GanMed64 (위키미디어 공용, CC BY 2.0) 제공

94. 뉴올리언스 식스 플래그 공원 (미국, 2012년)

Erik Jorgensen (위키미디어 공용, CC BY 2.0) 제공

116. 미드웨이 환초 (미국, 2015년)

Forest & Kim Starr (위키미디어 공용, CC BY 3.0 US) 제공

96. 프리피야트의 공원 (우크라이나, 2006년)

Justin Stahlman (위키미디어 공용, CC BY 2.0) 제공

124. 아그보그블로시에 (가나, 2017년)

Fairphone (위키미디어 공용, CC BY-SA 2.0) 제공

98. 네온 박물관 (미국, 2017년)

Jeremy Thompson (위키미디어 공용, CC BY 2.0) 제공

132. 모카탐의 쓰레기 마을 (이집트, 2012년)

Fabian Deter (위키미디어 공용, CC BY-SA 3.0) 제공

136. 성 시메온 수도원 (이집트, 2007년)

Mena John (위키미디어 공용, CC BY-SA 4.0) 제공

179. 하와이 남단 해안 (미국, 2016년)

Justin Dolske (위키미디어 공용, CC BY-SA 2.0) 제공

142. 다라비 슬럼 (인도, 2008년)

Jon Hurd (위키미디어 공용, CC BY 2.0) 제공

184. 옛 아랄해 (카자흐스탄, 2003년)

Staecker 제공

155. 파야타스 (필리핀, 2010년)

Patrick Roque (위키미디어 공용, CC BY-SA 4.0) 제공

194. 아살호 (지부티, 2005년)

Fishercd 제공

202. 동칼리만탄 벌목 도로 (인도네시아, 2005년)

Aidenvironment (위키미디어 공용, CC BY-SA 2.0) 제공

233. 수단 (케냐, 2015년)

Make it Kenya/Stuart Price 제공

207. 사바나 지대 (탄자니아, 2010년)

Nevit Dilmen (위키미디어 공용, CC BY-SA 3.0) 제공

239. 외로운 조지 (에콰도르, 2007년)

putneymark (위키미디어 공용, CC BY-SA 2.0) 제공

221. 시시마레프 (미국, 2014년)

Bering Land Bridge National Preserve

(위키미디어 공용, CC BY 2.0) 제공

246. 라플레시아 (말레이시아, 2013년)

shankar s. (위키미디어 공용, CC BY 2.0) 제공

249. 암보셀리 국립공원 (케냐, 2015년)
Lafleursauvage (위키미디어 공용, CC BY-SA 4.0) 제공

266. 오모강 (에티오피아, 2013년)
Rod Waddington (위키미디어 공용, CC BY-SA 2.0) 제공

251. 암보셀리 국립공원 (케냐, 2017년)
flightlog (위키미디어 공용, CC BY 2.0) 제공

284. 툴레 근처 빙해 (그린란드, 2010년)
NASA / Nathan Kurtz 제공

263. 마사이마라의 사자들 (케냐, 2015년)
Leo Li (위키미디어 공용, CC BY 2.0) 제공

288. 쿠네네강 (나미비아, 2000년)
Hans Stieglitz (위키미디어 공용, CC BY-SA 3.0) 제공

310. 로힝야 마을 (미얀마, 2014년)
Adam Jones (위키미디어 공용, CC BY-SA 2.0) 제공

335. 볼타강 (가나, 2009년)
Akiwumi (위키미디어 공용, CC BY-SA 3.0) 제공

366. 보드룸 해변 (터키, 2015년)
Eugene.Babich (위키미디어 공용, CC BY 3.0) 제공